金融风险与金融科技探究

胡舒予 著

中国言实出版社

图书在版编目（CIP）数据

金融风险与金融科技探究 / 胡舒予著. -- 北京 ：
中国言实出版社，2023.8
　ISBN 978-7-5171-4507-3

　Ⅰ．①金… Ⅱ．①胡… Ⅲ．①金融风险-风险管理-
研究②金融-科学技术-研究Ⅳ．①F830.9

中国国家版本馆 CIP 数据核字(2023)第 107790 号

金融风险与金融科技探究

责任编辑：郭江妮 刘　琳

责任校对：邱　耿

出版发行：中国言实出版社
　　　　地　址：北京市朝阳区北苑路 180 号加利大厦 5 号楼 105 室
　　　　邮　编：100101
　　　　编辑部：北京市海淀区花园路 6 号院 B 座 6 层
　　　　邮　编：100088
　　　　电　话：010-64924853（总编室）　010-64924716（发行部）
　　　　网　址：www.zgyscbs.cn　电子邮箱：zgyscbs@263.net

经　　销：新华书店
印　　刷：北京银祥印刷有限公司
版　　次：2024 年 3 月第 1 版　　2024 年 3 月第 1 次印刷
规　　格：787 毫米×1092 毫米　　1/16　　13.25 印张
字　　数：250 千字

定　　价：79.00 元
书　　号：ISBN 978-7-5171-4507-3

前　言

21 世纪 20 年代的到来，人类进入了一个崭新的时代。在金融领域，"科技"加"金融"概念让人们重新认识金融，同时这种新兴的方式也得到了人民群众的认可。不只是中国，全世界都在探讨这种使金融焕然一新的理念，即是利用科技为人们提供金融服务。其中大数据、人工智能等新兴产业，给人们带来了前所未有的便利。它提升了金融服务的效率，提升了金融产品的创新，加快了金融行业的发展，同时也为金融行业带来了前所未有的新的机遇和血液。然而，伴随着金融行业的金融风险，在这种"科技 + 金融"的理念中依旧存在。怎么有效降低以及解决科技金融在金融管理中的风险，一直被人们关注。人们开始从多个方面着手解决金融科技在金融管理中出现的种种问题，经过多方的研究表明：人们应该积极利用科技，做好万全的管理机制，坚决守住不出现系统性金融风险的底线。

金融全球化的发展以及不断的金融创新，应对金融风险、避免金融危机的爆发，已经成为当前的重要课题。而随着信息技术的发展，"互联网 +"背景下金融领域发生了重塑，产生了金融科技，本书就是论述金融风险和金融科技的著作。本书在内容上有一定的学术性，试图在充分理解金融风险的理论基础后对金融风险进行分析。详细论述了信用风险管理、市场风险管理、全面风险管理等内容，然后论述了技术发展背景下金融科技的产生和特点，并针对金融科技的相关技术应用进行阐述，最后探讨了金融科技发展的保障机制，以期为金融科技的有序发展提供保证。本书可为从了金融风险管理和金融科技发展研究的人员提供参考。

在本书的撰写过程中，收到了很多宝贵的建议，谨在此表示感谢。本书是湖南省哲学社会科学基金项目——湖南培育现代产业新优势研究（22YBA308）的研究成果。本书的出版得到了湖南开放大学的资助。同时作者参阅了大量的相关著作和文献，在参考文献中未能一一列出，在此向相关著作和文献的作者表示诚挚的感谢和敬意，同时也请对撰写工作中的不周之处予以谅解。由于作者水平有限，编写时间仓促，书中难免会有疏漏不妥之处，恳请专家，同行不吝批评指正。

编　者
2023 年 6 月

目 录

第一章　金融风险管理概述

第一节　金融风险的基本知识

20世纪70年代以来的金融全球化主要表现为金融机构全球化、资本全球化和金融市场全球化。金融全球化是把"双刃剑"，它不仅能提高全球范围内的金融效率，同时也是金融风险的滋生器和扩散器，即金融全球化加大了金融体系的风险，使金融风险在国际的传递更加频繁和直接。因此，在金融全球化背景下加强金融风险管理就有了十分重要的现实意义。

一、金融风险的概念

金融风险与金融活动相伴相生，是金融市场的一种内在属性。同风险一样，金融风险也没有一个十分确切的定义。通常认为，金融风险是指在金融全球化的环境下，资本在运动过程中由于一系列不确定因素而导致的价值或收益损失的可能性。换言之，金融风险是指经济主体在金融活动中遭受损失的不确定性。

金融风险与一般的风险概念有着显著的区别，金融风险是针对资金的借贷（如长、短期资金借贷），以及资金经营（如证券投资、外汇投资）等金融活动所带来的风险，因此它的外延要比一般风险范围小。同时，金融风险特别强调结果的双重性：金融风险既可以带来经济损失也可以获取超额收益，既有消极影响也有积极影响，因此它的内涵远比一般风险丰富。

与市场相关的任何因素的一个微小的变化都可能引起市场的波动。例如：一国领导人的一句讲话，甚至一个微小的举动，都可能引起外汇市场的剧烈动荡；一个公司主要负责人的身体不适，也可能引起该公司股票价格的大幅度下跌。这种不确定性是各种风险产生的根源。

在金融活动中，不确定性包括"外在不确定性"和"内在不确定性"两种，外在不确定性是经济运行过程中随机性、偶然性的变化或不可预测的趋势，如宏观经济的走势、市场资金供求状况、政治局势、技术和资源条件等。宏观经济的走势往往呈现出萧条、上升、高涨、下降的周期性变化，各阶段的长度和对各经济变量的影响是不确定的；市场资金供求状况反映了市场上供需力量的对比，它受到货币政策和财政政策等多方面因素的影响，但是它反过来又对利率和宏观经济政策等因素产生影响；政治局势涉及政局的稳定性、政策的连续性等等。外在不确定性也包括来自国外金融市场的不确定性冲击。一般来说，外在不确定性对整个市场都会带来影响。所以，外在不确定性导致的金融风险又称为系统风险。

内在不确定性源自经济体系之内，它是由行为人主观决策以及获取信息的不充分性等原因造成的，带有明显的个性特征。例如：企业的管理能力、产品竞争能力、生产规模、信用品质等的变化都直接关系着其履约能力，甚至企业内部的人事任命、负责人的身体状况等都会影响其股票和债券的价格。内在不确定性可以通过设定合理的规则（如企业的信息披露制度和市场交易规则等）来降低，也可以通过分散等方式来降低其产生的风险。所以，内在不确定性产生的风险又称为"非系统风险"。

二、金融风险的特征

（一）普遍性

金融风险在现代市场经济条件下具有普遍性，只要存在着金融活动，就会伴随着金融风险，这是不以人的意志为转移而客观存在的。由于其具有有限理性和机会主义倾向，以及市场信息的非对称性和主体对客观认识的有限性，市场经济主体做出的决策可能不是及时、全面和可靠的，有时甚至是错误的，从而在客观上可能导致金融风险的发生。

（二）不确定性

金融经营活动、金融决策活动是在一种不确定的环境中进行的，正是由于行为主体不能准确地预测未来，才有可能产生金融风险。经济生活中的不确定性是始终存在的，因此对于金融经营者来说，不确定性总是其从事金融活动时面临的现实问题。金融业所存在的不确定性主要表现在：

1. 资源特别是金融资源的稀缺性。稀缺资源如何在各种可供选择的用途中进行配置表现出很大的不确定性。

2. 金融储蓄和实际投资、金融领域与实际经济的分离。这种分离决定了金融价值与实际资产价值之间存在错综复杂和不确定性关系，可能导致金融泡沫现象的产生。

3. 金融创新和不确定的预期决定了金融活动与金融风险相伴而生。

（三）隐蔽性

金融风险并非一定在金融危机爆发时才存在，金融活动本身的不确定性损失很可能因信用关系而一直为良好的表象所掩盖。这种"滞后性"是由以下因素决定的：

第一，信用是一种循环过程，导致许多损失或不利因素被这种信用循环所掩盖。

第二，银行具有创造派生性存款的功能，从而使本属即期金融风险的后果，被通货膨胀、借新还旧、贷款还息等形式所掩盖。

第三，银行垄断和政府干预或政府特权，使一些本已显现的金融风险，被人为的行政干涉所掩盖。

（四）扩散性

金融风险不同于其他风险的一个显著的特征是，金融机构的风险损失不仅影响自身的生存和发展，更严重的是导致众多的储蓄者和投资者的损失，从而引起社会的动荡。这就是金融风险的扩散性，它主要表现在以下几个方面：

1. 金融机构作为储蓄和投资的信用中介组织，它一头联结着成千上万的储蓄者，另一头联结着众多的投资者。金融机构经营管理的失败，必然因连锁反应而造成众多储蓄者和投资者的损失。

2. 金融业不仅向社会提供信用中介服务，而且通过贷款可以创造派生存款。从这个意义上说，金融风险具有数量上成倍扩散的效应。

（五）可控性（也叫或然性）

金融风险的存在及发生服从某种概率分布，并非毫无限制，但亦非确定不移的因果规律，而是以一种或然规律存在和发生着。金融风险的可控性，是指市场金融主体依一定的方法、制度可以对风险进行事前识别、预测、事中化解和事后补救。其原因有：

1. 金融风险是可以识别、分析和预测的。人们可以根据金融风险的性质及其产生的条件，识别金融业务经营和管理过程中存在的各种可能导致风险的因素，从而为控制风险提供前提。

2. 人们可以依据概率统计及现代化的技术手段，建立各项金融风险的技术参数。例如人们依据历史上的金融风险事件出现的稳定性（即概率）来估计和预测金融风险在何种参数水平下发生，从而为金融风险的控制提供技术手段。

3. 现代金融制度是控制金融风险的有效手段。金融制度是约束金融主体行为、调节金融关系的规则，它的建立、健全与创新发展，使金融主体行为受规则的有效约束，从而把金融风险纳入可控的制度保证之中。

（六）内部因素和外部因素的相互作用性

金融风险主要是由于金融体系内的不稳定因素引起的，但是，如果经济运行中存在着结构失衡、相互拖欠款项和严重的通货膨胀等问题，那么即使金融风险程度不是很高，也可能从外部环境角度引发金融危机。因此，宏观经济状况也是导致金融风险转化为金融危机的重要条件。

（七）可转换性

一国存在金融风险，不一定会发生金融危机，但如果对金融风险控制不够及时，则引发金融危机的可能性很大。

1. 金融服务的社会性和金融机构互相联系的紧密性，使金融体系内部形成了信用链相互连接、相互依存的关系，一家金融机构出现问题或破产，会迅速影响到同其有信用联系的其他金融机构。

2. 信息的不对称，使债权人不能像对其产业那样根据公开信息来判断某个金融机构的清偿能力，从而将某一金融机构的困难或破产视为其他所有机构同时存在风险，形成对金融机构的挤兑风险。

3. 经济全球化和金融全球化使金融风险的扩散更为迅速。如果一个国家的金融系统发生了普遍的不良预期，那么国际金融机构将会更加谨慎从事与该国有关的金融活动，结果将会由于这种急剧紧缩的国际金融环境导致该国金融资产风险的全面上升，而金融国际化的发展则使得个别国家的金融风险迅速波及至全球范围。

综上所述，把握金融风险的特征，不仅要从单个层面上去认识，还要从系统的角度去认识。由于金融日益成为现代经济的核心，因此金融风险不是某种孤立的系统内风险，而会扩散、辐射到经济运行的各个方面。金融机构之间存在着密切而复杂的信用关系，一旦某一金融机构的金融资产价格发生损贬，使其正常的流动性头寸难以保持，则会由单一或局部的金融风险演变成为系统性和全局性金融动荡。

三、金融风险的类型

根据不同的标准，金融风险可以分为不同的类型，不同类型的金融风险有着不同的特征。按照金融风险的性质来划分，将其分为市场风险、信用风险、操作风险、流动性风险和国家风险。

（一）市场风险

市场风险是指交易组合由于市场价格反向变化导致市场价值产生波动带来的风险。

根据国际清算银行的定义，市场风险是由于资产负债表内和表外的资产价值由于受到股票、利率、汇率的变动而发生反向变化的风险。市场风险包括利率风险、汇率风险和证券投资风险。

1. 利率风险

利率风险是指由于利率变动导致行为人受到损失的可能性。资产负债表的绝大多数项目都会受利率波动的影响。由于利率是不稳定的，收入也是不稳定的，这就导致借贷双方都要受到利率的制约：当利率降低时贷方会遭受损失，当利率升高时借方又不得不支付较高的成本，受利率变化影响的双方头寸都存在风险。例如，按固定利率收取利息的投资者必将面临市场利率可能高于原先确定的固定利率的风险，当市场利率高于固定利率时，利息收入就比按市场利率收取利息的方式要低。对于一个金融机构而言，如果持有利率敏感性正缺口，将面临利率下降、净收益或净利息收入减少的利率风险；反之，如果持有利率敏感性负缺口，则面临着利率上升、净收益和净利息收入减少的利率风险。

中央银行的货币政策、经济活动水平、投资者预期以及其他国家或地区的利率水平等多种因素的变动都会影响利率水平。

2. 汇率风险

汇率风险又称外汇风险，通常是指由于汇率的变动使某一经济活动主体蒙受损失的可能性。

20世纪70年代布雷顿森林体系崩溃之后，多数国家采用了浮动汇率制。外汇市场上汇率频繁波动，变化莫测。近年来，各国经济联系日益密切，金融向国际化、电子化发展，外汇市场上不确定因素增多，加之各国经济发展不平衡、国际收支不平衡、一些国家政治动荡不安，以及外汇市场上投机交易规模巨大等因素，更加剧了汇率的波动。汇率不确定变动的结果往往给一些国家和经济活动主体造成重大损失。

在考察汇率风险时，通常将其分为以下三种风险：

（1）交易风险

它是指一个经济活动主体预期的现金流量，因受汇率波动的影响而导致损失的可能性。

一般来说，经济活动主体用外币进行交易的应收款、应付款、投资、存款、贷款余额或已经承诺的项目等，尽管预期的外币现金流量已经确定，但是兑换成本国货币或机构所在地货币的现金流量，要等到交割日才能确定。由于汇率变动的不确定性，经济活动主体预期的现金流量也必将随着汇率的波动而发生不确定性的变动。

（2）会计风险

会计风险指涉外企业会计科目中以外币计的各项科目，因汇率变动引起的企业账面价值的不确定变动。如果一个经济活动主体在两个或两个以上国家或地区设有分支机构，需要把各自的财务报表综合成统一财务报表时，要将所持所在地的货币换算成统一的基准货币（通常是本币）。由于这些货币对基准货币的汇率有着不确定的变动，因而在进行这种折算时，必将导致账面价值的增加或减少，从而相应地发生收益或损失。

（3）经济风险

经济风险指汇率的难以预见的变动，会影响到一个国家的经济环境和企业的经营活动，以致对经济活动主体产生间接损失（或潜在损失）的可能性。经济风险不仅会影响企业的成本结构、销货价格、融资能力，而且也会影响市场竞争格局和一个国家的国际收支等方面。例如，福特公司在日本的子公司A，从美国进口某些重要零部件，其产成品在国内外市场都有销售。如果日元贬值，A公司的进口零部件以本币表示的价格会大幅上升，进而使生产成本上升。

3. 证券投资风险

证券投资风险是指证券价格的不确定变化导致行为人遭受损失的不确定性。

在现代经济中，金融市场是整个市场体系的一个重要组成部分。在各国的金融市场上，每天都有大量的公债、企业债券、抵押契约、可转让存单、国库券等期限不同的证券发生着交易。投资者从事证券的买卖，不仅是为了取得利息收入，而且往往是为了获得资本收益，即通过低价买进、高价卖出而赚取证券差价。然而，由于金融市场综合着经济生活中的多种因素，不确定性很大，行市波动既频繁又复杂，尤其是股票价格，时起时伏，变化莫测，所以，投资者既可能获得意外的收益，也可能遭受惨痛的损失。在股价大涨大跌的过程中，投资者所面临的风险是不言而喻的。

（二）信用风险

信用风险是指由于交易对方（债务人）信用状况和履约能力的变化导致债权人资产价值遭受损失的风险。

造成信用风险的因素很多，有的来自主观原因，由债务人的品质、能力等决定，如在远期外汇交易中，公司可能因为持有外汇多头的投机者在外币贬值时不履行合约而蒙受损失；有的来源于客观原因，如经济恶化、公司倒闭，这些债务人将丧失偿债能力。在商业银行的各种金融资产中，贷款的信用风险最大。而在银行贷款中，不同种类的贷款，其信用风险也不同。例如，长期性贷款的信用风险往往比短期贷款的信用风险大，因为在较长的时期内将有更多的公司倒闭，导致信用风险的因素增多。又如，大额贷款的信用风险比小额贷款的信用风险大，因为一旦损失产生，大额贷款的损失将更大。再如，保证贷款的信用风险比抵押贷款的信用风险大，因为在抵押贷款中，借款人提供的抵押品为清偿债务提供了更直接的第二来源。除了银行贷款以外，各种债券发行人也许不能按规定要求（如由于经营不善、财务不佳等原因）履约付款，甚至丧失偿债能力，投资者将因此而蒙受损失。当然，不同的债券，其信用风险的大小也不同。通常来说，政府债券的信用风险较小，而公司债券的信用风险较大。

（三）操作风险

操作风险包含的内容较多，凡是由于信息系统、报告系统、内部风险监控系统失灵而导致的风险均属于操作风险。即管理层在缺少有效的风险追踪、风险报告系统的前提下，其业务活动带来的风险超过了风险限额而未经察觉，没有采取及时有针对性的行动，最终产生了巨额损失。

操作风险产生于两个不同的层次：第一，技术层面，主要是指信息系统、风险测量系统的不完善，技术人员的违规操作；第二，组织层面，主要是指风险报告和监控系统出现疏漏，以及相关的法律法规不完备。尽管两个层面出现不同的问题，但结果是相似的。由于管理层忽略了潜在风险，以致在适当的时间没有采取相应的措施，导致了不可挽回的损失，这种损失的规模往往是巨大的。

1. 技术风险

具体而言，技术风险包括以下具体的风险：报告系统中出现错误、信息系统的不完善、缺少测量风险适当的工具等。信息系统不能提供足够的信息来取得公众的信赖，丢失任何一种信息都可能造成损失。同样在市场环境不稳定的条件下，信息系统对于公众的作用也是有限的。例如资本市场上伴随着金融创新，技术支持后台起着报告交易和确认交易的作用，信息系统实时运转用来反映市场中的千变万化，然而这种快速的变化加之交易数量的庞大严重地限制了信息系统的作用。技术风险也包含交易过程中所产生的风险，如由于交易不能顺利进行所带来的巨额成本，同时还包括欺诈型技术风险，主要是指由于交易员故意伪造信息，或者越权交易，电脑系统丧失有效的保护而带来的风险。

2. 组织风险

组织风险是指没有建立完备的风险监控组织，从而造成风险管理上的疏漏。理想的风险监控组织应遵循以下三个原则：

第一，管理条例不应该过多限制公司的风险行为，否则过度谨慎会降低制度决策的效率，减少业务量。

第二，可能产生风险的业务部门与监督和控制风险的部门分离。

第三，鼓励暴露风险而不是隐藏风险。最基本的要求是将风险的承担者和风险的控制者分开，风险承担者出于盈利和业务量的考虑会承担更大的风险，风险控制者在决定过程中应尽量避免利润、交易规模、交易数量对其风险控制的影响。

（四）流动性风险

流动性指的是金融资产在不发生损失的情况下迅速变现的能力，它要求的是经济主体在任何情况下所具有的其资产随时变现或是从外部获得可用资金的能力。流动性风险则反映了一个经济实体因这种流动性的不确定变化所造成的损失的可能性。尤其是对于金融机构，由于其经营职能的特殊性，一旦其贷款承诺无法随时兑现或是客户提现的要求不能及时满足，都会给其下一步的正常运行带来一定的困难。再加上流动性风险的内部派生性以及外部传染性，金融机构流动性风险一般难以转移、转嫁，多是自留、自担。

保持良好的流动性，是金融机构经营管理的一项基本准则，但这并不是说流动性越高越好，也不是说流动性资产越多越好，因为流动性与盈利性是有矛盾的，流动性越高，盈利性就越低，金融机构必须保持流动性和盈利性的平衡。因此流动性风险管理应当引起人们尤其是金融机构的重视。

（五）国家风险

国家风险是指由于国家政治、经济、社会等方面的重大变化而给经济主体造成损失的可能性。国家风险有两个特点：一是国家风险发生在国际经济金融活动中，在一个国家范围内的经济金融活动不存在国家风险；二是在国际经济金融活动中，不论是政府、银行、企业还是个人，都可能遭受国家风险所带来的损失。产生国家风险的因素有很多，既有机构性因素、货币性因素，又有国内政治因素、外部经济因素和流动性因素等。各种因素相互影响，错综复杂。

四、金融风险的经济影响

（一）金融风险对微观经济的影响

1. 金融风险可能给经济主体带来直接的经济损失

例如：购买股票后，股价大跌；买进外汇进行套汇或套利时，汇率下滑；进行股价指数期货的炒作，指数与预期相反，都会给行为人造成重大损失。

2. 金融风险会给经济主体带来潜在的损失

例如：一个企业可能因贸易对象不能及时支付债务而影响生产的正常进行；购买力风险不仅会导致实际收益率下降，而且会影响经济主体持有的货币余额的实际购买力；一家银行存在严重的信用风险，会使消费者对存款安全产生担忧，从而导致银行资金来源减少，业务萎缩。

3. 金融风险增大了经营管理的成本

不确定性的存在，既加大了经济主体收集信息、整理信息的工作量，也增大了收集信息、整理信息的难度；既增大了预测工作的成本，又增加了计划工作的难度，更增大了经济主体的决策风险。同时，经济主体在实施其计划和决策过程中，由于金融风险导致市场情况的变化，必须适时调整行动方案，一些计划必须修改，一些计划必须放弃，这就增大了管理成本，甚至因为对金融风险的估计不足还将导致一些不应有的损失。例如，一个企业在生产过程中，由于实际通货膨胀率超过其预期的通货膨胀率，导致生产资金预算不足而不得不修改计划。企业可能因为银行拒绝已做出的贷款承诺（信用风险）而不得不取消一项投资计划等等。

4. 金融风险降低了部门生产率

在生产经营中，各种产品的边际生产率都是随着投入的增加而递减，只有当各种用途的边际生产率相同时，部门内的资源才达到最优配置。然而，由于金融风险的存在，导致过多的资源流向风险较小的产品，极少有资源流入风险较高的产品中，这使得一些产品的边际生产率接近甚至低于要素的价格，而另外一些产品的边际生产率却远远高于要素的价格，导致部门整体的生产率下降。另一方面，由于长期内的不确定性比短期内的不确定性大、开发新产品的风险比较大等原因，导致一些企业行为短期化，因循守旧，也使部门生产率受到影响。

5. 金融风险降低了资金利用率

由于金融风险的广泛性及其后果的严重性，企业不得不持有一定的风险准备金来应对金融风险。如企业为了保证生产持续顺利地进行，不得不准备一笔资金以备在原材料价格上涨时能及时购回原材料，这样就造成这笔资金闲置，无法发挥效益。对于银行等金融机构而言，由于流动性变化的不确定性，难以准确安排备付金的数额，往往导致大量资金闲置。此外，由于对金融风险的担忧，一些消费者和投资者往往持币观望，从而也造成社会上大量资金闲置，增大了机会成本，降低了资金的利用率。

6. 金融风险增大了交易成本

由于资金融通中的不确定性，许多资产难以正确估价，不利于交易的顺利进行，增大了交易成本，也会因此而产生一些纠纷，影响着交易的正常进行，使市场缺乏效率。而且，信用风险、利率风险等的存在，往往给企业筹资带来困难，给银行的负债业务和中间业务带来影响，阻碍市场的扩展。

（二）金融风险对宏观经济的影响

金融风险对宏观经济的影响，是经济学家研究的重要内容之一。

1. 金融风险将引起实际收益率、产出率、消费和投资的下降，风险越大，下降的幅度越大。这是因为金融风险可能会导致十分严重的后果，如投资者为了降低投资风险，不得不选择风险较低的技术组合，引起产出率和实际收益率下降，同样，由于未来收入的不确定性，个人未来财富可能会出现较大波动，境况会相对变坏，因而不得不改变其消费和投资决策。即消费者为了保证在未来能获得正常消费，总是保持较谨慎的消费行为；投资者会因为实际收益率下降和对资本安全的忧患而减少投资，导致整个社会的投资水平下降。

2. 严重的金融风险还会引起金融市场秩序混乱，破坏社会正常的生产和生活秩序，甚至使社会陷入恐慌，极大地破坏生产力。

3. 金融风险影响着宏观经济政策的制定和实施。一个国家的宏观经济政策旨在通过政府对经济的调节，控制总供给或总需求，以实现政府目标。从一定程度上讲，政府对宏观经济的调节也就是对市场风险的调控。如中央银行在市场上吞吐外汇，其主要目的就是要减小汇率的波动；中央银行调节货币的供求，使资金供求平衡，降低市场的不确定性。金融风险反过来又影响着宏观政策，它既增加了宏观政策制定的难度，又削减了宏观政策的效果。从宏观政策的制定来看，由于金融风险导致市场供求的经常性变动，政府难以及时、准确地掌握社会总供给和总需求状况，以做出决策，而且金融风险常导致决策滞后；在政策的传导过程中，金融风险将使传导机制中某些重要环节（如利率、汇率、信用等）出现障碍，从而导致政策出现偏差；从宏观经济的作用和效果来看，各经济主体为了回避风险，总是尽可能充分地利用有用的信息，并以此为依据对未来的政策及其可能产生的效果作出判断，采取相应的措施来加以应对，这就使政府的政策难以达到预期效果。例如，政府为了扩大就业而增加货币供给，以刺激经济，但由于人们对购买力风险和利率风险的预期，就会在物价上涨之前争取提高工资或放款利率，使政府降低失业率和推动经济增长的政策失去作用，造成"滞胀"后果。

4. 金融风险特别是国际金融风险，直接影响着一个国家的国际收支，影响该国国际经贸活动和金融活动的进行和发展。

（1）汇率的上升或下降影响着商品的进出口总额，关系着一个国家的贸易收支。

（2）利率风险大、通货膨胀严重、国家风险大等原因造成投资环境差，会使外国投资者减少对本国的投资和其他交往，导致各种劳务收入的减少。

（3）国际金融风险也影响着资本的流入和流出。利率风险和汇率风险的大小，会引起国内资本的流出或者国外资本的流入；企业信用风险、国家风险等都会影响甚至决定国际金融组织贷款、政府借贷、短期资金的拆放、直接投资等经济行为和决策，从而直接影响着一国的资本项目。

（4）汇率的波动将会引起官方储备价值的增加或减少，因此，国际金融风险也影响着国际收支的平衡项目。

第二节　金融风险管理的概念、意义与策略

一、金融风险管理的概念

风险管理从狭义上讲是指风险度量，即对风险存在及发生的可能性、风险损失的范围与程度进行估计和衡量；从广义上讲是指风险控制，包括监测公司部门和个人从事业务活动所引起的风险，依据风险管理的规章来监督企业部门行为是否得当等。因此，风险管理可以定义为：各经济单位通过识别风险、衡量风险、分析风险，并在此基础上有效控制风险，用经济合理的方法来综合处理风险，以实现最大安全保障的科学管理方法。

金融风险管理在西方国家起步较早，目前已经形成了一套比较完整的、科学的金融风险管理体系。近年来，我国的各类实务部门和金融监管部门也逐渐对金融风险予以重视，并不断加强金融风险管理。但是，由于我国的金融风险管理起步较晚，避险工具较少，经验比较缺乏，因此，如何提高金融风险管理水平，是一个重要而现实的课题。

二、金融风险管理的意义

金融风险管理通过消除和尽量减轻金融风险的不利影响，改善微观经济活动主体的经营，从而对整个宏观经济的稳定和发展起到促进作用。

（一）金融风险管理对微观经济层面的意义

金融风险管理对微观经济而言，具有下述明显的作用。

1. 有效的金融风险管理可以使经济主体以较低的成本避免或减少金融风险可能造成的损失。资金借贷者、外汇头寸持有者、股票买卖者等市场参与者通过对利率、汇率、股票价格的变化趋势进行科学预测，并采取措施对这些市场风险加以规避，可以避免在金融交易中出现亏损。债权人根据严密的资信评估体系对借款人进行筛选，可以在事前

规避信用风险；发放贷款后，债权人还可以凭借完备的风险预警机制，及时发现问题并采取措施，防止借款人到期不履行还本付息的义务。金融机构或企业经过严格的内部控制，可以避免雇员利用职务之便从事违规金融交易，从而防止内部人为谋私利而损害所有者利益。

2. 有效的金融风险管理可以稳定经济活动的现金流量，保证生产经营活动免受风险因素的干扰，并提高资金使用效率。经济主体通过制定各种风险防范对策，就能够在经济、金融变量发生波动的情况下，仍然保持相对稳定的收入和支出，从而获得预期利润率。例如，金融期货合约的产生为现货市场提供了一条转移价格风险的渠道，保值者利用期货合约，可以将未来的价格确定下来，使未来价格变动的结果保持中性化，达到保值的目的。同时，期货市场将风险从规避风险的保值者那里转移给愿意承担风险的投机者，从而将市场价格变动导致的风险从正常的实际经营活动中分离出来，促进经济发展。又如，经济活动主体通过对未来不确定性的分析和预测，保留适量的备付金或提取一定的风险损失准备金，既可避免突发事件导致流动性不足，又无需占用大量资金，在保证资金正常周转的同时提高了资金使用效率。

3. 有效的金融风险管理为经济主体做出合理决策奠定了基础，表现为下述方面：

（1）金融风险管理为经济主体划定了行为边界，约束其扩张冲动。市场主体必须在风险与收益之间做出理智的权衡，从而避免将社会资源投入存在重大的风险、缺乏现实可行性的项目之中。金融风险管理对市场参与者的行为起到警示和约束作用。

（2）金融风险管理也有助于经济主体把握市场机会。在金融市场上，时刻都有大量金融风险客观存在，为每个市场参与者提出了挑战，同样也带来了机遇。如果市场参与者能够洞察市场的供求状况及影响市场的各种因素，预见市场的变化趋势，采取有效措施控制和防范风险，同时果断决策，把握市场机会，就能够获取可观的收益。

4. 有效的金融风险管理有利于金融机构和企业实现可持续发展。金融风险管理能够使金融机构或企业提高管理效率，保持稳健经营，避免行为短期化。同时，一个拥有健全的风险管理体系的金融机构或企业在社会公众中可以树立良好的形象，赢得客户信任，从而得以在激烈的竞争中不断发展壮大。

（二）金融风险管理对宏观经济层面的意义

金融风险管理对宏观经济的意义重大，是各国监管当局研究的主要方面。

1. 金融风险管理有助于维护金融秩序，保障金融市场安全运行。市场主体应对金融交易和融资方式的风险慎重考虑，保持合理的融资结构，以避免陷入财务困境；对各种金融资产的预期收益率、风险性及流动性进行评估，以形成最佳的投资组合；对自身的实有资产负债及或有资产负债的规模和结构进行合理地搭配……这样，将大大降低整个金融市场的整体风险水平。如果金融市场的管理者能够建立科学的市场规则，采取有效的约束措施，防止市场主体进行过高风险的投资或投机活动，制止市场上各种恶意操纵和欺诈，对市场交易中的混乱现象及时遏制，就有可能在事前避免金融风险逐渐积累、日益膨胀，从而避免引发金融危机。

2. 金融风险管理有助于保持宏观经济稳定并健康发展。金融风险一旦引发金融危机，除了造成经济强烈震荡外，其后果往往还将在相当时期内延续，导致国家、地区甚至全球经济衰退，因而极具破坏性：

一是导致社会投资水平下降。其原因是：一方面，由于预期投资收益率降低，市场主体的投资欲望受到打击，其投资积极性受挫，为规避风险，会减少投资；另一方面，由于资金供给量缩减，在危机期间银行大批倒闭，即使得以幸存，其经营目标和经营战略一般也会做出较大调整，银行多采用十分谨慎的保守型经营策略，企业获取贷款的难度很大，融资需求得不到满足。除了国内投资下降外，外商投资也会大量撤出，吸引外资十分困难。

二是消费水平下降。人们持有的财富由于经济动荡而大幅度缩水，未来收入也存在很大的不确定性，因而会保持谨慎的消费行为。

三是经济结构扭曲。大量资金从风险高的部门或行业撤出，而这些行业可能是关键的基础性产业或者是高新技术产业，这些得不到资金支持的产业将会成为制约未来经济发展的瓶颈。

因此，金融危机过后，伴随而来的将是失业率急剧上升，经济增长率急速下降，经济发展严重受阻。有效的金融风险管理能够防患于未然，为经济运行创造良好的环境，促使社会供需总量与结构趋于平衡，并以此促进经济健康发展。

三、金融风险管理的策略

金融风险管理是指受险主体在特定的金融环境下所采取的管理风险措施。不同类型的金融风险具有不同的性质和特点，经济主体可以有针对性地采取多种金融风险管理策略。

（一）预防策略

金融风险的预防策略是指在风险尚未导致损失之前，经济主体采用一定的防范性措施，以防止损失实际发生或将损失控制在可承受的范围以内的策略。"预防"是风险管理的一种传统方法，这种策略安全可靠，对信用风险、流动性风险、操作风险等不容易通过市场转移或对冲的风险十分重要。

在信贷风险管理中，银行必须建立严格的贷款调查、审查、审批和贷后管理制度。信贷业务部门对借款企业的财务状况、经营管理能力、行业生命周期等方面进行系统调查和综合分析，并由风险管理部门进行复审。贷款发放后，银行继续对贷款资金的使用和运行情况进行跟踪监测，同时密切关注企业的综合营运情况，并设立风险预警指标体系。一旦发现问题，银行可及时采取措施，以防止潜在的信用风险转化为现实损失。

银行资本对银行经营中面临的风险损失能够起到缓冲作用。20世纪80年代巴塞尔委员会颁布《统一国际银行资本衡量与资本标准的协议》（以下简称《巴塞尔协议》），对银行资本充足率做出规定，即银行资本与加权风险资产比率不得低于8%，核心资本比率不低于4%。为达到资本充足度的目标比率，当银行的风险资产增加时，资本也须相应增加，或者银行降低高风险资产在总资产中的比重，改善资产风险结构。在资本充足度的约束下，银行为单纯追逐利润而扩张风险资产的冲动将受到限制，银行作为一个整体的经营风险与财务风险被预先控制在可以承受的范围内，其安全性得到保障。

银行在经营中总是会面临流动性风险，银行的流动性风险由其资产负债结构及规模、自身信誉、外部环境等因素决定。若银行的流动性来源不能满足流动性需求，就会引发银行的清偿问题，或是影响银行与核心客户之间的关系。由于客户未来的提存和贷款需求难以预测，银行在日常经营中就必须保持一定的高流动性资产作为准备金。现金资产是银行的一级准备，银行持有的短期证券则是二级准备。银行适当地持有一级、二级准备，也是一种对流动性风险进行预防的策略。

债券在发行前，尤其是在公开发行的情况下，都需要进行信用评级。信用评级有利于保护投资者的利益。通过评级，将债券发行人的信用状况和清偿能力进行分析、评估，并将其结果公布于众，可以作为投资者确定资金投向的关键参考指标。经评级的债券由于其风险程度比较明确，投资者可比较各种债券的等级，根据债券的风险等级判断与其匹配的收益率，以保证投资质量、降低投资风险。因此，信用评级在一定程度上有助于预防由于市场信息不完全、不对称而生成投资风险的问题。

（二）规避策略

金融风险的规避策略是指经济主体根据一定原则，采取一定的措施避开金融风险，以减少或避免由于风险引起的损失。规避与预防有类似之处，二者都可使经济主体事先减少或避免风险可能引起的损失。不过，预防较为主动，在积极进取的同时争取预先控制风险，而规避则较为保守，在避开风险的同时，或许也就放弃了获取较多收益的可能性。例如，当经济主体在选择投资项目时，尽可能选择风险低的项目，放弃风险高的项目，而高风险的项目往往也可能有较高的预期投资收益。银行在发放贷款时，倾向于发放短期的、以商品买卖为基础的自偿性流动资金贷款，而对固定资产项目贷款采取十分谨慎的态度。

除了应对信用风险外，规避策略也可应用于汇率风险和利率风险管理，在进出口贸易或国际借贷活动中，当经济主体作为出口商或债权人时，要求对方支付硬通货，作为进口商或债务人时，则希望使用软通货，以规避汇率波动的风险。经济主体也可通过轧平外汇头寸以避免汇率风险暴露。若经济主体难以准确地预测利率未来波动的趋势，可以缩小利率敏感性缺口和持续期缺口，直至消除缺口，使自己面临的利率风险为零。经济主体还可以利用货币互换避免汇率风险，或是通过利率互换规避利率风险。如某家金融机构持有利率敏感性正缺口，为避免利率下降的风险，可以将一部分浮动利率资产调换成固定利率资产，或将固定利率负债调换成浮动利率负债。相反，若某金融机构持有负缺口，为避免利率上升的风险，也可以通过互换来减少利率风险暴露。

（三）分散风险

通过多样化的投资组合来分散风险，也是一个常用的风险管理策略。根据马柯维茨（Harry M. Markowitz）的资产组合管理理论，如果各资产彼此间的相关系数小于1，资产组合的标准差就会小于单个资产标准差的加权平均数，因此有效的资产组合就是要寻找彼此之间相关关系较弱的资产加以组合，在不影响收益的前提下尽可能地降低风险。当资产组合中资产的数目趋于无穷大时，组合的非系统风险将趋于零。

在证券市场中，投资者不应将资金集中投入于某一证券，而应分散地投资于多种证券，若一些证券的市场价格下跌，投资者将受损，而另一些证券的市场价格可能上升，投资者又可获益，这样盈亏相抵，投资者面临的非系统风险总体上会减小。投资基金的一个重要功能就是将分散的小额投资汇聚成巨额资金，这样做不仅能获得规模效应，降低投资成本，同时还可以对其吸收的大额资金进行组合投资，以充分地分散风险，为基金持有者获得稳定的投资收益提供可靠保证。不过，系统性风险并不能通过资产分散化被完全消除。

分散策略不仅可以用于管理证券价格风险，也可以用于管理汇率风险。经济主体可持有多币种外汇头寸，这样可以用其中某些外汇汇率上升的收益弥补某些外汇汇率下降的损失。一个国家在国际储备管理中，同样可以通过储备资产多元化来分散风险。

银行在信贷管理中，也可以利用分散化的原理减少信用风险。银行的贷款对象不应过度集中于单一客户，而应分布于各行业、各地区、各国家。为此，银行一般都设立了对单一客户贷款的最高限额或限制性比率，若某一客户贷款需求量十分巨大，多家银行将组成银团为其提供贷款，以分散信贷风险。

(四)转嫁策略

风险转嫁是指经济主体通过各种合法的手段将其承受的风险转移给其他经济主体。资产多样化只能减少经济主体承担的非系统风险，对系统风险则无能为力，经济主体只能寻找适当的途径将其转移出去。

经济主体可以向保险公司投保，以保险费为代价，将风险转嫁给保险公司，这是通常的做法。出口信贷保险是金融风险保险中较有代表性的品种。由于出口信贷风险较大，许多国家都对其提供保险。为了保护存款人的利益，同时维护人们对银行体系的信心，许多国家也建立了存款保险制度，对存款给予保险。为了鼓励本国投资者对海外投资，有些国家还开办了投资风险保险。有的国家为了促进国内房地产开发，对期限较长的住房贷款也提供保险。事实上，保险同时也提供了一种风险分散机制。保险公司将众多投保人交纳的保费集中起来，在其中少数人发生保险事件时用于对他们的损失进行赔偿，实际上就是将不可确知的风险在众多投保人中进行了分散。

至于证券价格风险、汇率风险、利率风险等市场风险，一般均难以获得保险，经济主体可以通过其他途径将之转嫁出去。金融远期及期货合约作为延期交割合约，也为现货市场提供了一条转移价格风险的渠道。通过远期和期货交易，经济主体可以将未来金融资产交易的价格确定下来，将风险转移给愿意承担风险的投资者，从而将市场价格变动导致的风险从正常的实际经营活动中分离出来。金融期权合约赋予期权的购买者在规定的日期或规定的期限内按约定价格购买或出售一定数量的某种金融工具的权利。期权持有者可以根据市场形势是否对自己有利决定行使或放弃这一权利。对期权卖方来说，当期权买方要求行使其权利时，卖方必须按协议价格履行合约。期权合约的卖方在将选择权赋予买方时，买方需要向卖方支付期权费，不管买方是否行使权利，都不能收回期权费。期权买方承担的风险仅限于损失期权费，而其盈利可能是无限的也可能是有限的。期权卖方可能获得的盈利是有限的，即其收取的期权费，而亏损风险可能是无限的，也可能是有限的。因此，期权费的实质就是期权买方向卖方支付的保险费。

经济主体还可以通过设定保证担保，将其承受的信用风险向第三方转移。银行在发放贷款时，经常会要求借款人以第三方信用作为还款保证。若借款人在贷款到期时不能偿还全部贷款本息，则保证人必须代为清偿。

(五)对冲策略

经济主体可以通过进行一定的金融交易，用来对冲其面临的某种金融风险。经济主体所从事的不同金融交易彼此之间呈负相关，当其中一种交易亏损时，另一种交易将获得盈利，从而实现盈亏相抵。

除了通过现货交易进行对冲外，金融衍生工具的创新为经济主体提供了对冲风险的有效手段。金融远期与期货交易不仅是一种风险转嫁手段，同时也是对冲风险工具。套期保值者通过在远期、期货市场上建立与现货市场相反的头寸，以冲抵现货市场价格波动的风险。也就是说，套期保值者可以采取与其现货市场交易相反的方向进行远期、期货交易的方法，将未来价格固定下来，使未来价格变动的结果保持中性化，达到保值的目的。远期利率协议、远期外汇交易、外汇期货、利率期货、股指期货、股票期货等品种均可以用于对冲汇率、利率以及证券价格未来波动的风险。金融期权交易不仅可以用于套期保值，还可以使期权买方获得可能出现的意外收益。随着信用衍生工具的发展，风险对冲既可以对冲市场风险，也可以对冲信用风险。

（六）补偿风险

风险补偿具有双重含义，是指经济主体在风险损失发生前，通过金融交易的价格补偿，获得风险回报；另一重含义是指经济主体在风险损失发生后，通过抵押、质押、保证、保险等获得补偿。

投资者可以预先在金融资产的定价中充分考虑风险因素，通过加价来索取风险回报。国债由于以国家税收作为担保，被视为无风险资产，故而国债利率水平较低，成为其他金融资产定价的基准。由资信等级较高的金融机构发行的金融债券或信誉卓著的大公司发行的公司债券及商业票据，其利率水平也不会很高。而当投资者投资于高风险的证券时，就相应要求得到包括风险回报在内的较高的收益率，作为对其承担高风险的补偿。银行在贷款定价中，也可以遵照这一原则。对于那些资信等级较高，而且与银行保持长期合作关系的优良客户，银行可以给予优惠利率；而对于资信等级低于一定级别的客户，银行可以在优惠利率的基础上进行上浮。进出口方在对外贸易中，也常常采用加价和压价的方法获得汇率波动风险的补偿。若出口商同意接受软通货，那么他可以要求在出口价格中加入预期该货币贬值的风险因素，提高出口价格以获得补偿。若进口商同意支付硬通货，则可以在进口价格中扣除该货币预期升值的因素，降低进口价格以获得补偿。

银行在发放贷款时，经常要求借款人以自有财产或第三方财产作为抵押品或质押品，当贷款到期而借款人无力履行还款义务时，银行有权处理抵押品或质押品，并优先受偿，以处理所得偿还贷款本息。除了实物的担保外，银行也可以要求以第三方信用作为还款保证，一旦贷款到期而债务人无法履行还本付息的义务，银行可以要求保证人代为履行偿款义务，从而对其损失求得补偿。涉及第三方的担保同时也是对风险的转嫁。保险是一种对风险的转嫁，同时也是对风险的补偿。当经济主体在参与金融交易的过程中因为风险因素而受到现实损失后，若事先已经担保，则保险公司予以赔偿，经济主体由此可以减少或免于损失。

第三节 金融风险管理的程序

金融风险管理是一个十分复杂的过程，根据金融风险管理过程中各项任务的基本性质，可以将整个金融风险管理的程序分成六个阶段：一是风险的识别和分析；二是风险管理策略的选择和管理方案的设计；三是风险管理方案的实施和监控；四是风险报告；五是风险管理的评估；六是风险确认和审计。

一、金融风险的识别和分析

金融风险的识别和分析，就是认识和鉴别金融活动中各种损失的可能性，估计可能损失的严重性。风险的识别和分析是金融风险管理决策的基础。具体而言，金融风险的识别与分析包括以下三个方面的内容。

（一）分析各种暴露

暴露包括两方面的内容：

1. 哪些项目存在金融风险，受何种金融风险的影响。例如，在投资分析中，哪些资产有固定收益，哪些资产的收益是不确定的；又如，在公司的资产负债表中，哪些资产最可能受到利率波动的影响，哪些资产承受的信用风险较大，哪些资产缺乏流动性等。

2. 各种资产或负债受到金融风险影响的程度。例如，在一些场合，金融风险可能导致的损失很小，而在另一些场合，金融风险可能导致的损失却很大，甚至会引起公司的破产。

通过对暴露的分析，管理者就能决定哪些项目需要进行金融风险管理，哪些项目必须加强金融风险管理，并根据不同的金融风险制定不同的方案，以取得最经济、最有效的结果。

（二）金融风险的成因和特征

造成金融风险的因素错综复杂，有客观的，也有主观的；有系统的，也有非系统的。不同因素所造成的金融风险也具有不同的特征。通过对风险成因和特征的诊断，管理者就可以分清哪些金融风险是可以回避的，哪些金融风险是可以分散的，哪些金融风险是可以减小的。例如，由贷款对象所引起的信用风险是可以回避的，而由企业业绩所引起的证券市场风险是可以分散的等等。通过这样的分析，管理者就可做出相应的决策。

一般来说，风险分析可以采用以下三种方法：

1. 风险逻辑法

即从最直接的风险开始，层层深入地分析导致风险产生的原因和条件。这种方法逻辑性强、条理清晰，能够建立明确的风险分析框架。

2. 指标体系法

即通过财务报表的各种比率、国民经济增长指标等工具进行深入分析，或者以图表的形式判断趋势和总体规模。

3. 风险清单

即全面地列出所有的资产、所处环境、每一笔业务的相关风险，找出导致风险发生的所有潜在原因和风险程度，借此来分析风险发生的原因和风险可能产生的影响。风险清单的具体格式包括：本机构的全部资产（有形资产和无形资产）；经营所需的基础设施；风险来源（可保风险和不可保风险）以及一切导致风险的其他因素。

（三）金融风险的衡量和预测

衡量和预测金融风险的大小，确定各种风险的相对重要性，明确需要处理的缓急程度，并对未来可能发生的风险状态、影响因素的变化趋势做出分析和推断，是制定决策的基本依据。风险预测一般包括风险概率和风险结果的预测。

1. 风险概率的预测

从理论上讲，风险发生概率预测方法有以下三种：

（1）主观概率法

对于没有确定性规律和统计规律的风险，需要通过专家和管理者的主观判断来分析和估计概率，但这种方法的系统误差较大。

（2）时间序列预测法

这种方法是利用风险环境变动的规律和趋势来估计未来风险因素的最可能范围和相应的概率，包括移动平均法、回归法等。

（3）累计频率分析法

这种方法利用大数法则，通过对原始资料的分析，依次画出风险发生的直方图，由直方图来估计累计频率概率分布。

2. 风险结果的预测

在风险管理实务中，预测风险的结果通常采用三种方法，分别是极限测试、风险价值和情景分析。

（1）极限测试

它是一种比较直观的测量方法。风险管理者通过选择一系列主要的市场变动因素，模拟目前的产品组合在这些市场因素变动时所发生的价值变化。极限测试关注的是风险的损失金额。采用极限测试法，需要首先选择测试对象，包括市场变量、测试幅度和测试信息等；其次，鉴定假设条件，如在市场环境发生变化的同时假设条件是否仍然适用；再次，需要重新评估产品组合的价值；最后，根据评估的结果，决定是否采取相应的行动计划。

但是，极限测试法需要建立在大量的目标选择之上，而管理者自身并不清楚需要测试的对象，同时极限测试没有考虑未来事件可能结果发生的概率，仅仅集中于将会发生的损益数额上。另外，由于极限测试法考察的是非正常波动下的市场表现，所以可利用的数据相对较少，使得对历史相关性的计算几乎变得没有可能。

（2）风险价值

风险价值是衡量在给定时间段内、在给定的发生概率下所发生损失的最大可能数额。首先，必须能够在任何情况下评价自身的头寸；其次，必须能够明确各种情况发生的可能性，通过按照市场价格核算的交易头寸和风险要素分布的概率模型，可以设计出产品组合未来价值的分布模型，从而得到风险价值在产品组合价值变化的分布曲线。

风险价值是现代风险管理艺术的核心内容，但是，它仍然存在一定程度的缺陷，某些极端的、会导致巨额损失的事件，可能不会出现在历史数据集合中，所反映的信息仍然不够充分。

（3）情景分析

情景分析不仅关注特定市场因素的波动所造成的直接影响，而且还有在特定的情景下、特定的时间段内发生的一系列事件对收入的直接和间接影响。情景分析工作的难度较大，它需要分析的是一系列事件对公司的影响，在极限测试和风险价值不能考察对金融机构具有灾难性效果的事件时，情景分析成为一种重要的风险管理工具，关键在于它具备有效的预先分析、信息征询和必要的预见事件传递性的能力。

上述三种方法中，极限测试和情景分析都属于前瞻性的分析技巧，目的在于把某些未必会发生的事件可能导致的潜在损失定量化。但是，极限测试用来评估由于市场变量的一系列变化而导致的对给定产品组合造成的短期影响效果，情景分析则是衡量一些更复杂和具有内在关联性的事件对公司所产生的更广泛的影响。可以说，极限测试是自下而上的方法，而情景分析是自上而下的方法。

金融风险的识别和分析，是金融风险管理的首要步骤，通过风险预测，管理者可以决定是否进行一项交易或者组合，并从期望回报方面看是否适当。对固有风险和期望回报的标识、数量化及分析的过程一定要在任何交易、新产品和贸易活动被批准或执行之前完成。通过预测收入和与一个交易和贸易活动有联系的风险来源，风险管理可以预测组合或商业活动中存在的不正常风险。

金融风险的识别和分析，同时也是金融风险管理中最为困难的环节，管理者必须经过深入调查，尽可能多地收集各种有用的数据（如资产负债表、损益表等），并进行适当的处理。只有通过多途径、多渠道地去识别和分析，充分了解金融风险的特征，才能采取相应的对策和手段，从而达到金融风险管理的预期目的。

二、金融风险管理策略的选择和管理方案的设计

（一）金融风险管理策略的选择

在完成准确的风险度量之后，管理者必须考虑金融风险的管理策略，不同的金融风险可以采取不同的策略。

风险管理的方法一般分为风险控制法和风险财务法。所谓风险控制法是指在损失发生之前，运用各种控制工具，力求消除各种隐患，减少风险发生的因素，将损失的严重后果减少到最低程度。所谓风险财务法是指在风险事件发生后已经造成损失时，运用财务工具（如存款保险基金）对损失的后果给予及时的补偿，促使其尽快地恢复。通过对各种方法的比较和衡量，金融机构可以选择最优的管理方案。

1. 风险控制法

具体包括：

（1）规避风险

即考虑到风险事件存在与发生的可能性，主动放弃和拒绝某项可能导致风险损失的方案。例如，终止或者暂停某项资金的借贷活动与计划，终止或暂停某类资金的经营计划与经营活动，改变资金借贷和资金经营活动的性质、方式和方法以及经营的组织形式。

（2）损失控制

它是指在损失发生前全面地消除风险损失可能发生的根源，尽量减少损失发生的概率，在损失发生后减轻损失的严重程度。

2. 风险财务法

具体包括：

（1）风险自留

当某项风险无法避免或者由于某种获利可能需要冒险时，就必须承担和保留这种风险，包括主动金融风险自留和被动金融风险自留。它是一种风险财务技术，同时也是一种处置残余风险的方式。

（2）风险转嫁

它是指经济活动主体将其面临的金融风险有意识地转嫁给与其有经济利益关系的另一方承担，主要指非保险型风险转嫁，即将资金借贷等各种活动产生的赔偿责任通过合同条款从一方转嫁到另一方，例如，可以通过存单、贷款合同等进行转嫁。

（二）金融风险管理方案的制定

金融风险管理策略的选择，只能作为金融风险管理过程的指导思想，不能作为具体的行动方案。因此，在选择了金融风险管理策略之后，管理者还必须制定具体的行动方案。只有制定了具体的行动方案，才能在实际中加以实施。例如，在选择套期保值策略后，还必须确定运用何种套期保值的工具，以及怎样运用这种工具来实施套期保值。我们知道，金融期权与金融期货都是人们常用的套期保值工具，而在金融期权或金融期货中，又有着不同种类、不同期限的合约可供选择。因此，在决定通过套期保值策略来管理某种金融风险后，风险管理人员还必须做出如下比较具体的决策：究竟选择金融期权还是金融期货？如果选择金融期权（或金融期货），则又将选择哪一特定的合约品种？其期限、数量等又将如何确定？

金融风险管理者必须根据各种风险和暴露的特征、经营目标、经济环境、技术手段的特点等各种因素，制定多种方案，并对拟定的各种方案进行可行性研究，合并其中比较雷同的方案，淘汰可行性较差的方案，再加以综合比较和分析，从中选取最理想的方案。

金融风险管理策略的选择和管理方案的设计，是金融风险管理中最关键的环节，是金融风险管理成败或效果好坏的决定性步骤。一个有效的风险管理方案会平衡风险管理结构方面和质量方面的问题。有效的风险管理取决于这样一种联系：公司总体目标、策略和为获取商业利益所面临的风险的类型、水平以及回报之间的联系。因此，它要求管理人员不仅要对金融风险及其内外部环境有清醒的认识和把握，而且还要有较高的洞察能力和决策能力。

三、金融风险管理方案的实施和监控

金融风险管理方案确定后，必须付诸实现。例如，如果一家银行运用期货套头交易来减小利率风险，它必须根据方案中所确定的期货合约的品种、数量以及所要求的买卖时机等买进或卖出合约，直至套头交易完成。金融风险管理方案的实施直接影响着金融风险管理的效果，也决定了金融风险管理过程中内生风险的大小，因此，它要求各部门互相配合支持，以保证方案的顺利实施。

对金融风险管理方案的实施进行监控，也是金融风险管理的一个重要内容。它不仅有利于对各部门进行协调，保证方案的实施，防止少数人或部门存有侥幸心理或拖沓行为，违背方案的要求放任或偏好风险，而且也有利于风险管理决策者根据环境的变化对金融风险管理的方案进行必要的调整，以降低金融风险管理的成本，增强金融风险管理的效果。

四、风险报告

风险报告是风险管理的一个重要组成部分，它是了解风险管理结果的窗口，是企业风险情况沟通的工具。风险报告程序的开发是一个循序渐进的过程，随着市场、业务和方法的变化，需要不断增加报告的种类和方法。

风险报告与风险测量密切相关，是公司定期通过其管理信息系统将风险报告给其监管者和股东的程序。随着公司在风险调整的基础上寻求各种方式以增进其经营能力和股东盈利，这种程序已成为风险管理程序中日益重要的一部分，而且官方对这一领域的关注也大大加强，因为传统的会计做法不能明确提供公司风险的概况。

风险报告应具备以下几个方面的要求：

第一，输入的数据必须准确有效。数据的"筛选"是基础，而且是一个值得信赖的风险管理系统的关键。不准确的数据是因为众多原因引起的，风险报告的结果，必须经过仔细地复查和校对来源于若干个渠道的数据才能确定。

第二，报告具有实效性。风险信息只有及时由适当的人得知才有用，数据的收集和处理必须高效准确，才能使准确的风险结果尽早得出。

第三，具有很强的针对性。不同部门对报告有不同的要求，风险管理部门需要和各个部门联系，如前台、中台、后台以及高级管理层。

经常使用的报告包括资产组合报告、风险分解报告、最佳套期保值报告、最佳资产组合复制报告等。近年来，银行和证券业的监管者已经主动采取许多措施来改进监督报告和年报中的风险披露，会计业也做了许多努力来改进金融资产的会计记账方法，这主要是因为国际会计准则委员会提议彻底修改金融工具的会计记账方法，全面实行以市场

价格为基础的方法。

五、金融风险管理的评估

金融风险管理的评估，是对风险度量、选择风险管理工具、风险管理决策以及对金融风险管理过程中业务人员的业绩和工作效果进行全面的评价总结，为以后更好地进行风险管理做准备。根据前一阶段金融风险管理的经验，管理层可以总结出一些金融风险的预防措施，研究出一些可供今后运用的模型等。在金融风险管理中，要认真地对各种措施的实施效果、工作人员的表现等进行评估，总结经验和教训，做好训练积累工作，以便为以后有序开展金融风险管理工作打好基础。

其中最为普遍的方法就是事后检验，它是保证风险管理方案准确性的一个重要步骤。事后检验是一个有用的评估市场风险测量和方法集合的工具。事后检测的结果出来后需要采取相应的措施，或是对模型进行调整，或是重新评估定价和损益行为。事后检验过程包括两个方面：①对汇总和测量总的资产组合风险的风险价值方法与实际的经验损益数字进行比较；②比较理论和实际的损益，检验每一个用于估价和控制公司头寸风险的模型是否覆盖所有的风险要素。

六、风险确认和审计

风险程序的最后一部分是确认公司正在使用的风险管理系统和技术是有效的。这使得人们日益认识到，正规的检验和复核程序作为风险管理程序不可缺少的一部分的重要性。

风险确认和审计包括内部和外部审计员对风险管理程序的检查要求。风险管理作为内部一项独立的业务，它的发展对于公司内部和外部审计员的职责产生了很大的影响。对外部审计员来说，这意味着工作重点从检查公司财务记录的完整性扩展到评价其风险信息的完整性。对内部审计员来说，这种变化也许更大，因为传统的内部审计中检查其操作是否与内部条规和程序一致的那部分任务现在由风险管理职能来承担，所以内部审计的任务更多地着重于检查风险管理程序的完整性。这就意味着目前在内部审计中需要更高水平的专业技术，用于保证了解和检查风险管理职能的有效性。

七、利率市场化改革的关键时点选择及影响

(一)引言

中国正继续推进利率市场化改革。目前中国仍存在一些利率"双轨制"，一是在存贷款方面仍有基准利率，二是货币市场利率是完全由市场决定的。最佳策略是让这两个轨

道的利率逐渐统一。

我国的利率市场化改革是社会主义市场经济体制建设的重要内容。利率市场化是指货币当局将利率决定权交由市场，市场根据供需关系确定利率价格。在实现利率市场化之后，货币当局可通过运用货币政策工具间接调控市场利率水平，实现其货币政策目标。很多国家均经历过利率市场化进程，有经验也有教训。经过多年推进，为了进一步推进我国的利率市场化进程，金融监管机构、从业机构和金融市场都应做好充足准备。同时，下一步改革的时点选择也非常关键。

（二）利率市场化改革进程的推进

我国20世纪90年代开始启动利率市场化进程，逐步放开利率管制，利率市场化进程主要遵循先外币、后本币；先贷款、后存款；先长期、大额，后短期、小额的指导思路。

从理论上看，我国已经放开了存贷款利率上限，利率市场化改革近乎完成。然而在实际中，目前我国在全国、省级和市级建立了三级利率定价自律机制，对自主定价能力较弱的中小金融机构进行定价方案指导。从形式上看，这种行业自律机制在一定程度上继续影响着利率上限。而商业银行自身在定价能力和配套风控机制等方面也尚未准备到位，依然习惯于参照基准利率进行存贷款利率的定价。这些因素构成利率市场化改革的最后一个堡垒，阻碍了利率的顺利传导，导致央行调节银行间市场利率后，政策效果难以通畅地传导至存款利率。

在理想状态下，存贷款基准利率未来将彻底退出，存贷款利率将像货币市场利率一样完全由市场决定，仅在利率非理性波动时货币当局才会进行干预；利率传导机制有望更通畅。因此，让存贷款利率逐渐向货币市场利率靠拢是当前迫切的利率市场化任务，也是利率市场化改革关键的一个环节。

（三）利率市场化改革完成对利差的影响

因为我国较晚才启动利率市场化进程，所以有若干发达经济体的经验可供参考。西方各发达经济体以及亚洲的主要发达经济体，均经历过利率市场化进程，其大多发生在自20世纪80年代开始的金融自由化浪潮之中。不过，不同国家与地区利率管制的起因与背景不同。亚洲大多数经济体的利率管制是源于经济赶超的需要，为了动员廉价资金以快速实现工业化。而像美国，其金融体系一开始就是高度前场化的，早年并无利率管制，但在20世纪30年代大萧条之后，人们将危机归因于银行过度竞争，因而从20世纪30年代开始实施利率管制，以便控制银行风险。而后又在20世纪70年代开始慢慢放松，最终实现利率市场化。

从起因与背景考虑，亚洲发达经济体的经验对我国更具参考价值。

(四)利率"并轨"的时点选择分析

纵观海外相关经验,利率市场化通常是逐步推进的漫长过程,需要20年左右的时间。分阶段放开管制有利于市场充分消化政策信息,适应市场化经营环境,减少对经济金融的冲击。如今我国还存在存款利率的"双轨制",并轨势在必行。何时才是放开最终管制的合适时点?以下从理论层面做简要分析。

"并轨"的主要思路是让存贷款利率和货币市场利率逐渐靠拢衔接。在此,假设货币市场利率为 r_1,存款利率为 r_2,法定存款准备金率为 R。按照一价定律,在无摩擦的理想情况下,银行能够同时在存款市场和货币市场获得资金,两个渠道的真实成本应趋于一致,否则银行就拥有套利机会。在理想情况下,货币市场利率应该与存款真实利率相当(更为准确的话,还要考虑两种负债业务的其他摩擦成本,如业务费用、监管成本等),即 $r_1 = r_2 / (1-R)$,得 $r_2 = r_1 \times (1-R)$。通常当最终管制放开,现实存款利率就可能一路攀升到理想的 $r_1 \times (1-R)$ 水平。因此,为减少给经济带来的冲击,利率市场化完成的合适时点应为现实存款利率与 $r_1 \times (1-R)$ 接近之时。目前现实利率小于后者,因此未来利率市场化的有利市场环境,应该是尽可能降低货币市场利率 r_1,从而使存款利率放开后上升幅度有限。可能的途径如实行宽松的货币政策、投放市场流动性等。

不过,现实金融市场远比上述理论分析要复杂,实际操作中利率传导机制时常有所淤堵,并且需要考虑的因素更多。短期来看,随着近期货币市场利率的下行,利率市场化最后完成的时机正在日趋成熟。

(五)顺利实现利率市场化收官的建议

结合发达经济体进程来看,随着利率市场化改革不断深入,银行业面临的风险压力不断增加。为最大程度减少利率市场化对银行业的冲击,实现利率市场化的平稳衔接,银行业监管机构和从业人员需要提前做好应对挑战的准备。

首先,银行业监管机构要加强宏观和微观审慎监管。各国在利率市场化进程中,由于息差有所收窄,曾出现不少银行铤而走险、进入高风险领域博取更高收益的情况。当积累的风险爆发,银行就会产生较大风险,甚至破产倒闭。若随后货币当局进行救市,将导致流动性宽松、息差大幅缩小,从而进一步加重银行业经营负担,形成两难局面。因此我国在利率市场化改革进程中,应该加强对银行业的宏观审慎监管和微观审慎监管,切实防范金融风险。同时改善银行的公司治理机制,尤其要提防银行股东层、管理层因制订不切实际的考核任务而带来铤而走险的风险。

其次,商业银行应尽快掌握管理利率风险、流动性风险的有效工具。利率市场化时代的利率风险、流动性风险高于以往,商业银行应掌握利率期货、资产证券化等工具,以应对和把控利率风险和流动性风险。

再次，商业银行还应加快发展中间业务，适当提高自身业务的多样性和均衡度，以减轻对息差收入的依赖，同时缩小在利差上的风险敞口。

最后，中小银行应找准定位并把握核心优势，在自身有优势的存贷款类别上进行合理布局。存款方面，随着直接融资市场的不断发展，民众可以投资的金融产品种类增加，银行存款的吸引力面临挑战，但结算存款不会被分流，因此客户基础扎实的银行相对会受到较少的冲击。贷款方面，信贷利率基本由供求关系决定，而议价地位较低的小微、零售等客户的信贷利率依然可观，主营这类客户的银行相对容易保持利差稳定。而且，优异的客户基础有助于进一步开展其他资产负债业务和中间业务。因此中小银行应充分做好准备，潜心修炼内功，巩固客户基础，寻找差异化优势，稳定核心负债，以便在未来的竞争格局中保持稳健经营。

第二章 信用风险管理

第一节 信用风险概述

信用风险是金融市场中最古老也是最重要的金融风险之一。它随着借贷的发生而产生，直到这笔贷款的本金和利息完全归还或者发生违约冲销损失准备才结束。随着金融市场的迅猛发展，金融机构有必要对信用风险进行更加灵活、积极和主动的管理，通过各种金融技术将信用风险层层剥离，选择更完善的风险管理方法，将风险降低或转移。

一、信用风险的概念

（一）传统的信用风险概念

关于信用风险的概念，有许多不同的观点。传统观点认为，它是指交易对象无力履约的风险，即债务人未能如期偿还其债务造成违约，而给经济主体经营带来的风险。

信用风险有广义和狭义之分。从狭义来讲，信用风险通常是指信贷风险。广义的信用风险是指所有因客户违约（不守信）所引起的风险，如资产业务中借款人不按时还本付息引起的资产质量恶化；负债业务中存款人大量提前取款形成挤兑，加剧支付困难；表外业务中交易对手违约引致或有负债转化为表内负债等。

（二）现代的信用风险概念

从组合投资的角度出发，信用资产组合不仅因为交易对手（包括贷款借款人、债券发行人等）的直接违约而发生损失，而且交易对手履约可能性的变动也会给资产组合带来风险。一方面，一些影响交易对手信用状况的事件的发生，如信用等级降低、盈利能力下降，造成所发行的债券跌价，从而给银行带来风险；另一方面，在信用基础上发展起来的交易市场使贷款等流动性差的资产价值能得到更恰当和及时的反映，如在西方的信用衍生品市场上,信用产品的市场价格是随着借款人的还款能力的变化而不断变化的,这样借款人信用状况的变动也会随时影响银行资产的价值,而不仅仅是在违约发生时才有影响。从这两个方面来看,现代意义上的信用风险不仅包括违约风险,还包括由于交易对手(债务人)信用状况和履约能力的变化导致债权人的资产价值发生变动、遭受损失的风险。与传统的信用风险定义相比,这种对信用风险的解释更切合信用风险的本质。不同的信用风险定义作为信用风险计量模型的概念框架,将会直接影响信用模型的建立。

(三)信用风险包含的内容

1. 违约风险

在现代市场经济条件下,无论是企业还是个人,在其经济活动中一旦与他人或其他企业签订经济合约,就面临合同对方当事人不履约的风险,如不支付钱款、不运送货物、不提供服务、不偿还借款等。此外,在信用保险、不同的贸易支付方式(赊账、货到付款、预付货款、交货付款)、国际贸易、托收、汇票、合同保证书、第三方担保、对出口商的中长期融资、福费廷等业务中,均存在对方当事人违约的可能。

2. 主权风险

它是指债务人所在国采取某种政策,如外汇管制,使债务人不能履行债务所造成的损失。这种风险的主要特点是针对国家,而不像其他违约风险那样针对的是企业和个人。

3. 结算前风险和结算风险

结算前风险一般是在正式结算前就已经发生。结算风险则是指在结算过程中发生不可预料的情况,即当一方已经支付了合同资金但另一方发生违约的可能性。这种情况在外汇交易中较为常见,如交易的一方早晨在欧洲支付资金而后在美国进行交割,在这个时间差中,结算银行的倒闭可能导致交易对手不能履行合同。

信用风险对衍生金融产品和基础金融产品的影响不同。对于衍生金融产品而言,违约带来的潜在损失小于产品的名义价值损失,实际上它只是头寸价值的变化;对于基础金融产品(如公司债券或银行贷款)而言,信用风险所带来的损失就是债务的全部名义价值。

(四)信用风险与信贷风险的辨析

信用风险与信贷风险是两个既有联系又有区别的概念。信贷风险是指在信贷过程中,由于各种不确定性,借款人不能按时偿还贷款,造成银行贷款本金、利息损失的可能性。对于商业银行来说,信贷风险与信用风险的主体是一致的,即均是由于债务人信用状况发生变动给银行经营带来风险。二者的不同点在于其所包含的金融资产的范围不同。信用风险不仅包括贷款风险,还包括存在于其他表内、表外业务,如贷款承诺、证券投资、金融衍生工具中的风险。由于贷款业务是商业银行的主要业务,所以信贷风险是商业银行信用风险管理的主要对象。

二、信用风险产生的原因

(一)现代金融市场内在本质的表现

信用风险是金融市场的一种内在推动力和制约力,它既促进了市场参与者管理效率的提高,增添了市场活力,也具有风险警示作用,起到"看不见的手"的调节和约束作用。

1. 信用风险内生于金融市场

20世纪80年代相继发生在世界各地的金融风波或金融事件,绝大多数是由信用风险引发的。实际上,即使没有造成大的金融危机,信用风险在金融活动中也无处不在。由于金融市场上有无数参与者,每时每刻都有大量的交易发生,因此金融市场上客观存在着大量的信用风险。在信用风险管理中,风险与风险暴露结合在一起,但风险暴露与信用风险也有不同。风险暴露是指在信用活动中存在信用风险的部位以及受信用风险影响的程度。例如,银行持有的贷款头寸就是一种风险暴露,但不是信用风险;而贷款的拖欠或违约则是信用风险,而不是风险暴露。事实上,一些信用产品的风险暴露程度高,其信用风险未必高。如一笔以美元存款作抵押的1000万元贷款,尽管风险暴露(贷款金额)程度很高,但风险较低;而一笔小额的10万元信用贷款,风险暴露程度较低,但发生损失的可能性较大。风险暴露较具体,容易计量,便于研究。

2. 信用风险是金融市场的一种内在推动和制约力量

一方面,金融市场参与者如果能把握时机,就能获得较好的收益,从而在激烈的竞争中赢得胜利;反之,就可能陷于被动,进而遭受损失。因此,从某种意义上讲,信用风险促进了金融市场参与者管理效率的提高,增添了金融市场的活力。另一方面,信用风险可能造成的严重后果具有警示作用,能够在一定程度上约束金融市场参与者,从而对整个金融市场起到调节作用。

(二)信用活动中的不确定性导致信用风险

不确定性是现实生活中客观存在的,它反映一个特定事件在未来有多种可能的结果。在信用活动中,不确定性包括外在不确定性和内在不确定性两种。

1. 外在不确定性

外在不确定性来自经济体系之外,是经济运行过程中随机性、偶然性的变化或不可预测的趋势,如宏观经济走势、市场资金供求状况、政治局势、技术和资源条件等。外在不确定性也包括国外金融市场上不确定性的冲击。一般来说,外在不确定性对整个金融市场都会有影响，所以，外在不确定性导致的信用风险等金融风险又被称为系统性风险。显然，系统性风险不可能通过投资分散化等方式来化解，而只能通过某些措施来转嫁或规避。

2. 内在不确定性

内在不确定性来自经济体系之内，它是由行为人主观决策及获取信息的不充分性等原因造成的，带有明显的个性特征。例如，企业的管理能力、产品的竞争能力、生产规模、信用品质等变化都直接影响其履约能力，甚至企业内部的人事任命、负责人的身体状况等都会影响其股票和债券的价格。投机者不可预测的炒作又加大了内在不确定性。内在不确定性可以通过设定合理的规则来降低，所以，内在不确定性导致的金融风险又被称为非系统性风险。

3. 信用当事人遭受损失的可能性形成信用风险

信用风险往往与损失联系在一起，或者说，信用风险可能导致损失。这里包括两层意思：第一，对于信用活动的一个事件来说，只要它存在损失的可能性，就表明它存在信用风险，但这并不意味着该事件不存在营利的可能性。第二，信用风险指的是一种可能性，是一种结果未知的未来事件。对于已经发生的事情，如一企业不能履约归还贷款，使银行遭受100万元的损失，这一损失只是信用风险造成的结果，而非信用风险本身。

信用风险可能导致的损失有以下两种情况：一是信用风险可能给行为人带来直接的损失。一般认为，信用风险导致的可能损失越大，信用风险就越大。二是信用风险还可能给行为人带来潜在的损失，如银行因贷款不能及时收回、长期债券投资者由于发行人违约不能收回债券本息等，这些都可能使人们失去良好的再投资机会，甚至影响正常的经营秩序。从整个国民经济来看，信用风险还会扰乱整个市场秩序，从而对经济发展产生不利影响。

三、信用风险管理的特征及变化

信用风险管理表现出与其他风险管理不同的特征。此外，随着风险管理领域的迅速扩展，信用风险管理也在不断发展和深化，呈现出与传统风险管理不同的特点。

（一）信用风险管理的特征

1. 信用文化及人们对风险的态度对风险管理至关重要。金融机构管理层对风险的态度非常关键，它决定金融机构到底愿意承受多大的风险。在确定了可以承受的风险区域后，管理层应该让每一个员工对此有所了解并给予支持，然后确定配套的系统、政策和程序来使所有员工严格执行。

2. 随时监测企业所面临的风险并采取相应对策。建立支持性信用风险管理框架，明确风险管理的程序和环节。第一，完全暴露企业各个经营环节的风险状况，以便随时检测问题所在；第二，明确企业各层级在风险管理方面的职能并建立相应的约束和激励机制；第三，在贷款管理的各个环节进行一系列分析工作，积极控制信用风险的生成和恶化，利用技术手段控制风险。

3. 在机构设置上更有利于风险管理，即在流量和存量两个方面解决问题。在流量方面，将客户关系管理与信贷风险管理分开，独立进行信贷风险评估，排除潜在利益冲突引起的道德风险，也避免对客户关系的负面影响。在存量方面，派专人对"问题账户"进行管理，定期编制"问题贷款"报告。

（二）信用风险管理特征的变化

1. 信用风险的量化和模型管理更加困难

信用风险管理存在难以量化和衡量的问题，主要原因有：

（1）数据匮乏

由于信息不对称、不采取盯市原则计量每日损益、持有期限长、违约事件发生少等原因，数据极为匮乏。

（2）难以检验模型的有效性

模型有效性检验的困难在很大程度上是由信用产品持有期限长、数据有限等原因造成的。近年来，在市场风险量化模型技术和信用衍生品市场发展的推动下，信用风险量化和模型管理的研究和应用获得了长足发展，这也成为现代信用风险管理的重要特征之一。

2. 管理技术不断发展，信用风险对冲手段出现

在市场力量的推动下，以信用衍生品为代表的新的信用风险对冲管理技术开始出现，并推动整个信用风险管理体系不断向前发展。

3. 信用风险管理实践中存在悖论现象

这种悖论是指，理论上要求银行在管理信用风险时遵守投资分散化、多样化原则，防止授信集中化，但在实践中这一原则往往很难得到贯彻执行，银行信贷资产分散化程度不高。

4. 信用风险管理由静态转向动态

在现代信用风险管理中，金融机构更多地运用信用风险动态管理手段。信用风险计量模型的发展使得管理者可以每天根据市场和交易对手的信用状况动态地衡量信用风险水平，盯市的方法也被引入信用产品的估价和衡量中；信用衍生产品的发展使得管理者

拥有了更加灵活、有效地管理信用风险的工具，他们可以根据自己的风险偏好，动态地进行调整。

5. 信用评级机构有重要作用

对企业的信用状况及时、全面地了解是投资者防范信用风险的基本前提。信用评级机构可以保护投资者利益、提高信息搜集与分析的规模效益，现代信用风险管理理论与方法对信用评级的依赖更加明显。巴塞尔银行监管委员会在《巴塞尔新资本协议》中强化了信用评级机构在金融监管中的作用。

第二节 信用风险的计量

一、信用风险的定性计量方法

传统的信用风险管理方法主要运用定性方法，包括专家制度、评级方法、信用评分方法。

（一）专家制度

专家制度是一种最古老的信用风险分析方法，它是商业银行在长期的信贷活动中形成的一种有效的信用风险分析和管理制度。这种方法的最大特征是：银行信贷的决策权是由该机构那些经过长期训练、具有丰富经验的贷款人员所掌握的，他们作出是否贷款的决定。因此，在信贷决策过程中，信贷人员的专业知识、主观判断及某些关键要素的权重均为最重要的因素。

1. "5C"分析

在专家制度下，各商业银行条件不同，对贷款人进行信用分析的内容也不尽相同。绝大多数银行都将重点集中在借款人的"5C"上，即品德与声望（character）、资格与能力（capacity）、资金实力（capital or cash）、担保（collateral）、经营条件和商业周期（cycle and condition）。

（1）品德与声望

品德与声望主要是指借款人偿债的意愿及诚意。信贷人员必须确定借款人对贷款资金的使用是否有明确的、符合银行贷款政策的目的，是否具有负责任的态度和真诚的还款意愿。

（2）资格与能力

首先，信贷人员必须确定借款人是否具有申请贷款及签署贷款协议的资格及合法权利。其次，应分析借款人的还款能力。这可以通过借款人的收益变动状况来考查，即使在一段时间里借款人还款很稳定，但若借款人自身收益状况变化很大（较高的标准差），也表明该借款人的还款能力可能受到影响。

（3）资金实力

资金实力主要是指借款人资财的价值、性质、变现能力。信贷人员在分析借款人的资金实力时，要特别注意借款人在还本付息期间，是否有足够的现金流量来偿还贷款。另外，信贷人员还要考查借款人股东的股权分布状况以及财务杠杆状况，因为这可以作为借款人是否会倒闭的重要预警指标。

（4）担保

担保主要指抵押品以及保证人。对于借款人提供的用作还款担保的抵押品，信贷人员应特别注意该抵押品的价值、已使用年限、专业化程度、市场流动性（易售性）和是否投保。

（5）经营条件和商业周期

这是指企业自身的经营状况和外部经营环境。前者包括企业的经营特点、经营方式、技术情况、竞争地位、市场份额、劳资关系等；后者的范围很广，大至政局变动、社会环境、商业周期、通货膨胀、国民收入水平、产业结构调整等，小至本行业的发展趋势、同业竞争状况、原材料价格变动、市场需求转换等。

2. 信用分析中常用的财务指标

专家进行信用分析离不开企业的财务指标。根据财务指标进行综合分析，可以对借款人的信用状况有一个全面的了解。信用分析中常用的财务指标见表2-1。

表2-1　贷款级别与债券级别的对应及风险程度

类型	比率
经营业绩	EBITDA/销售收入
	净收入/销售收入
	实际有效税率
	净收入/净值
	净收入/总资产价值
	销售收入/固定资产

续表

	EBITDA[①] / 利息支付
偿债保障程度	（活动现金流量 - 资本支出）/ 利息支付
	（活动现金流量 - 资本支出 - 股息）/ 利息支付
财务杠杆情况	长期债务量 / 资本总额
	长期债务量 / 有形净值
	总负债额 / 有形净值
	（总负债 - 长期资本）/ 长期资本
	长期资本 = 总净值 + 优先股 + 次级债务
	流动负债所形净值
流动性（变现速度）	流动比率
	速动比率
	存货占净销售收入比率
	存货占净流动资本比率
	流动负债占存货比率
	原材料、半成品、产成品占存货总量比率
应收款状况	应收款的期限：30 天、60 天、90 天、90 天以上
	应收款的平均收回期限

资料来源 CAOUETTE, ALTMAN, NARAYANAN.Managing Credit Risk[M].New York:John Wiley&Sons Inc., 1998:87.

由此可见，在专家制度下，信贷决策依靠的是银行高级信贷人员的经验和主观判断。在银行这种典型的等级制度企业中，信贷人员经验越丰富、资格越老，其分析能力也越强。同时，信用分析是一个相当烦琐的过程，需要耗费大量的人力、物力和财力。实践证明，专家制度存在许多难以克服的缺点和不足。

（二）评级方法

大多数评级方法（体系）既考虑质量方面的因素，也考虑数量方面的因素，最后的评级结果取决于很多因素，通常都不是利用正规模型计算的结果。从本质上看，评级方法（体系）依靠的是对所有因素的全面考虑以及分析人员的经验，而不是数学模型。很显然，评级结果在一定程度上依赖评级人员的主观判断。这里介绍常见的几种评级方法。

1.OCC 的评级方法

最早的评级方法之一，是美国货币监理署（OCC）开发的。OCC 的评级方法将现有的

---
①EBITDA 即未计利息、税项、折旧及摊销前的利润。

贷款组合归入五类，其中四类是低质量级别的、一类是高质量级别的。多年来，银行家已经扩展了OCC的评级方法，开发出内部评级法。目前，美国银行持股公司的内部评级法包括1～10个级别。其中，1～6级为合格级别，7～10级对应四种低质量贷款。这种评级方法也被用于债券评级。贷款级别与债券级别的对应及风险程度见表2-2。

表2-2　贷款级别与债券级别的对应及风险程度

贷款级别	债券级别	风险程度
1	AAA	最小
2	AA	温和
3	A	平均（中等）
4	BBB	可接受
5	BB	可接受但要予以关注
6	B	管理性关注
7	CCC	特别关注
8	CC	未达到标准
9	C	可疑
10	D	损失

资料来源　朱忠明，张淑艳.金融风险管理学[M].北京：中国人民大学出版社，2004:243.内容经过整理。

使用这种方法时，贷款评级一般评估个别贷款，债券评级更倾向于对债务人整体进行评估。

2.标准普尔公司的信用评级体系

标准普尔公司是世界著名的评级公司之一，其业务范围覆盖50多个国家和地区。对于工业公司，标准普尔公司和穆迪公司在美国和欧洲都有较高的市场覆盖率；在拉丁美洲，标准普尔公司的市场覆盖率更高一些。表2-3、表2-4列出了标准普尔公司对长期债务和短期债务的评级体系。

表2-3　标准普尔公司的长期债务评级体系

级别	含义
AAA	债券质量最高,债务人偿付债务的能力很强
AA	和最高级别相差不大,债务人偿付债务的能力也很强
A	在市场环境和经济条件出现问题时,偿付可能存在问题
BBB	保险系数较高,但经济情况或市场环境的不利变化可能削弱债务人的偿付能力

BB	违约风险比其他投机级别要低一些,但商业环境、财务状况或经济情况的变化很可能导致债务人无力承担责任
B	比BB的风险要高。从目前情况看,债务人仍有能力承担债务。商业环境、财务状况或经济情况的变化会削弱债务人偿债的能力和愿望
CCC	目前偿付能力较低,只能依赖商业环境、财务状况或经济情况出现有利变化,债务人才有可能偿付债务
CC	违约可能性很大
C	适用的情形是:债务人已经提交了破产申请或从事其他类似活动,不过债务偿付仍未停止
D	评为D级不是对未来的预期,只有在违约实际发生后,才使用这个级别
+或-	从AA到CCC的每个级别都要用附加的"+""-"进行调整,表明同一级别的相对质量
R	这个符号主要用于那些含有很高非信用风险的工具。它强调的是信用评级时未关注的本金风险或收益率波动的风险

表2-4　标准普尔公司的短期债务评级体系

级别	含义
A-1	债务人承担义务的能力很强;如果有一个"+"号,表明能力非常强
A-2	在经济环境恶化时,偿付可靠性稍低,但还是令人满意
A-3	能表现出一定的偿付保障,不过经济情况的不利变化或环境的改变可能削弱债务人的偿付能力
B	具有一定的投机性。当前具有偿付能力,但面临一些重要的不确定性因素,这些因素可能导致债务人无力承担偿付义务
C	从当前看有违约的可能,只有在财务状况和经济情况出现有利变化时,债务人才有可能偿付债务
D	在违约已经发生的情况下给出的评级

通过该评级体系可以看出,不同的信用级别是根据违约风险和债务人偿付债务的可能性来划分的,被评为最高级别的债券通常被认为是投资级债券。有些金融机构出于特殊目的或受许可的投资计划制约,只能持有投资级债券和其他债务工具。

3. 穆迪公司的信用评级体系

穆迪公司的主要业务在美国开展,但也有很多国际分支机构。在亚洲,穆迪公司的市场覆盖率是最高的。穆迪公司对长期债务和短期债务的评级体系和标准普尔公司很相近，虽然两者可能在对某项具体债务的评级上存在分歧。

4. 评级体系结果的差别及影响

在实践中，虽然各个评级机构在对债券评级时所采用的方法基本相同，但有时也会对同一种债务工具作出不同的评级。

不同的公司对相同的对象作出不同评级是一个值得关注的问题。这个问题包括两个方面：第一，在评级时应在多大程度上基于实际数据，又应在多大程度上基于分析人员的判断；第二，关于评级机构的独立性，评级机构进行评级是收取费用的，这是否会对评级产生影响。

（三）信用评分方法——Z 评分模型和 θ 评分模型

在信用风险评估中，如何选择财务指标以便确定多变量的信用风险预测法，确定关键的破产指标、指标权重等问题尤为重要。在前人研究的基础上，阿尔特曼（Edward Altman）在20世纪60年代提出了著名的 Z 评分模型（Z-score model）；20世纪70年代他又对该模型进行了修正和扩展，建立 θ 评分模型（θ credit risk model）。其基本思路是：事先确认某些决定违约概率的关键因素，然后将它们综合考虑或加权计算，得出一个数量化的分数。Z 评分模型一经推出，便引起各界的关注，许多金融机构纷纷采用它来预测信用风险，并取得了一定的成效，目前它已经成为西方国家信用风险计量的重要模型之一。

1. Z 评分模型的主要内容及准确性分析

Z 评分模型是一个多变量的分辨模型。阿尔特曼选择了一部分最能够反映借款人的财务状况、对贷款质量影响最大、最具预测或分析价值的比率，设计出一个能最大限度区分贷款风险度的数学模型（也称为判断函数），对贷款人进行信用风险及资信评估。

Z 评分模型主要是依据以下步骤建立起来的：

（1）选取一组最能反映借款人财务状况、还本付息能力的财务比率，如流动性比率、资产收益率、偿债能力等。

（2）从银行过去的贷款资料中分类收集样本。样本分为两大类：一类是能正常还本付息的案例；另一类是呆滞、呆账贷款案例。每大类还可按行业或贷款性质、贷款方式再细分。

（3）根据各行业的实际情况，科学地确定每一比率的权重。权重主要是根据该比率对借款还本付息的影响程度确定的。

（4）将每一比率乘以相应的权重，然后相加，便可得到一个 Z。

（5）对一系列所选样本的 Z 进行分析，可得到一个衡量贷款风险度的 Z 值或值域。

信用分析人员在运用该模型时，只要将贷款人的有关财务数据填入，便可计算出 Z 的得分。阿尔特曼确立的分辨函数为：

$$Z = 0.012(X_1) + 0.014(X_2) + 0.033(X_3) + 0.006(X_4) + 0.999(X_5)$$

其中，X 表示变量指标，一共有五个：X_1 表示营运资本／总资产；X_2 表示留存盈余／总资产；X_3 表示息税前利润／总资产；X_4 表示股权的市场价值／总负债的账面价值；X_5 表示销售额／总资产。

若该得分高于或大于某一预先确定的 Z 值或值域，就可以判定这家公司的财务状况良好或其风险水平可被银行接受；若该得分小于或低于预定的 Z 值或值域，则意味着该公司可能无法按时还本付息，甚至可能破产。Z 值越大，资信状况就越好；Z 值越小，风险就越大。

2. θ 评分模型的主要内容

θ 评分模型包含七个变量指标，即资产收益率、收益稳定性指标、债务偿付能力指标、累计盈利能力指标、流动性指标、资本化程度指标、规模指标。该模型的适用范围更广，对不良借款人的辨认精度也大大提高了。

为了凸显新模型的有效性，阿尔特曼等人对 θ 评分模型和 Z 评分模型在分辨的准确性方面进行了比较，比较得出由于新模型无论是在变量的选择、变量的稳定性方面，还是在样本的开发和统计技术方面都比以前有了很大的改进，所以 θ 评分模型要比 Z 评分模型更加准确、有效，特别是在破产前，预测的年限越长，其预测的准确性也越高。

Z 评分模型和 θ 评分模型均是以会计资料为基础的多变量信用评分模型。由这两个模型所计算出的 Z 值可以较为准确地反映借款人（企业或公司）在一定时期内的信用状况（违约或不违约、破产或不破产），因此它们可以作为借款人经营前景好坏的早期预警系统。由于 Z 评分模型和 θ 评分模型具有较强的操作性、适应性以及预测能力，所以它们一经推出，便在许多国家和地区得到推广和使用，并取得显著效果，成为当代预测企业违约或破产的核心分析方法。

然而，在实践中，人们发现，无论是 Z 评分模型还是 θ 评分模型都存在很多先天不足，这使模型的预测能力大打折扣，限制了模型功效的发挥。

二、信用风险的定量计量方法

近年来，经济全球化、金融一体化趋势进一步加强，特别是金融市场发生了巨变，现代信用风险量化管理模型在国际金融界得到了普遍重视和长足发展。J.P. 摩根银行继 20 世纪 90 年代推出著名的以 VaR 为基础的市场风险计量制后，又推出了信用风险量化计量和管理模型——信用计量制，随后瑞士信贷银行也推出了另一类型的信用风险量化模型，两者都在银行业引起很大的反响。同样为银行业所重视的其他信用风险模型还有KMV公司的以EDF为核心手段的KMV模型、麦肯锡公司的信用风险组合模型等。信用风险管理模型在金融领域的发展也引起了监管当局的高度重视，巴塞尔银行监管委员会发布《信用风险模型化：当前的实践和应用》研究报告，研究这些风险管理模型的应用对国际金融领域风险管理的影响，以及这些模型在金融监管，尤其是在风险资本监管方面应用的可能性。

(一)违约概率模型

1. 信用风险计算方法(Risk Calc)

Risk Calc是在传统信用评分技术基础上发展起来的一种适用于非上市公司的违约概率模型，其核心是通过严格的步骤从客户信息中选择出最能预测违约的一组变量，经过适当变换后运用Logit/Probit回归技术预测客户的违约概率。

2. 信用监测模型(KMV)

利用期权定价理论对贷款和风险债券进行估价，以及对它们的信用风险进行计量是现代信用风险管理模型的重要特征。其中，美国的KMV公司利用期权定价理论创立了违约预测模型——信用监测模型，用来对上市公司的信用风险(特别是违约状况)进行预测。信用监测模型利用了两个关系：其一，企业股权市值与它的资产市值之间的结构性关系；其二，企业资产市值波动程度和企业股权市值变动程度之间的关系。通过这个模型，可以求出企业资产市值及其波动程度。一旦算出所有变量值，信用监测模型便可以测算出借款企业的预期违约频率(EDF)。

3. 风险中性定价模型(KPMG)

风险中性定价模型的核心思想是假设金融市场的每个参与者都是风险中性者，不论是高风险资产、低风险资产还是无风险资产，只要资产的期望收益是相等的，金融市场参与者对其接受态度就是一样的，这样的市场环境被称为风险中性范式。根据风险中性定价模型，无风险资产的预期收益与不同等级风险资产的预期收益是相等的，即：

$$P_1(1+K_1)+(1-P_1)\times(1+K_1)\times\theta = 1+i_1$$

其中，P_1为期限为1年的风险资产的非违约概率，$1-P_1$即其违约概率；K_1为风险资产的承诺利息；θ为风险资产的回收率，等于"1-违约损失率"；i_1为期限为1年的无风险资产的收益率。

（二）信用风险组合计量模型

1. 信用计量制模型

信用计量制模型是 J. P. 摩根银行在20世纪90年代与其他合作者在已有的风险计量制方法基础上创立的一种专门用于对非交易性金融资产，如贷款和私募债券的价值和风险进行计量的模型。信用计量制模型的基础是：在一个既定的期限内（通常是1年）估计一项贷款或者债券资产组合未来价值变动的分布.资产组合价值的变化与信用等级转移、降级、升级、债务人信用质量及违约事件有关。信用计量制模型要解决的问题是：如果下一年度是一个坏年头的话，我们的贷款及贷款组合的价值将会损失多少？

信用计量制模型主要用于对债券和贷款的处理。由于贷款是不能公开交易的，所以人们既无法观察贷款的市值，也不能获得贷款市值的变动率。但是人们仍然可以通过掌握借款企业的一些资料来解决这个问题。这些资料包括借款人的信用等级、在下一年度里该信用级别水平转换为其他信用级别的概率、违约贷款的收付率。一旦人们获得了这些资料，便可以利用在险价值方法对单笔贷款或贷款组合的在险价值进行计量。

2. 信用风险量化模型

该模型由瑞士信贷银行金融产品部开发。其基本思想来源于保险业，即保险的损失源自被保事件的发生频率或事件发生后损失的价值。将这种理念用于贷款，即形成贷款违约及违约严重性的联合分布，它运用了一种实用的科学框架来推导债务或贷款组合的损失分布。信用风险量化模型假定,任何时期的违约企业数量的概率分布服从泊松分布。在这个假设下，该模型认为，每笔贷款违约的概率是随机事件；两两贷款之间的相关性为零，即各贷款违约的概率是相互独立的。该模型适用于小笔贷款组成的贷款组合。

3. 信用风险组合模型

信用风险组合模型对促进银行进行资产分散化管理从而降低信用风险具有重要意义，它可以在以下几个方面帮助银行进行决策：通过信用在险价值分析决定是否增加信贷；通过识别信用风险基于交易对手、行业、国家或工具的集中度有效管理信用风险；通过准确计量信用风险降低资本持有额，提高资本收益率。其中，较广泛使用的是两种简单测度贷款组合信用风险的模型，即信用等级转移分析模型和贷款集中度限制模型。

三、我国《商业银行资本管理办法（试行）》中信用风险资本计量方法

（一）权重法

权重法是指银行将全部资产按照监管规定的类别进行分类，并采用监管规定的风险权重计量信用风险加权资产的方法。在权重法下，信用风险加权资产为银行账户表内资

产信用风险加权资产与表外项目信用风险加权资产之和。商业银行计量各类表内资产信用风险加权资产，应首先从资产账面价值中扣除相应的减值准备，然后乘以风险权重。商业银行计量各类表外项目信用风险加权资产，应将表外项目名义金额乘以信用转换系数得到等值的表内资产，再按表内资产的处理方式计量风险加权资产。商业银行应当按照《商业银行资本管理办法（试行）》的规定，对因证券、商品、外汇清算形成的风险暴露计量信用风险加权资产。按照《商业银行资本管理办法（试行）》的规定考虑合格质物质押或合格保证主体提供保证的风险缓释作用，但质物或保证的担保期限短于被担保债权期限的，不具有风险缓释作用。

《商业银行资本管理办法（试行）》中权重法的相关要求体现了审慎监管原则，也体现了公共政策导向，降低了中小企业贷款、零售贷款的成本，推动了商业银行调整资产结构，缓解了中小企业贷款难，为扩大国内消费提供支持。

权重法下的资产分为以下十六类：

1. 现金及现金等价物。

2. 对我国中央政府和中央银行的债权。

3. 对我国公共部门实体的债权。

4. 对我国政策性银行的债权。

5. 持有我国中央政府投资的金融资产管理公司的债权。

6. 对我国其他商业银行的债权。

7. 对我国其他金融机构的债权。

8. 对境外主权和金融机构债权。

9. 对多边开发银行、国际清算银行和国际货币基金组织的债权。

10. 对一般企业的债权。

11. 对微型和小型企业的债权。

12. 对个人的债权。这主要包括：个人住房抵押贷款；对已抵押房产，在购房人没有全部归还贷款前，商业银行以再评估后的净值为抵押追加的贷款；个人其他债权。

13. 租赁资产余值。

14. 股权投资。

15. 非自用不动产。

16. 其他资产等。

权重法下，不同的资产类别分别对应不同的风险权重／信用转换系数。

(二)内部评级法

信用风险是商业银行面临的最重要的风险,《巴塞尔新资本协议》最重要的制度创新就是鼓励商业银行采用内部评级体系计量信用风险监管资本要求。商业银行内部评级体系是指用于信用风险评估、风险等级确定和信用风险参数量化的各种方法、过程、控制措施和 IT 系统的总称。内部评级体系应能够有效识别信用风险,具备稳健的风险区分和排序能力,并能准确量化风险。

我国商业银行采用内部评级法计量信用风险资本要求,应符合《商业银行资本管理办法(试行)》的规定。商业银行内部评级体系包括对主权、金融机构和公司风险暴露的内部评级体系以及零售风险暴露的风险分池体系。内部评级体系的基本要素为:

1. 内部评级体系的治理结构,保证内部评级结果的客观性和可靠性。

2. 非零售风险暴露内部评级和零售风险暴露风险分池的技术标准,确保非零售风险暴露每个债务人和债项划入相应的风险级别,确保每笔零售风险暴露划入相应的资产池。

3. 内部评级的流程,保证内部评级的独立性和公正性。

4. 风险参数的量化,将债务人和债项的风险特征转化为违约概率、违约损失率、违约风险暴露和期限等风险参数。

5. IT 和数据管理系统,收集和处理内部评级相关信息,为风险评估和风险参数量化提供支持。

商业银行采用内部评级法,应按照规定对银行账户信用风险暴露进行分类,分别计量未违约和已违约风险暴露的风险加权资产。不同风险暴露组合的相关系数是不一样的,它们各自适应不同的风险加权资产计算公式。违约概率(PD)、违约损失率(LGD)、违约风险暴露(EAD)、有效期限(M)等风险参数都是公式中重要的输入因素,它们决定了不同的风险加权资产数额。

《衍生工具交易对手违约风险资产计量规则》(以下简称《规则》),旨在提高商业银行衍生工具风险计量和管理水平,促进衍生工具业务稳健发展。《规则》规定:

1. 商业银行应当根据有关规定使用权重法或内部评级法计算衍生工具的交易对手违约风险资产。

2. 商业银行使用权重法的,交易对手违约风险资产为衍生工具的交易对手违约风险暴露乘以交易对手风险权重,交易对手风险权重根据《商业银行资本管理办法(试行)》附件 2 第一部分"表内资产风险权重"确定。

3. 商业银行应按照本规则的要求,计算衍生工具的交易对手违约风险暴露,包括重置成本和潜在风险暴露。

4. 商业银行应制定分类政策，确定净额结算组合定义。

5. 商业银行应将衍生工具划分至相应的资产类别和抵消组合。

6. 衍生工具的资产类别包括以下几类：利率类工具、外汇类工具、信用类工具、股权类工具和商品类工具。

7. 商业银行应在资产类别划分的基础上，制定抵消组合划分标准，并将各类资产类别的衍生工具划分至抵消组合。

8. 商业银行应区分保证金衍生品交易和无保证金衍生品交易。

9. 对保证金衍生品交易，商业银行应与交易对手签订保证金和押品收付协议。仅具有单向保证金协议应认定为无保证金衍生品交易。

10. 商业银行应将交易对手信用风险管理纳入全面风险管理框架，建立健全衍生产品风险治理的政策和流程，加强信息系统和基础设施建设，提高数据收集和存储能力，确保衍生工具估值和资本计量的审慎性。

11. 银行业监督管理部门应加强对商业银行衍生工具风险计量及管理的监督检查。

12. 本规则所指的衍生工具包括场外衍生工具、交易所交易的衍生工具和其他多头清算交易。

其附件《衍生工具交易对手违约风险暴露计量方法》中规定了违约风险暴露的计算公式、重置成本的计算方法和潜在风险暴露的计算方法。

四、信用悖论及其解决

一般认为，信用风险是指由于对手信用水平和履约能力变化而使交易主体资产价值下降而造成损失的风险。银行作为一个风险中介，一直致力于研究和解决信用风险管理问题。银行对借款人进行的贷款行为主要是在风险与收益的替代关系中寻求平衡。这里存在一个信用悖论问题：由于对客户信用状况的了解主要来源于长期业务关系，因此银行往往倾向于将贷款投向并集中于有限的老客户。这样，一方面，银行在贷款管理上得益于其对客户情况的了解和把握，有比较优势；另一方面，银行又将其信用风险暴露过分集中于某一特定客户群体，一旦这个客户群体发生违约，就可能带来巨额损失。

管理信用悖论的传统方法是在二级市场上出售贷款头寸，但这样做存在许多弊端。信用监测模型的出现将现代投资组合理论运用于银行贷款的信用风险管理，实现了信用贷款的分散化，较好地解决了信用悖论。信用监测模型也存在缺陷：实践中并不存在最优组合，该模型虽然可以作为决策的参考，但也不能忽略其与现实世界不符的可能性。信用衍生品的诞生很好地解决了上述问题，既可以保证银行满足其有价值的、关系良好的客户的贷款需求，又部分或全部对冲了信用风险。信用衍生品解决信用悖论的有效途径是：在无须出售贷款、维持良好的客户关系的前提下，运用金融创新工具实现其贷款组合头寸的风险。收益最佳组合，并且降低银行的资本充足率要求，节约资本，提高资本收益率水平。信用衍生品也并未完全解决信用风险问题：在信用风险管理和信用悖论得到部分解决的同时，信用衍生品本身的运用也带来了交易对手风险或对信用衍生品交易对手的信用风险管理问题。

第三节 信用风险的控制

一、限额管理

(一)限额管理的主要内容

在商业银行风险管理实践中，限额管理包含两个层面的主要内容，即银行管理层面和信贷业务层面。

1. 在银行管理层面，限额的制定过程体现了商业银行董事会对损失的容忍程度，反映了商业银行在信用风险管理上的政策要求和风险资本抵御以及消化损失的能力。商业银行消化信用风险损失的方法首先是提取损失准备金或冲减利润，在准备金不足以消化损失的情况下，商业银行只有使用资本来弥补损失。如果资本也不足以弥补损失，银行就会破产倒闭。

2. 在信贷业务层面，商业银行分散信用风险、降低信贷集中度的通常做法就是对客户、行业、区域和资产组合实行授信限额管理。具体到每一个客户，授信限额是商业银行在客户的债务承受能力和银行自身的损失承受能力范围以内所愿意并允许提供的最高授信额。

(二)统一授信管理——确定综合授信限额

为加强银行业金融机构信用风险管理，防范风险累积，我国颁布了《关于进一步加强信用风险管理的通知》(以下简称《通知》)，提出改进统一授信管理。银行业金融机构应将贷款(含贸易融资)、票据承兑和贴现、透支、债券投资、特定目的载体投资、开立信用证、保理、担保、贷款承诺，以及其他实质上由银行业金融机构承担信用风险的业务纳入统一授信管理，其中，特定目的载体投资应按照穿透原则对应至最终债务人。在全面覆盖各类授信业务的基础上，银行业金融机构应确定单一法人客户、集团客户以及地区、行业的综合授信限额。综合授信限额应包括银行业金融机构自身及其并表附属机构授信总额。银行业金融机构应将同业客户纳入实施统一授信的客户范围，合理设定同业客户的风险限额，全口径监测同业客户的风险暴露水平。对外币授信规模较大的客户设定授信额度时，应充分考虑汇率变化对风险暴露的影响。

二、关键业务流程/环节控制

（一）规范授信审批流程

《通知》要求：银行业金融机构应明确新增授信、存量授信展期和滚动融资的审批标准、政策和流程，并根据风险暴露的规模和复杂程度明确不同层级的审批权限。

对集团客户授信总额超过资本净额10%或单一客户授信总额超过资本净额5%的，应视为大额风险暴露，其授信应由董事会或高级管理层审批决定。银行业金融机构可根据风险管理的需要自行确定大额风险暴露管理政策，但不得低于以上要求。在计算大额风险暴露时，对具有经济关联关系的客户参照集团客户进行授信和集中度管理。存在经济关联性是指一方的倒闭很可能对另一方的清偿能力造成重大负面影响的情形，包括但不限于：一方为另一方提供大额担保，一方作为另一方绝大部分产品的购买商且不易被替代，一方现金流大量来源于与另一方的交易等。

（二）贷款定价

贷款定价就是确定贷款的合同利率，在利率市场化条件下，利率的高低和种类是各种客观经济变量综合作用的结果。

我国银行正处于市场化进程中，健全有效的市场融资机制的核心是以价格机制为基础分配金融资源。因此，彻底改变银行单一的贷款定价模式，使收益与风险相匹配，是银行经营体制改革的必经之路。

1. 收益与风险的关系

一般情况下，收益与风险是对等的。这里的收益是指贷款经营过程中因规避风险成功而可能带来的收益。它实质上是一种机会收益，这种机会收益取决于贷款的风险度。当贷款风险度较小时，风险收益也较小；随着贷款风险度的增大，风险收益也在增大；当贷款风险度达到最大时，风险收益也达到最大。有一个在风险收益结构中进行贷款定价的方法，即贷款利率总是随着信贷风险的增大而上升。

银行不同于一般的企业，它必须在承担风险中创造收益。即使银行再努力，它也不可能实现无风险贷款。一般来说，金融机构在市场竞争中的核心技能是确定风险与报酬的对应关系，并进行相应的定价和营销。因此，对客户授信并承担相应的风险是银行创造效益的重要途径。只有正确地认识贷款风险与收益的关系、打破贷款僵化的单一定价模式、实行收益与风险对等的积极定价策略，银行才能防范信用风险，增强竞争力。

2. 贷款定价的影响因素

银行作为金融交易的主体之一，必须综合考虑多个因素，决定交易的价格水平。银行在进行贷款定价时需要考虑的因素包括：

（1）中央银行利率

以再贴现率和再贷款利率为主的中央银行利率反映了货币政策的要求，影响商业银行从中央银行取得资金的成本。一般来说，商业银行的贷款利率以中央银行利率为基准，略高于中央银行利率。

（2）银行负债的平均利率

银行负债主要是存款和主动负债，其利息是银行借入资金的主要成本，其中存款利率影响最大。存贷利差收入形成银行利润，银行为保持一定的利润必须使贷款利率高于存款利率。

（3）营业费用

银行的正常运转需要支付各种营业费用，这些成本由贷款、投资及服务收入来补偿，而且补偿后要有一定的盈余。营业费用提高，银行必须从贷款、投资等业务中获取更多的收入，因此贷款利率也倾向于提高。

（4）贷款的风险

借款人的信用、贷款的期限和种类、预期的通货膨胀等都使银行贷款具有一定的风险。为补偿风险可能带来的损失，贷款人在确定每笔贷款的利率时都要考虑风险因素，风险越大，贷款利率越高。贷款风险导致差别利率，比如信用差别、行业差别、用途差别、按期和逾期差别等。

（5）借贷资金的供求状况

借贷资金的供求状况是影响当前利率的主要因素。一般来说，在经济景气时，贷款需求大，资金可能供不应求，利率水平随之提高；在经济衰退时，投资需求不足，情况则相反。

（6）当前资产组合结构

贷款定价不仅受客户方面风险的影响，还受商业银行当前资产组合结构的影响。一项贷款在放入资产组合后会改变资产组合的整体风险。一般情况下，资产组合管理部门所确定的定价被视为刚性的，只有在例外情况下才可偏离这一定价，同时还需有必要的授权。

（7）全面考虑客户关系

进行贷款定价时，应当从全面的角度审视客户关系，要考虑该客户的其他收入。即便一笔贷款按较低的利差发放，但由于为该客户提供的其他产品或服务能带来足够的收入，从全面的客户关系考虑，总体仍然是营利的。

3. 贷款定价公式

贷款定价的形成机制比较复杂，市场、金融机构和监管机构是形成均衡定价的三个主要力量。由于市场和监管机构对金融机构来说是不可控因素，所以许多金融机构把注意力集中于内部定价机制上。贷款最低定价的公式为：

贷款最低定价＝（资金成本＋经营成本＋风险成本＋资本成本）－贷款额

其中：资金成本包括债务成本和股权成本；经营成本包括日常管理成本和税收成本；风险成本指预期损失，预期损失＝违约概率×违约损失率×违约风险暴露；资本成本主要指用来覆盖该笔贷款的信用风险所需经济资本的成本，在数值上等于经济资本与股东最低资本回报率的乘积。

（三）贷后管理

贷后管理是指从贷款发放或其他信贷业务发生之日起到贷款本息收回或信用结束之时止贷款管理行为的总称，是信贷全过程管理的重要阶段。贷后管理主要包括以下内容：贷后审核、信贷资金监控、贷后检查、担保管理、风险分类、到期管理、考核与激励及信贷档案管理等。

我国商业银行普遍存在对贷后管理重视程度不够、贷后管理制度建设滞后、贷后检查制度流于形式、贷后管理激励约束机制不健全、贷后管理工作人员业务能力不强等问题。加强贷后管理不仅是信贷管理的重要内容和本质要求，而且是强化信用风险管理、提高信贷资产质量、确保信贷资产业务稳健发展和经营效益持续增长的迫切需要。

三、资产分散化策略

投资的多样化和分散化是金融风险管理的重要策略，也是投资者普遍运用的投资理念，它可以有效防范或降低多种金融风险。对于银行来说，信贷资产分散化是降低银行信用风险的一个重要策略，当今许多信贷专家确信，最有效的信贷管理就是合理地安排贷款组合。

（一）贷款组合管理概述

20世纪50年代，马柯维茨（Harry M. Markowitz）提出的现代证券组合理论是金融风险分散化的经典理论，该理论阐明了金融风险分散化的基本原理。按照这一理论，金融风险分散化的通俗表达是"不要将全部鸡蛋放在一个篮子里"，即商业银行通过持有不同种类、不同币种的信贷资产来分散每种资产价值损失的可能性，使总资产得到保值或减少价值损失。贷款组合管理的重要原则是贷款之间应尽量减少相关性，最大限度地降低贷款风险的传染效应。不同贷款间的负相关关系可以减少风险在贷款之间的传播，起到相互抵消风险的作用，这是银行防范信贷风险、稳定收入的保证。这就要求银行实行贷款组合管理，根据市场、产品、客户、信用和经营条件来预测、分散和控制整体风险。

商业银行确定资产组合时，必须根据其发展战略、经营计划和承受风险程度，确定目标市场和客户群，贷款的种类、币种，授信方式的搭配，贷款展期的可能性和贷款组合集中程度等，运用数学分析方法和组合管理理论，寻找有效边界，建立有效组合，以求在既定风险下收益最大或在既定收益下风险最小。贷款组合确定以后，并不意味着这个组合就是一成不变的。这是因为，当外部环境以及银行自身发展战略、风险承受能力等内部条件发生变化时，贷款组合的有效边界会发生移动，原有的组合就不是现有条件下的最优组合了。这时，银行应在认真评估贷款组合风险的前提下，对贷款组合进行调整，使其符合银行的战略目标、风险承受能力和外部环境的变化。

（二）贷款组合管理的类型

根据国际银行业资产组合管理的发展历史，商业银行对信用风险的组合管理一般分为两种类型：

1. 传统的随机组合管理

在传统的随机组合管理中，组合管理者对组合的信用风险只能进行定性管理，根据自己的需要确定分类方式并从中进行选择，这种选择通常是随机性的。银行为组合中的每一种资产主观地设置一个信用风险暴露限额，以避免单一资产过度扩张、风险集中度超过银行可承受的水平。这种管理手段简单易行，技术要求不高，但显然不足以分析风险与收益的关系。20世纪80年代以来，许多大银行的实践经验证明，这种管理手段的关键是有分散风险的观念和行动，而不在于是否进行十分详细和有效的分析、计算，因而，传统的随机组合管理在银行的实际风险管理中受到普遍欢迎。

2. 科学的量化组合管理

20世纪90年代以来，随着新型融资工具在全球的风行以及新兴金融市场的不断发展，国际金融机构信用风险暴露总额激增，市场迫切需要一种较为成熟的信用风险计量和管理手段。科学的量化组合管理是运用资产组合理论和有关定量模型对各种资产的选择方式进行分析，根据它们各自的风险‐收益特征和相互之间的相关性，组成在一定风险水平下期望收益最高或在一定期望收益水平上风险最小的有效组合。这一管理手段需要专门人员通过系统的资产分析和历史数据进行统计，技术要求高，计算复杂，成本费用较高，但可以有效分散风险。

就中国目前的条件来看，传统的随机组合管理更为适宜，但科学的量化组合管理是一种发展方向。

四、贷款证券化

贷款证券化在20世纪80年代中期以后迅速发展起来，成为金融资产证券化最主要的推动力量。贷款证券化是运用各种结构化交易技术，将贷款组合组成贷款池，并对贷款池未来预期现金流进行分割，转换为资本市场可交易的、具有不同风险收益特征的证券。

（一）贷款证券化的含义

规范的资产证券化是指发起人将同质的、缺乏流动性但可产生稳定现金流的资产（如贷款、租赁、应收账款等）组成一个资产池，通过一个特殊目的载体（SPV），以一定的结构安排和信用增级，分离与重组资产的收益和风险，并转化成以资产产生的现金流担保的证券（ABS），发售给投资者。

贷款证券化是将银行资产负债表内信贷资产出售给投资者的一种结构性交易，这个批发性金融中介过程将已有的金融产品的未来现金流重新安排，通过出售贷款产生的现金流支付投资者到期债务，用新的证券代表对原有贷款的收益索取权。贷款证券化发行的"结构化票据"成为银行贷款再融资方式，投资者持有票据，获得相应收益索取权并承担贷款信用风险。

通过贷款证券化方式，传统上对立的两个融资渠道——银行金融中介和资本市场产生了一种互补性关系。第一，对于银行金融中介而言，贷款证券化在银行中引入了证券化安排，提供了买卖贷款实际利益的有效方式，以票据分割贷款组合的总体收益，交易手续简便，贷款交易的成本降低。这使得贷款证券化成为交易贷款权益和改变银行信贷资产组合的重要途径。第二，对于资本市场而言，贷款证券化提供了以贷款未来收益现金流支持的投资产品，增加了传统资本市场的投资产品类型。这使得贷款证券化成为增加投资品种、扩大交易规模和促进市场结构调整的重要因素。

（二）贷款证券化的约束条件

从市场发展角度看，贷款证券化在贷款组合管理方面的制约因素有两个：第一，贷款交易过程转移贷款的法定权益，银行需要在维持贷款客户关系与处理表内信贷资产之间进行权衡。第二，将信贷资产移出资产负债表的交易过程依赖资本市场的效率，资本市场本身的完备性和有效性是吸纳银行信贷资产的重要保证，而大多数急需管理庞大信贷资产的银行金融体系普遍存在资本市场发展滞后的局限性。因此，通过贷款交易或贷款证券化交易管理贷款信用风险的过程与银行发放贷款、维持客户关系存在潜在的冲突，而且这种运行机制的有效性受限于经济体资本市场的成熟程度。

（三）贷款证券化的主要工具

贷款证券化的工具较多，主要有以下几种：

1. 过手结构债券

这是一种权益类债券，它的发行是以组合资产池为支撑的，代表对具有相似的到期日、利率和特点的资产组合的直接所有权。典型种类有住宅抵押贷款、消费者应收款（汽车贷款、信用卡应收款），是基础资产池中的典型资产。其收益公式为：

$$现金流-相关费用＝余额$$

2. 资产支持债券

这是发行人以贷款组合或过手结构债券为抵押而发行的债券。发行人要将一部分组合资产作为发行债券的担保抵押给托管人。

3. 转付结构债券

这是过手结构债券和资产支持债券的结合。它是根据投资者的偏好，对证券化资产产生的现金流重新安排而发行的债券。这种债券是发行人的债务，保留在资产负债表中（与资产支持证券相同），但基础资产的现金流用来支付给债券持有人（与过手结构债券相似）。

五、风险资本比率约束机制

风险资本比率是国际上公认的用于计量银行信用风险和稳健程度的指标。它与银行经营管理、银行信贷风险、金融危机都有密切联系。因此，应该以风险资本比率为依据，控制银行信贷资产的扩张规模，控制银行资产组合风险，将风险资本比率作为银行信用风险控制体系的重要组成部分。

我国商业银行呈现出"数量—扩张—风险"的经营模式，导致信用风险在银行内部逐步积累。随着银行业资产的日益多样化和资本金比例的不断缩小，在银行内部建立规模适度扩张约束与资本充足率约束并重的二重约束，对于控制银行信用风险非常重要。

（一）风险资本比率的定义

20世纪80年代的《巴塞尔资本协议》定义了针对偿付能力的共同计量标准：风险资本比率（也称为Cooke比率，即银行的监管资本占风险加权资产的比例）要达到8%以上，这里的风险只涵盖了信用风险。该协议将银行资本分为核心资本与附属资本，将银行资产分为五类，相应设置0、10%、20%、50%、100%五个风险权数，并对表外资产规定了信用转换系数。

20世纪90年代巴塞尔银行监管委员会建议修订《巴塞尔资本协议》时对资本充足率提出了新的计量要求。巴塞尔银行监管委员会在新框架中将银行承受的风险分为三类，即信用风险（主要指由银行账面信贷资产引发的风险）、市场风险、其他风险（包括银行交易所承受的利息风险、操作风险、流动性风险、法律风险和名誉风险等）。巴塞尔银行监管委员会的有关研究表明，银行的资本支出即资本储备，要与银行所承受的风险保持高度的正相关。

《商业银行资本管理办法（试行）》规定，商业银行各级资本充足率最低要求为：核心一级资本充足率不得低于5%，一级资本充足率不得低于6%，资本充足率不得低于8%。

（二）风险资本比率对银行信用风险的限制功能

风险资本比率反映银行的资本充足率，直接反映银行资本不足的风险，即资本金不能抵补各项损失和支付到期负债的可能性。风险资本比率对银行信用风险的限制功能体现在两个方面：一方面是到期债务不能清偿时，资本有保护功能；另一方面是贷款和投资发生损失时，由资本充当缓冲器。

1. 风险资本比率与清偿能力风险

银行倒闭的根源在于其所面临的清偿能力风险变为现实。所谓清偿能力风险，即在某一时点银行不能偿还到期债务的可能性，也就是说，银行的负债总额超过银行的资产总额的可能性。银行拥有充足的资本金，就能增加客户的安全感，赢得社会大众的信任，从而降低债务回收的不确定性；也能使银行以合理的价格从市场上借入资金，有效地减少资金外流，保证偿付。

2. 风险资本比率与贷款风险

商业银行是靠负债来经营的，自有资本在其经营资金中只占极小比例，它必须保证其贷款能及时收回。如果贷款成为呆账，就会影响银行的清偿能力，严重的会导致银行破产。假设银行的某个客户拖欠贷款，银行不能收回本金和利息，现金流入就直接减少了。但现金流出并不会受影响（除增加托收成本外），因为除了银行债务的利息支付是强制的现金流出外，普通股和优先股的支付都不是强制的，银行可在不违约的情况下延期支付这些红利，而把这些当前收益用于补偿银行的贷款拖欠损失。所以，资本的存在减少了强制的现金流出，从而成为缓冲器。

3. 风险资本比率与流动性风险

银行会将资本较长时间投放于证券投资业务。其目的一方面是获取收益；另一方面是增加资产的流动性，降低风险。对于这部分资产，银行要承担信用风险（证券发行人在证券到期时无法偿还本金和履行义务）、市场风险（证券市场或经济形势变化带来的损失）、货币风险（市场利率变化或通货膨胀加剧带来的损失）。因此，银行应该有所准备，以便应付投资出现问题而导致的一系列流动性风险。风险资本比率反映了银行解决这一问题的能力。

（三）加强信用风险管理的要求

（1）改进统一授信管理。银行业金融机构应将贷款（含贸易融资）、票据承兑和贴现、透支、债券投资、特定目的载体投资、开立信用证、保理、担保、贷款承诺，以及其他实质上由银行业金融机构承担信用风险的业务纳入统一授信管理，其中，特定目的载体投资应按照穿透原则对应至最终债务人。

（2）加强授信客户风险评估。银行业金融机构应加强内部客户风险信息共享，探索对客户风险信息实施统一管理，整合分析全体客户的各类信用风险信息。强化银行业金融机构之间信息共享机制建设，多渠道收集授信客户非传统融资信息，增强对授信客户总负债情况的监测评估能力。

（3）规范授信审批流程。银行业金融机构应明确新增授信、存量授信展期和滚动融资的审批标准、政策和流程，并根据风险暴露的规模和复杂程度明确不同层级的审批权限。对集团客户授信总额超过资本净额10%或单一客户授信总额超过资本净额5%的，应视为大额风险暴露，其授信应由董事会或高级管理层审批决定。

（4）完善集中度风险的管理框架。银行业金融机构应建立涵盖客户、行业、地区、货币、抵（质）押品、市场、国家／区域等各类风险源，覆盖信贷、投资、衍生品交易、承兑、担保等全部表内外风险暴露，充分体现穿透性原则的集中度风险管理框架。

（5）加强国别风险管理。银行业金融机构应建立健全与其系统重要性、风险状况及风险偏好相一致的各项政策和程序，及时对覆盖银行集团范围的国别和转移风险进行识别、计量、评估、监测、报告、控制和缓释。

（6）提高贷款分类的准确性。银行业金融机构应加强贷款分类管理，定期开展贷款分类政策、程序执行情况内部审计，对在贷款分类中弄虚作假掩饰贷款质量的，要严格实施问责，加大处罚力度。应明确上调贷款分类的标准和程序，审慎实施贷款分类中不良贷款上调为非不良贷款的操作。只有符合所有逾期的本金、利息及其他欠款已全部偿还，并至少在随后连续两个还款期或6个月内（按两者孰长的原则确定）正常还本付息，且预计之后也能按照合同条款持续还款的不良贷款，才能上调为非不良贷款。

（7）开展非信贷资产分类。银行业金融机构要参照贷款分类的有关规定，进一步健全完善制度办法，明确表内外各类非信贷资产的分类标准和操作流程，真实、准确和动态地反映非信贷资产风险状况。

（8）提升风险缓释的有效性。银行业金融机构应根据本机构业务特点，建立信用风险缓释制度、政策和程序，定期对风险缓释措施的有效性进行评估。

第三章　市场风险管理

第一节　市场风险概述

一、市场风险的概念和种类

(一)市场风险的概念

市场风险是指因市场价格(利率、汇率、股票价格和商品价格)的不利变动而使商业银行表内和表外业务发生损失的风险。

(二)市场风险的种类

市场风险可以分为利率风险、汇率风险(包括黄金)、股票价格风险和商品价格风险，分别是指由于利率、汇率、股票价格和商品价格的不利变动所带来的风险。

1. 利率风险

是指市场利率变动的不确定性给金融机构造成损失的可能性。大部分金融工具都以利率为定价基础，汇率、股票和商品的价格皆离不开利率，而影响利率变动的因素主要有经济周期、通货膨胀预期、央行货币政策、国际利率水平、资本市场状况、经营成本及其他因素。目前，我国利率市场化程度加快，国内利率波动幅度明显增大，利率风险对我国金融机构，尤其是商业银行的影响日益显著。

2. 汇率风险

是指由于汇率的不利变动而导致金融机构业务发生损失的风险。汇率波动取决于外汇市场的供求状况，主要包括国际收支、通货膨胀率、利率政策、汇率政策、市场预期和投机冲击等，还包括各国国内的政治、经济等多方面的因素。

3. 股票价格风险

是指由于股票价格发生不利变动而给金融机构带来损失的风险。每个股票市场至少应包含一个用于反映股价变动的综合市场风险因素（如股指）。投资个股或行业股指的头寸可表述为与该综合市场风险因素相对应的"贝塔（beta）等值"。

4. 商品价格风险

是指金融机构所持有的各类商品及衍生头寸由于商品价格发生不利变动而给金融机构造成经济损失的风险。商品价格风险中不包括黄金这种贵金属。

由于利率风险与金融分项尤其是银行业风险有直接关系，因此下面针对利率风险的种类或成因做了具体论述。

二、利率风险的种类

利率是连接货币因素与实际经济因素的中介变量，它的波动与金融资产的价值和收益直接相关，任何意外的利率波动都可能给金融参与者，包括银行、企业和个人，带来严重的后果。利率风险是由利率水平变动的不确定性所导致的行为人遭受损失的可能性。对于利润一般来自资产收益率与负债成本率之间差额的金融机构来说，一旦其资产与负债的到期日匹配不当，就有可能把自己暴露于利率风险之中。自从20世纪70年代金融自由化浪潮开始之后，西方各国纷纷放弃了严格的利率管制政策，先后推出了浮动利率资产和浮动利率负债，这就导致了利率敏感性缺口（利率风险敞口）的形成，人们对利率风险管理的重要性也有了更为深刻的认识。利率风险管理就是采取各种措施，监测、控制和化解利率风险，将其带来的损失降到最低程度。

利率风险按照来源不同，可以分为重新定价风险、收益率曲线风险、基准风险和期权性风险。

（一）重新定价风险

重新定价风险也称为期限错配风险，是最主要和最常见的利率风险形式，来源于银行资产、负债和表外业务到期期限（就固定利率而言）或重新定价期限（就浮动利率而言）所存在的差异。这种重新定价的不对称性使银行的收益或内在经济价值会随着利率的变动而变化。例如，如果银行以短期存款作为长期固定利率贷款的融资来源，当利率上升时，贷款的利息收入是固定的，但存款的利息支出会随着利率的上升而增加，这就会使银行的未来收益减少，经济价值降低。

（二）收益率曲线风险

重新定价的不对称性也会使收益率曲线的斜率、形态发生变化，即收益率曲线非平行移动，对银行的收益或内在经济价值产生不利影响，从而形成收益率曲线风险，也称为利率期限结构变化风险。例如，若以5年期政府债券的空头头寸为10年期政府债券的多头头寸进行保值，当收益率曲线变陡的时候，虽然上述安排已经对收益率曲线的平行移动进行了保值，但该10年期债券多头头寸的经济价值还是会下降。

（三）基准风险

基准风险也称为利率定价基础风险，是另一个重要的利率风险来源。在利息收入和利息支出所依据的基准利率变动不一致的情况下，虽然资产、负债和表外业务的重新定价特征相似，但因其现金流和收益的利差发生了变化，也会对银行的收益或内在经济价值产生不利影响。例如，一家银行可能用1年期存款作为1年期贷款的融资来源，贷款按照美国国库券利率每月重新定价一次，而存款则按照伦敦同业拆借市场利率每月重新定价一次。以1年期存款为来源发放1年期贷款，虽然由于利率敏感性负债与利率敏感性资产的重新定价期限完全相同而不存在重新定价风险，但因为其基准利率的变化可能不完全相关、变化不一定同步，仍然会使该银行面临因基准利率的利差发生变化而带来的基准风险。

（四）期权性风险

期权性风险是一种越来越重要的利率风险，其来源于银行资产、负债和表外业务中所隐含的期权。一般而言，期权赋予其持有者买入、卖出或以某种方式改变某一金融工具或金融合同的现金流量的权利而非义务。期权可以是单独的金融工具，如场内（交易所）交易期权和场外期权合同；也可以隐含于其他的标准化金融工具之中，如债券或存款的提前兑付、贷款的提前偿还等选择性条款。一般而言，期权和期权性条款都是在对买方有利而对卖方不利时执行的，因此，此类期权性工具因具有不对称的支付特征而会给卖方带来风险。比如，若利率变动对存款人或借款人有利，存款人就可能选择重新安排存款，借款人可能选择重新安排贷款，从而对银行产生不利影响。目前，越来越多的期权品种因具有较高的杠杆效应，还会进一步增大期权头寸对银行财务状况产生的不利影响。

三、利率风险的成因

从宏观角度看，利率是资金供求总量达到均衡时的借贷价格。从微观角度看，利率对于不同经济主体具有不同的意义：对于投资者来说，利率代表投资者在一定时期内可能获得的收益；对于筹资者来说，利率代表筹资者在一定时期内获得资金的成本。

（一）基于金融机构自身的原因

1. 资产负债期限结构不对称

金融机构通常以成本较低的中短期负债来支撑收益较高的中长期资产。在资产负债期限结构不对称背景下，一旦市场利率上升，金融机构将不得不为今后的存款付出更高昂的成本，如果原先的贷款利率低于现在的市场利率，就将使其经营难以为继。

2. 利率可控性差

利率是一个内生变量，可控性差，不管运用多么高明的定价技术，都难以与市场利率保持一致。在市场利率下跌时，以固定利率吸收存款，以浮动利率发放贷款；或者在市场利率上升时，以浮动利率吸收存款，以固定利率发放贷款，都可能导致金融机构的经营成本上升，甚至出现亏损。

3. 信贷定价机制问题

金融机构信贷定价的依据是客户的资信及期限，资信等级越高，期限越短，利率就越低；反之，资信等级越低，期限越长，利率就越高。这一定价机制具有明显的"防君子不防小人"倾向，可能导致逆向选择，虽然在一定程度上减少了利率风险，却增大了信用风险。其实，具有道德风险倾向的借款人在借款之时就萌发了赖账的念头。

4. 利率预期不准确

虽然金融机构对自己的产品拥有定价权，但这一定价能否被市场所接受则取决于其是否与市场利率水平相一致。实际上，利率风险就是金融机构预期利率与未来市场利率不一致而产生的风险。金融机构尽管在不断地发展和完善利率定价技术，但市场利率瞬息万变，而且其变化又是由多种不确定性因素综合作用的结果，所以，金融机构的利率预期很难准确。

5. 利率计算具有不确定性

金融机构为避免利率的变化在结构不对称的负债和资产上引起失衡，不断发展和完善利率定价技术，通过引入浮动利率定价机制来减少利率风险，但并不能完全消除利率风险。因为利率是一个内生变量，可控性差，通过计算得出的利率水平与实际利率经常是不一致的。

（二）基于行业的原因

一般来说，大多数储蓄金融机构和寿险公司的盈利都存在利率风险暴露，因为这些公司负债的到期日比资产的到期日短，负债的重新定价也比资产的重新定价快。如果利率上升，这些金融机构资金成本率的上升就会比资产收益率的上升快，因此会减少净利息收入，使其面临潜在的再融资风险。下面以银行为例介绍金融业利率风险的形成。

对一家银行来说，利率风险是指由于市场利率变化的不确定性给商业银行带来损失或额外收益的可能性。就银行而言，它所贷出去的款项的绝大部分是借入的资金，当银行吸收或借入的各种货币资金的利率和它贷出去的资金利率不匹配时，利率风险就产生了。银行的利率风险分为两种：一种是由利率性质不匹配引起的，比如银行借入的资金是按浮动利率计息的，而它贷出去的资金按固定利率计息，或者是相反的情况。另一种是与计算利率有关的期限不匹配引起的，比如银行借入的资金是按1年期的固定利率计息的，而银行贷出去的资金虽然也是1年期，但是按3个月调整一次的浮动利率计息，这也会给银行带来利率风险。因为即使贷出去的资金在第一期3个月的浮动利率高于借入资金的固定利率，但在以后9个月中，贷出去的资金浮动利率不一定总是高于借入资金的固定利率。

四、市场风险管理的目标和流程

（一）市场风险管理的目标

市场风险管理的目标是通过将市场风险控制在商业银行可以承受的合理范围内，实现经风险调整的收益率最大化。

（二）市场风险管理的流程

市场风险管理是识别、计量、监测和控制市场风险的全过程。商业银行应当充分识别、准确计量、持续监测和适当控制所有交易和非交易业务中的市场风险，确保在合理的市场风险水平之下安全、稳健经营。商业银行所承担的市场风险水平应当与其市场风险管理能力和资本实力相匹配。为了确保有效进行市场风险管理，商业银行应当将市场风险的识别、计量、监测和控制与全行的战略规划、业务决策和财务预算等经营管理活动有机结合起来。

第二节 市场风险管理体系

商业银行应当建立与本行的业务性质、规模和复杂程度相适应的、完善的、可靠的市场风险管理体系。市场风险管理体系的基本要素包括：董事会和高级管理层的有效监控，完善的市场风险管理政策和程序，完善的市场风险识别、计量、监测和控制程序，完善的内部控制和独立的外部审计,适当的市场风险资本分配机制。

一、董事会、高级管理层及其他市场风险管理部门的职责

(一)董事会的职责

商业银行的董事会承担对市场风险管理实施监控的最终责任,确保商业银行有效地识别、计量、监测和控制各项业务所承担的各类市场风险。董事会负责审批市场风险管理的战略、政策和程序,确定商业银行可以承受的市场风险水平,督促高级管理层采取必要的措施识别、计量、监测和控制市场风险,定期获得关于市场风险性质和水平的报告,监控和评价市场风险管理的全面性、有效性以及高级管理层在市场风险管理方面的履职情况。董事会可以授权其下设的专门委员会履行以上部分职能,获得授权的委员会应当定期向董事会提交有关报告。

(二)高级管理层的职责

商业银行的高级管理层负责制定、定期审查和监督执行市场风险管理的政策、程序以及具体的操作规程,及时了解市场风险水平及其管理状况,确保商业银行具有足够的人力、物力以及恰当的组织结构、管理信息系统和技术水平以有效地识别、计量、监测和控制各项业务所承担的各类市场风险。

商业银行的董事会和高级管理层应当对本行与市场风险有关的业务、所承担的各类市场风险以及相应的风险识别、计量和控制方法有足够的了解。

(三)监事会的职责

商业银行的监事会负责监督董事会和高级管理层在市场风险管理方面的履职情况。

(四)市场风险管理部门的职责

1. 拟定市场风险管理政策和程序,提交董事会和高级管理层审查批准;

2. 识别、计量和监测市场风险;

3. 监测相关业务经营部门和分支机构对市场风险限额的遵守情况,报告超限额情况;

4. 设计、实施事后检验和压力测试;

5. 识别、评估新产品、新业务中包含的市场风险,审核相应的操作和风险管理程序;

6. 及时向董事会和高级管理层提供独立的市场风险报告;

7. 其他有关职责。

(五)业务经营部门的职责

商业银行承担市场风险的业务经营部门应当充分了解并在业务决策中充分考虑所从事业务包含的各类市场风险,争取实现经风险调整的收益率最大化。业务经营部门应当为市场风险所带来的损失承担责任。

二、市场风险管理政策和程序

商业银行应当制定适用于整个银行的、正式的书面市场风险管理政策和程序。市场风险管理政策和程序应当与银行的业务性质、规模、复杂程度和风险特征相适应,与其总体业务发展战略、管理能力、资本实力和能够承担的总体风险水平相一致,并符合原中国银保监会(现为国家金融监督管理总局)关于市场风险管理的有关要求。市场风险管理政策和程序的主要内容包括:

1. 可以开展的业务,可以交易或投资的金融工具,可以采取的投资、保值和风险缓解策略和方法;

2. 商业银行能够承担的市场风险水平;

3. 分工明确的市场风险管理组织结构、权限结构和责任机制;

4. 市场风险的识别、计量、监测和控制程序;

5. 市场风险的报告体系;

6. 市场风险管理信息系统;

7. 市场风险的内部控制;

8. 市场风险管理的外部审计;

9. 市场风险资本的分配;

10. 对重大市场风险情况的应急处理方案。

商业银行应当根据本行市场风险状况和外部市场的变化情况,及时修订和完善市场风险管理政策和程序。

三、市场风险限额管理

商业银行进行市场风险管理,应将自身所承担的市场风险控制在可以承受的合理范围内,使市场风险水平与银行的风险管理能力和资本实力相匹配,限额管理是对市场风险进行控制的重要手段。商业银行应当根据所采用的市场风险计量方法设定市场风险限额,制定对各类和各级限额的内部审批程序和操作规程,根据业务性质、规模、复杂程度和风险承受能力设定、定期审查和更新限额。

(一)市场风险限额的种类

市场风险限额包括交易限额、风险限额及止损限额等，并可按地区、业务经营部门、资产组合、金融工具和风险类别进行分解。商业银行应当根据不同限额控制风险的影响，建立不同类型和不同层次的限额相互补充的合理限额体系，有效控制市场风险。商业银行总的市场风险限额以及限额的种类、结构应当由董事会批准。

1. 交易限额

是指对总交易头寸或净交易头寸设定的限额。总交易头寸限额对特定交易工具的多头头寸或空头头寸加以限制，净交易头寸限额对多头头寸和空头头寸相抵后的净额加以限制。在实践中，商业银行通常将这两种交易限额结合使用。

2. 风险限额

是指对按照一定的计量方法所计量的市场风险设定的限额，如对内部模型计量的风险价值设定的限额和对期权性头寸设定的期权性头寸限额等。期权性头寸限额是指对反映期权价值的敏感性参数设定的限额，通常包括衡量期权价值对基准资产价格变动率的Delta、衡量Delta对基准资产价格变动率的Gamma、衡量期权价值对市场预期的基准资产价格波动性敏感度的Vega、衡量期权临近到期日时价值变化的Theta，以及衡量期权价值对短期利率变动率的Rho设定的限额。

3. 止损限额

即允许的最大损失额。在通常情况下，当某项头寸的累计损失达到或接近止损限额时，就必须对该头寸进行对冲交易或将其变现。典型的止损限额具有追溯力，即止损限额适用于1日、1周或1个月等一段时间内的累计损失。

(二)设计限额体系应考虑的因素

1. 业务性质、规模和复杂程度；

2. 商业银行能够承担的市场风险水平；

3. 业务经营部门的既往业绩；

4. 工作人员的专业水平和经验；

5. 定价、估值和市场风险计量系统；

6. 压力测试结果；

7. 内部控制水平；

8. 资本实力；

9. 外部市场的发展变化情况。

（三）市场风险的超限额管理

商业银行应当对超限额情况制定监控和处理程序。超限额情况应当及时向相应级别的管理层报告，该级别的管理层应当根据限额管理的政策和程序决定是否批准以及此超限额情况可以保持多长时间。未经批准的超限额情况应当按照限额管理的政策和程序进行处理。管理层应当根据超限额情况决定是否对限额管理体系进行调整。

商业银行应当确保不同市场风险限额之间的一致性，协调市场风险限额管理与流动性风险限额等其他风险类别的限额管理。

四、市场风险管理内部控制

商业银行应按照我国关于商业银行内部控制的有关要求，建立完善的市场风险管理内部控制体系，并将其作为银行整体内部控制体系的有机组成部分。市场风险管理内部控制应当有利于促进有效的业务运作，提供可靠的财务和监管报告，促使银行严格遵守相关法律、行政法规、部门规章和内部的制度、程序，确保市场风险管理体系有效运行。

（一）市场风险管理内部控制的基本做法

1. 商业银行为避免潜在的利益冲突，应当确保各职能部门具有明确的职责分工，以及相关职能适当分离。商业银行的市场风险管理职能与业务经营职能应当保持相对独立。交易部门应当将前台、后台严格分离，前台交易人员不得参与交易的正式确认、对账、重新估值、交易结算和款项收付，必要时可设置中台监控机制。

2. 商业银行应当避免其薪酬制度和激励机制与市场风险管理目标产生利益冲突。董事会和高级管理层应当避免薪酬制度具有鼓励过度冒险投资的负面效应，防止绩效考核过于注重短期投资的收益表现，而不考虑长期投资的风险。负责市场风险管理工作的人员的薪酬不应当与直接投资收益挂钩。

3. 商业银行内部审计部门应当定期（至少每年一次）对市场风险管理体系各个组成部分和环节的准确性、可靠性、充分性及有效性进行独立审查和评价；应当既对业务经营部门也对负责市场风险管理的部门进行内部审计；内部审计报告应当直接提交董事会，董事会应当督促高级管理层对内部审计所发现的问题提出改进方案并采取改进措施；内部审计部门应当跟踪检查改进措施的实施情况，并向董事会提交有关报告。

（二）内部审计的内容

1. 市场风险头寸和风险水平；
2. 市场风险管理体系文档的完备性；
3. 市场风险管理的组织结构，市场风险管理职能的独立性，市场风险管理人员的充足性、专业性和履职情况；

4. 市场风险管理所涵盖的风险类别及范围；

5. 市场风险管理信息系统的完备性、可靠性，市场风险头寸数据的准确性、完整性，数据来源的一致性、时效性、可靠性和独立性；

6. 市场风险管理系统所用参数和假设前提的合理性、稳定性；

7. 市场风险计量方法的恰当性和计量结果的准确性；

8. 对市场风险管理政策和程序的遵守情况；

9. 市场风险限额管理的有效性；

10. 事后检验和压力测试系统的有效性；

11. 市场风险资本的计算和内部配置情况；

12. 对重大超限额交易、未授权交易和账目不匹配情况的调查。

商业银行在引入对市场风险水平有重大影响的新产品和新业务、市场风险管理体系出现重大变动或者存在严重缺陷的情况下，应当扩大市场风险内部审计范围，增加内部审计频率。

第三节 市场风险的计量方法

一、交易账户和银行账户

《商业银行资本管理办法（试行）》规定，第一支柱下市场风险资本计量范围包括交易账户的利率风险和股票价格风险，以及交易账户和银行账户的汇率风险（含黄金）和商品价格风险。

（一）交易账户和银行账户包括的内容

合理的账户划分是商业银行开展有效的市场风险计量和监控、准确计量市场风险、监管资本要求的基础。

1. 交易账户

交易账户包括为交易目的或对冲交易账户其他项目的风险而持有的金融工具和商品头寸。为交易目的而持有的头寸是指短期内有目的地持有以便出售，或从实际或预期的短期价格波动中获利，或锁定套利的头寸，包括自营业务、做市业务和为执行客户买卖委托的代客业务而持有的头寸。

2. 银行账户

除交易账户之外的其他表内外业务划入银行账户。

(二)交易账户和银行账户风险计量及管理视角

1. 交易账户风险计量及管理视角

交易账户业务主要以交易为目的，短期持有以便出售，或从实际或预期的短期价格波动中获利，需每日计量其公允价值。通常按市场价格计价(Mark-to-Market，盯市)，当缺乏可参考的市场价格时，可以按模型定价(Mark-to-Model，盯模)，主要受公允价值变动对盈利能力的影响。对交易账户业务的风险管理采用经济价值视角，即在综合考虑各类市场风险因素变动的情况下，计量交易账户业务预期未来现金流量净现值，以及净现值变动对盈利水平的影响。

2. 银行账户风险计量及管理视角

对国内商业银行而言，最典型的银行账户业务是存贷款业务。银行账户中的项目通常按历史成本计价，主要受净利息收入变动对当期盈利能力的影响。对银行账户业务的风险管理采用收益视角，分析的重点是利率水平、期限结构等不利变动导致银行账簿经济价值和整体收益遭受损失的风险，主要包括缺口风险、基准风险和期权性风险。

二、市场风险资本要求

根据《商业银行资本管理办法(试行)》的规定，商业银行可以采用标准法或内部模型法计量市场风险资本要求。商业银行市场风险加权资产为市场风险资本要求的12.5倍，计算公式为：

$$市场风险加权资产＝市场风险资本要求 \times 12.5$$

(一)标准法

商业银行采用标准法计量市场风险资本要求，应当分别计量利率风险、汇率风险、商品价格风险和股票价格风险的资本要求，并单独计量以各类风险为基础的期权风险的资本要求。

市场风险资本要求为利率风险、汇率风险、商品价格风险、股票价格风险和期权风险的资本要求之和。

利率风险资本要求和股票价格风险资本要求为一般市场风险资本要求和特定市场风险资本要求之和。

1. 利率风险资本要求

利率风险包括交易账户中的债券（固定利率和浮动利率债券、央行票据、可转让存单、不可转换优先股及按照债券交易规则进行交易的可转换债券）、利率及债券衍生工具头寸的风险。利率风险资本要求包括特定市场风险资本要求和一般市场风险资本要求两部分。

（1）特定市场风险资本要求

特定市场风险资本计提比率见表3-1。

表3-1　特定市场风险资本计提比率

类别	发行主体外部评级	特定市场风险资本计提比率
政府证券	AA- 以上（含 AA-）	0
	A+ 至 BBB-（含 BBB-）	0.25%（剩余期限不超过 6 个月）
		1.00%（剩余期限为 6～24 个月）
		1.60%（剩余期限为 24 个月以上）
	BB+ 至 B-（含 B-）	8.00%
	B- 以下	12.00%
	未评级	8.00%
合格证券	BB+ 以上（不含 BB+）	0.25%（剩余期限不超过 6 个月）
		1.00%（剩余期限为 6～24 个月）
		1.60%（剩余期限为 24 个月以上）
其他	外部评级为 BB+ 以下（含）的证券以及未评级证券的资本计提比率为证券主体所适用的信用风险权重除以 12.5	

资料来源　季蕾. 论特定环境下风险资本退出的另类蹊径——买壳上市的可行性 [J]. 重庆工商大学学报（西部经济论坛），2004,（第 4 期）：102-104+108.

说明：

①政府证券包含各国中央政府和中央银行发行的各类债券和短期融资工具。我国中央政府、中国人民银行及政策性银行发行的债券的资本计提比率均为 0。

②合格证券包括：多边开发银行、国际清算银行和国际货币基金组织发行的债券，我国公共部门实体和商业银行发行的债券，被至少两家合格外部评级机构评为投资级别（BB+ 以上）的发行主体发行的债券。

③对于其他发行主体发行的债券，其资本计提比率为证券发行主体所对应的信用风险权重除以 12.5。

（2）一般市场风险资本要求

一般市场风险资本要求包含三部分：第一，每时段内加权多头和空头头寸可相互对冲的部分所对应的垂直资本要求。第二，不同时段间加权多头和空头头寸可相互对冲的部分所对应的横向资本要求。第三，整个交易账户的加权净多头或净空头头寸所对应的资本要求。

商业银行可以采用到期日法或久期法计算利率风险的一般市场风险资本要求。

商业银行采用到期日法计算一般市场风险资本要求，应先对各头寸划分时段和时区。时段的划分和匹配的风险权重由中国证券监督管理委员会（以下简称"中国证监会"）规定，时区的划分和匹配的风险权重也由中国证监会规定。

到期日法和久期法的计算步骤：

①到期日法的具体计算步骤：

第一，各时段的头寸乘以相应的风险权重，得出各时段的加权头寸。

第二，各时段的加权多头、空头头寸可相互对冲的部分乘以10%，得出垂直资本要求。

第三，各时段的加权多头头寸和加权空头头寸互相抵消，得出各时段的加权头寸净额；将在各时区内各时段的加权头寸净额之间可相互对冲的部分乘以同一时区内的权重，得出各时区内的横向资本要求。

第四，各时区内各时段的加权头寸净额互相抵消，得出各时区加权头寸净额；每两个时区加权头寸净额之间可相互对冲的部分乘以相邻时区以及1时区和3时区之间的权重，得出时区间的横向资本要求。

第五，各时区加权头寸净额互相抵消，得出整个交易账户的加权净多头或净空头头寸所对应的资本要求。

②久期法的具体计算步骤：

第一，在久期法计算表中找出每个头寸期限对应的收益率变化，逐笔计算该收益率变化下的价格敏感性。

第二，将价格敏感性对应到久期法计算表的15级久期时段中。

第三，每个时段中的多头和空头头寸分别计提5%的垂直资本要求，以覆盖基差风险。

第四，按照到期日法的要求，计算横向资本要求。

第五，按照到期日法的规定，将各时区加权头寸净额互相抵消，得出整个交易账户的加权净多头或净空头所对应的资本要求。

（3）利率及债券衍生工具

利率衍生工具包括受利率变化影响的衍生金融工具，如利率期货、远期利率协议、利率互换及交叉货币互换合约、利率期权及远期外汇头寸。债券衍生工具包括债券的远期、期货和债券期权。

衍生工具应转换为基础工具，并按基础工具的特定市场风险和一般市场风险的方法计算资本要求。利率和货币互换、远期利率协议、远期外汇合约、利率期货及利率指数期货不必计算特定市场风险资本要求；如果期货合约的基础工具是债券或代表债券组合的指数，则应根据发行主体的信用风险计算特定市场风险资本要求。

2. 股票价格风险资本要求

股票价格风险是指交易账户中股票及股票衍生金融工具头寸的风险。其中，股票是指按照股票交易规则进行交易的所有金融工具，包括普通股（不考虑是否具有投票权）、可转换债券和买卖股票的承诺。

（1）特定市场风险和一般市场风险

特定市场风险资本要求等于各不同市场中各类股票多头头寸绝对值及空头头寸绝对值之和乘以8%后所得各项数值之和。一般市场风险资本要求等于各不同市场中各类多头及空头头寸抵消后股票净头寸的绝对值乘以8%后所得各项数值之和。

（2）股票衍生工具

股票衍生工具包括股票和股票指数的远期、期货及互换合约。

衍生工具应转换为基础工具，并按基础工具的特定市场风险和一般市场风险的方法计算资本要求。

3. 外汇风险资本要求

外汇风险是指外汇（包括黄金）及外汇衍生金融工具头寸的风险。

（1）结构性外汇风险暴露

结构性外汇风险暴露是指结构性资产或负债形成的非交易性外汇风险暴露。结构性资产或负债指经营上难以避免的策略性外币资产或负债，包括以下内容：经扣除折旧后的固定资产和物业、与记账本位币所属货币不同的资本（营运资金）和法定储备、对海外附属公司和关联公司的投资、为维持资本充足率稳定而持有的头寸。

（2）外汇风险的资本要求

外汇风险的资本要求等于净风险暴露头寸总额乘以8%。净风险暴露头寸总额等于以下两项之和：一是外币资产组合（不包括黄金）的净多头头寸之和（净头寸为多头的所有币种的净头寸之和）与净空头头寸之和（净头寸为空头的所有币种的净头寸之和的绝对值）中的较大者；二是黄金的净头寸。

（3）外汇衍生工具

外汇衍生工具应转换为基础工具，并按基础工具的方法计算市场风险资本要求。

4. 商品价格风险资本要求

商品价格风险资本要求适用于商品、商品远期、商品期货、商品互换。此处的商品是指可以在二级市场买卖的实物产品，如贵金属（不包括黄金）、农产品和矿物（包括石油）等。

（1）商品价格风险资本要求等于以下两项之和：一是各项商品净头寸的绝对值之和乘以15%；二是各项商品总头寸（多头头寸加上空头头寸的绝对值）之和乘以3%。

（2）商品衍生工具应转换为名义商品，并按上述方法计算资本要求。

5. 期权风险资本要求

（1）仅购买期权的商业银行可以使用简易计算方法。

银行如持有现货多头和看跌期权多头，或持有现货空头和看涨期权多头，资本要求等于期权合约对应的基础工具的市场价值乘以特定市场风险和一般市场风险资本要求比率之和，再减去期权溢价。资本要求最低为零。

银行如持有看涨期权多头或看跌期权多头，资本要求等于基础工具的市场价值乘以该基础工具的特定市场风险和一般市场风险资本要求比率之和与期权的市场价值两者中的较小者。

（2）同时卖出期权的商业银行应使用德尔塔＋（Delta-plus）方法。德尔塔＋方法计算的资本要求由以下三部分组成：

第一部分：期权基础工具的市值乘以该期权的德尔塔值得到德尔塔加权期权头寸，然后将德尔塔加权期权头寸加入到基础工具的头寸中，计算资本要求。

第二部分：伽马风险的资本要求。计算公式为：

$$Gamma效应值 = 0.5 \times Gamma \times VU^2$$

VU 为不同类型基础工具市值乘以相应权重。

第三部分：维加风险的资本要求。计算公式为：

基础工具 Vega 风险的资本要求＝（25%－该基础工具波动率）× 该基础工具各项期权的 Vega 值之和

维加风险的资本要求总额等于各项基础工具维加风险的资本要求之和。

(二)内部模型法

1. 内部模型法应涵盖的风险因素

(1)利率风险

商业银行的内部模型应涵盖每一种计价货币的利率所对应的一系列风险因素。

商业银行应使用业内普遍接受的方法构建内部模型使用的收益率曲线。该收益率曲线应划分为不同的到期时间,以反映收益率的波动性沿到期时间的变化。每个到期时间都应对应一个风险因素。

对于风险暴露较大的主要货币和主要市场的利率变化,商业银行应使用至少六个风险因素构建收益率曲线。风险因素的数量应最终由商业银行交易策略的复杂程度决定。风险因素应能反映主要的利差风险。

(2)股票价格风险

商业银行的内部模型应包含与商业银行所持有的每个较大股票头寸所属交易市场相对应的风险因素。

对于每个股票市场,内部模型中至少应包含一个用于反映股价变动的综合市场风险因素(如股指)。投资个股或行业股指的头寸可表述为与该综合市场风险因素相对应的"beta 等值"。

我国鼓励商业银行在内部模型中采用市场的不同行业所对应的风险因素,如制造业、周期性及非周期性行业等。最审慎的做法是对每只股票的波动性都设立风险因素。

对于一个给定的市场,建模技术的特点及复杂程度应与商业银行对该市场的风险暴露以及个股的集中度相匹配。

(3)汇率风险

内部模型中应包含与商业银行所持有的每一种风险暴露较大的外币(包括黄金)与本币汇率相对应的风险因素。

(4)商品价格风险

内部模型中应包含与商业银行所持有的每个较大商品头寸所属交易市场相对应的风险因素。

对于以商品为基础的金融工具头寸相对有限的商业银行,可以采用简化的风险因素界定方法,即对有风险暴露的每种商品的价格确定一个对应的风险因素。如商业银行持有的总商品头寸较小,也可采用一个风险因素作为一系列相关商品的风险因素。

对于交易比较活跃的商品,内部模型应考虑衍生品头寸(如远期、掉期)和实物商品之间"便利收益率"的不同。

（5）其他

内部模型中应包含能有效反映与上述四大类市场风险相关的期权性风险、基差风险和相关性风险等风险因素。

从原则上来看，商业银行所使用的定价和估值模型中的所有风险因素都应包含在内部模型中；如未包含，则应说明其合理性：

商业银行采用内部模型法，若未覆盖所有市场风险，经监管部门核准，可组合采用内部模型法和标准法计量市场风险资本要求，但银行集团内部同一机构不得对同一种市场风险采用不同方法计量市场风险资本要求。

商业银行采用内部模型法，内部模型法覆盖率应不低于50%。商业银行采用内部模型法计量市场风险资本要求，应当经监管部门核准。

①内部模型法的最低定性要求

a. 资本计量应与其日常市场风险管理活动紧密结合，包括：

第一，资本计量应基于日常市场风险管理的内部模型，而非针对市场风险资本要求计算特别改进过的模型。

第二，模型应完全融入商业银行的日常市场风险管理过程，并作为提交高级管理层的风险报告的基础。模型结果应作为市场风险管理的必要组成部分。

第三，风险计量系统应与交易限额结合使用。交易限额与模型的联系应该保持一致，并被高级管理层所理解：

b. 由独立的风险管理部门提供的市场风险每日报告应由一定层级的管理人员审阅，且该管理人员必须有足够授权强制减少单个交易员的头寸和整个银行的风险暴露。

c. 商业银行应建立独立于业务部门并直接向高级管理层报告的市场风险管理部门。该风险管理部门负责设计和实施商业银行风险管理体系，每日编制并分析基于风险计量模型输出结果的报告。

d. 商业银行应拥有足够的能在交易、风险控制、审计和后台工作中使用复杂模型的员工。

e. 商业银行应按照《商业银行资本管理办法（试行）》的相关要求定期进行压力测试。

f. 商业银行应建立足够支持其内部模型运行的信息系统。

g. 商业银行所使用的内部模型应足够文档化，相关的文档应具备足够的细节。

②内部模型法的最低定量要求

a. 商业银行可使用任何能够反映其所有主要风险的模型方法计算市场风险资本要求，包括但不限于方差－协方差法、历史模拟法和蒙特卡罗模拟法等。

b. 商业银行如采用内部模型法，其最低市场风险资本要求为一般风险价值及压力风险价值之和。一般风险价值和压力风险价值（sVaR）的计算应符合《商业银行资本管理办法（试行）》的最低定量标准。

c. 商业银行应在每个交易日计算一般风险价值，使用单尾、99%的置信区间。

d. 计算一般风险价值时，商业银行使用的持有期应为10个交易日。

商业银行可使用更短的持有期并将结果转换为10天的持有期（如使用时间平方根法）。

e. 计算一般风险价值采用的观察期应符合下列要求：

第一，观察期长度应至少为1年（或250个交易日）。

第二，使用加权法或其他类似方法处理历史数据，有效观察期至少为1年，即当使用加权法时，历史数据点的加权平均时间不得少于6个月。

第三，商业银行可使用不完全满足上述第2项要求的其他加权法处理历史数据，但应确保计算得出的资本要求不低于按上述第2项计算的结果。

f. 在计算一般风险价值的基础上，商业银行还应对其现有的资产组合计算压力风险价值。压力风险价值应覆盖商业银行所有的主要市场风险。

g. 压力风险价值的计算要求包括：

第一，应至少每周计算压力风险价值。

第二，选用给商业银行造成重大损失的连续12个月期间作为显著金融压力情景，并使用经该期间历史数据校准后的数据作为计算基础。

第三，选用的连续12个月的压力期间是指包括极端金融压力事件的连续期间，若极端金融压力事件的持续期少于12个月，商业银行应使用适当方法将压力期间扩展至12个月。

第四，选用的连续12个月的压力期间应与商业银行自身的资产组合相关。

第五，商业银行选取压力期间的方法须经有关部门认可。

h. 商业银行应确保用于内部模型的数据的可靠性。在无法取得可靠数据时，可使用替代数据或其他合理的风险价值计量技术。商业银行应能够证明所使用技术的合理性，并且不会实质性地低估风险。

i. 商业银行应至少每月更新一次数据集。如市场风险因素的变动使商业银行需更频繁地更新才能确保风险价值模型数据的审慎性，则应提高更新频率。数据集更新流程应足够灵活，以适应提高更新频率的要求。

2. 内部模型法的一般市场风险资本要求

商业银行采用内部模型法，其一般市场风险资本要求为一般风险价值与压力风险价值之和，计算公式为：

$$K = \max\left(\mathrm{VaR}_{t-1}, mc \times \mathrm{VaRavg}\right) + \max\left(s\mathrm{VaR}_{t-1}, \mathrm{ms} \times s\mathrm{aRavg}\right)$$

（1）VaR 为一般风险价值，为以下两项中的较大值：一是根据内部模型计量的上一交易日的风险价值（ VaR_{t-1} ）。二是最近60个交易日风险价值的均值（VaRavg）乘以 mc。mc 最小为3，根据返回检验的突破次数可以增加附加因子。

（2）sVaR 为压力风险价值，为以下两项中的较大值：一是根据内部模型计量的上一交易日的压力风险价值（ VaR_{t-1} ）。二是最近60个交易日压力风险价值的均值（sVaRavg）乘以 ms。ms 最小为3。

3. 内部模型法的特定市场风险资本要求

（1）商业银行可以采用内部模型法计量利率风险和股票价格风险的特定市场风险资本要求。

（2）采用内部模型法计量特定市场风险资本要求，要符合关于内部模型法最低定性和定量要求。采用内部模型法计量特定市场风险资本要求时，内部模型应包含能反映所有引起价格风险的重要因素，可对市场状况和交易组合变化作出反应，并符合以下要求；否则，商业银行应使用标准法计量特定市场风险资本要求：第一，可解释交易组合的历史价格变化。第二，可反映集中度风险。第三，在不利的市场环境中保持稳健。第四，可反映与基础工具相关的基差风险。第五，可反映事件风险。第六，已通过返回检验验证。第七，内部模型应保守地估计由流动性较差或价格透明度有限的头寸带来的风险。

4. 内部模型法的新增风险资本要求

商业银行采用内部模型法计量特定风险资本要求的，应当按照规定使用内部模型计量新增风险资本要求。商业银行内部模型未达到计量特定市场风险要求的合格标准，或内部模型未覆盖新增风险，应当按标准法计量特定市场风险资本要求。

新增风险是指未被风险价值模型计量的、与利率类及股票类产品相关的违约和评级迁移风险。

商业银行采用内部模型法计算新增风险，应覆盖利率类新增风险；经认可，可覆盖股票类新增风险。

三、市场风险的其他计量方法

市场风险的计量方法还包括缺口分析、久期分析、外汇敞口分析、敏感性分析、情景分析、风险价值分析（VaR）等。

(一)利率风险的缺口分析

1. 含义

缺口分析是衡量利率变动对银行当期收益的影响的一种方法,是对利率变动进行敏感性分析的方法之一,是银行业较早采用的利率风险计量方法。因为其计算简便、清晰易懂,目前仍然被广泛使用。依据剩余到期日或重新定价的期限,可将银行的资产与负债划分为利率敏感性与非利率敏感性两类。利率敏感性资产(RSA)或利率敏感性负债(RSL)分别指资产的利息收入或负债的利息支出于剩余到期日或重新定价的期限内将受到利率变动的影响。利率敏感性资产减利率敏感性负债所得的差额为利率敏感性缺口。20世纪80年代,西方许多商业银行陆续将利率敏感性缺口引入商业银行的利率风险管理中,用来分析银行净利息收入对市场利率的敏感程度。

利率敏感性缺口主要是由于银行资产与负债的结构不一致或失衡造成的。银行如果能够准确预测利率走势,就可以利用较大的资金缺口获取较高的利息收益;但如果预测失误,较大的资金缺口会导致巨额利息损失。值得关注的是,利率敏感性缺口是一个与时间有关的概念。在一定时期,银行资产与负债在利率和期限结构上是相对固定的,这时选择的分期时限不同,就会得出不同的利率敏感性缺口。例如,一笔6个月期限的定期存款,若以3个月为分期时限,则这笔存款是非利率敏感性负债;但若以1年为分期时限,则这笔存款是利率敏感性负债。

2. 计算

将银行的所有生息资产和付息负债按照重新定价的期限划分到不同的时段(如1个月以下、1~3个月、3个月~1年、1~5年、5年以上等)。在每个时段内,将利率敏感性资产减去利率敏感性负债,再加上表外业务头寸,就得到该时段内的重新定价"缺口",以该"缺口"乘以假定的利率变动,即得出这一利率变动对净利息收入变动的大致影响:

某一时段内的资产(包括表外业务头寸)—负债>0,产生正缺口,即资产敏感型缺口。此时,若利率上升,金融机构会获利;若利率下降,金融机构会受损。

某一时段内的资产(包括表外业务头寸)—负债<0,产生负缺口,即负债敏感型缺口。此时,若利率上升,金融机构会受损;若利率下降,金融机构会获利。

当资金缺口为零时,金融机构的净利息收入不会受市场利率变动的影响。

缺口分析中的假定利率变动可以通过多种方式来确定,如根据历史经验确定、根据银行管理层的判断确定、模拟潜在的未来利率变动等。

计算利率敏感性缺口可以不同的时间期限为基础,如7天、30天、90天、半年、1年等,选择不同的期限会得出不同的结果;然后根据银行资产与负债的到期时限分别计算缺口,最后得出累计缺口。西方商业银行在管理中还用到标准化缺口的概念。标准化缺口考虑了市场利率变动时利率敏感性资产与利率敏感性负债的利率变动幅度可能不同的情况,因此更具有现实意义。现在各商业银行广泛使用计算机系统发现利率敏感性资产和利率敏感性负债的缺口。

3. 缺口技术的运用

预测之外的市场利率波动使商业银行的实际净利息收入与预期净利息收入之间存在偏差。利率风险是利率敏感性缺口和利率变动的函数。其中,利率变动是商业银行无法影响和决定的因素,而利率敏感性缺口则是商业银行可以控制的因素,利率敏感性缺口、利率变动和银行净利息收入的关系是有规律的,利率敏感性缺口管理就是商业银行在预测利率走势的基础上,通过组合配置资产与负债数量、利率及期限结构,构筑顺应利率变动的利率敏感性缺口,从而降低利率风险,确保甚至超额实现预期的净利息收入目标。

调整利率敏感性缺口有两条途径：一是调整利率敏感性资产;二是调整利率敏感性负债。

4. 缺口分析的局限性

缺口分析以原则易懂、思路清晰、操作简便等特点,在商业银行的利率风险管理中得到广泛运用。但缺口分析也存在明显的局限性：

第一,缺口分析假定同一时段内的所有头寸到期时间或重新定价时间相同,因此忽略了同一时段内不同头寸的到期时间或重新定价期限的差异。在同一时段内的加总程度越高,对计量结果精确性的影响就越大。

第二,缺口分析只考虑了重新定价期限不同带来的利率风险,即重新定价风险,未考虑当利率水平变化时,各种金融产品基准利率调整幅度不同带来的利率风险,即基准风险。同时,缺口分析也未考虑利率环境改变引起的支付时间的变化,即忽略了与期权有关的头寸在收入敏感性方面的差异。

第三,非利息收入和费用是银行当期收益的重要来源,但大多数缺口分析未能反映利率变动对非利息收入和费用的影响。

第四,缺口分析主要衡量利率变动对银行当期收益的影响,未考虑利率变动对银行经济价值的影响,所以只能反映利率变动的短期影响。

因此,缺口分析只是一种初级的、粗略的利率风险计量方法。

(二)利率风险的久期分析

为解决缺口分析期限和利率不统一的问题,商业银行在实践中引入了"久期"概念

（也译为持续期）。久期模型是以市场价值为基础的金融机构利率风险测度方法，久期分析是对利率变动进行敏感性分析的方法之一。

1. 含义

久期是指一项债务支付流量的加权平均寿命或加权平均有效期，这一持续期从债权人角度看是资产持续期，从负债人角度看是负债持续期。资产久期是把一项资产作为现金收回平均所需要的时间；债务久期则是把一项债务偿清平均所需要的时间。久期分析也称为持续期分析或期限弹性分析，是衡量利率变动对银行经济价值影响的一种方法。在货币时间价值基础上，久期测定了金融机构要收回贷款初始投资额所需要的时间，因此，在久期内所收到的现金流反映了对初始贷款投资的收回，而从久期末到到期日之间所收到的现金流才是金融机构赚取的利润。久期用来揭示银行资产和负债的市场价值对利率变动的敏感性。久期分析利率敏感性源于债券操作上以存续期间反映现值变动的观念。

2. 计算

对各时段的缺口赋予相应的敏感性权重，得到加权缺口，然后对所有时段的加权缺口进行汇总，以此估算某一给定的小幅（通常小于1%）利率变动可能对银行经济价值产生的影响（用经济价值变动的百分比表示）。各时段的敏感性权重通常是由假定的利率变动乘以该时段头寸的假定平均久期来确定的。一般而言，金融工具的到期日或距下一次重新定价日的时间越长，且在到期日之前支付的金额越小，则久期的绝对值越大，表明利率变动将对银行的经济价值产生的影响越大。

资产（负债）到期现金流的现值进行加权平均后，与该资产（负债）价格的比例就是持续期。计算公式为：

$$D = \frac{\sum C_t \times t \left(1+R_t\right)^{-1}}{P}$$

其中：D 为持续期；t 为金融工具期限；C_t 为金融工具在时期 t 中的现金流；R_t 为贴现率，即时期 t 中的市场利率；P 为金融工具的现值。

从持续期的计算公式可知，当利率变动时，资产与负债的变动方向是一致的。那么，在利率变动时，资产或负债的变动量孰大孰小则是影响银行净资产价值变化的重要因素。如果利率下降，资产价值上升幅度大于负债价值上升幅度，则银行净资产价值增加；资产价值上升幅度小于负债价值上升幅度，则银行净资产价值减少；资产价值上升幅度等于负债价值上升幅度，则银行净资产价值不变。

银行可以对以上的标准久期分析做些改变，如可以不对每一时段头寸使用平均久期做法，而是通过计算每项资产、负债和表外头寸的精确久期来计量市场利率变化所产生的影响，从而消除加总头寸／现金流量可能产生的误差。另外，银行还可以采用有效久期分析，即对不同时段采用不同的权重。在特定的利率变化下，假定金融工具市场价值的实际百分比变化，设计各时段风险权重，从而更好地反映市场利率的显著变动所导致的价格非线性变化。

3. 有效久期

久期分析理论仅考虑了利率敏感性和预期期限，忽视了有些金融工具隐含期权的存在。在此基础上，产生了"有效久期"概念。有效久期是指随着利率的变化，预期的现金流也会随之改变，因而金融工具的价格会受到影响。衡量资产与负债的有效久期，可以考查在利率变化时资产与负债价值的相对变化，并对利率风险进行有效的管理。计算公式为：

有效久期缺口＝资产平均有效久期－（总负债／总资产）×负债平均有效久期

有效久期缺口实际上反映了银行利率风险敞口的大小，因此，有效久期缺口与银行净资产价值之间存在规律性关系。在有效久期缺口大于零时，利率与银行净资产价值的变动方向相反，即如果利率下降，则银行资产与负债的价值都会上升，但资产价值上升的幅度将大于负债价值上升的幅度，银行的净资产价值将上升。在有效久期缺口小于零时，利率与银行净资产价值的变动方向相同，即如果利率上升，则银行资产与负债的价值都会下降，但资产价值下降的幅度将小于负债价值下降的幅度，所以，银行的净资产价值将上升。

4. 久期分析的优点及局限性

（1）优点

与缺口分析相比，久期分析是一种更先进的利率风险计量方法。缺口分析侧重于计量利率变动对银行短期收益的影响，而久期分析能计量利率风险对银行经济价值的影响，即估算利率变动对所有头寸的未来现金流现值的潜在影响，从而能够对利率变动的长期影响进行评估，能更准确地估算利率风险对银行的影响。

（2）局限性

第一，如果在计算敏感性权重时对每一时段使用平均久期，即采用标准久期分析，仍然只能反映重新定价风险，不能反映基准风险，又因为利率和支付时间不同而导致头寸的实际利率敏感性差异，也不能很好地反映期权性风险。第二，对于利率的大幅变动（大于1%），由于头寸价格的变化与利率的变动无法近似为线性关系，结果也就不准确。

（三）汇率风险的外汇敞口分析

1. 含义

外汇敞口分析是衡量汇率变动对银行当期收益的影响的一种方法。外汇敞口主要来源于银行表内外业务的货币错配。在某一时段内，当银行某一币种的多头头寸与空头头寸不一致时，所产生的差额就形成外汇敞口。在存在外汇敞口的情况下，汇率变动可能给银行的当期收益或经济价值带来损失，从而形成汇率风险。

2. 分析方法

在进行敞口分析时，银行应当分析单一币种的外汇敞口，以及各币种外汇敞口折成报告货币并加总轧差后形成的外汇总敞口。对单一币种的外汇敞口，银行应当分析即期外汇敞口、远期外汇敞口，以及即期、远期加总轧差后的外汇敞口。银行还应当对交易业务和非交易业务形成的外汇敞口加以区分。对因存在外汇敞口而产生的汇率风险，银行通常采用套期保值和限额管理等方式进行控制。外汇敞口限额包括对单一币种的外汇敞口限额和外汇总敞口限额。外汇敞口分析是银行业较早采用的汇率风险计量方法，具有计算简便、清晰易懂的优点。

3. 局限性

外汇敞口分析忽略了各币种汇率变动的相关性，难以揭示由于各币种汇率变动的相关性所带来的汇率风险。

（四）敏感性分析

1. 含义

敏感性分析是指在保持其他条件不变的前提下，研究单个市场风险要素（利率、汇率、股票价格和商品价格）的变化可能对金融工具或资产组合的收益或经济价值产生的影响。例如，缺口分析可用于衡量银行当期收益对利率变动的敏感性，久期分析可用于衡量银行经济价值对利率变动的敏感性。在21世纪初发布的《利率风险管理与监管原则》中，巴塞尔银行监管委员会要求银行评估标准利率冲击（如利率上升或下降200个基点）对银行经济价值的影响，这也是一种利率敏感性分析方法，目的是使监管当局能够根据标准利率冲击的评估结果，评价银行的内部计量系统是否能充分反映其实际利率风险水平及资本充足程度，并对不同机构所承担的利率风险进行比较。如果在标准利率冲击下，银行经济价值的下降幅度超过一级资本、二级资本之和的20%，监管当局就必须关注其资本充足程度，必要时还应要求银行降低风险水平和（或）增加资本。

2. 局限性

敏感性分析计算简单、便于理解，在市场风险分析中得到了广泛应用。敏感性分析也存在一定的局限性，主要表现为无法计量较复杂的金融工具或资产组合的收益或经济价值相对于市场风险要素的非线性变化。因此，在使用敏感性分析时，要注意其适用范围，必要时应辅以其他市场风险分析方法。

（五）情景分析

1. 含义

与敏感性分析对单一因素进行分析不同，情景分析是一种多因素分析方法，结合设定的各种可能情景的发生概率，研究多种因素同时作用时可能产生的影响。

2. 分析方法

在情景分析中，要注意各头寸的相关关系和相互作用。情景分析所用的情景通常包括基准情景、最好的情景和最坏的情景。情景可以人为设定（如直接使用历史上发生过的情景），也可以从对市场风险要素历史数据变动的统计分析中得到，或通过在特定情况下市场风险要素变动的随机过程得到。例如，银行可以分析利率、汇率同时发生变化可能对市场风险水平产生的影响，也可以分析在历史上出现过的政治、经济事件或金融危机以及一些假设事件时，市场风险水平可能发生的变化。

（六）风险价值

1. 含义

风险价值（VaR）是为了计量一项给定的资产或负债在一定时间里、在一定置信度下其价值最大的损失额而设置的。

自20世纪90年代国际清算银行（BIS）宣布引入对市场风险的资本重组要求以来，人们对风险价值方法产生了极大的兴趣，并在对其开发和试验方面取得了很大进展。风险价值作为一个概念，最先起源于20世纪80年代末交易商对金融资产风险测量的需要；作为一种市场风险测量和管理的新工具，其标志性产品为风险计量制模型。

2. 应用

由于VaR方法能够简单清晰地表示市场风险的大小，又有严谨系统的概率统计理论作为依托，因而它得到了国际金融界的广泛支持和认可。国际性研究机构30人小组和国际掉期交易协会等团体一致推荐，将VaR方法作为市场风险测量的最佳方法。目前，越来越多的金融机构采用VaR方法来测量、控制其市场风险，尤其是在衍生工具投资领域，VaR方法的应用更加广泛。

VaR方法特别适用于对可交易金融资产在险价值的计量，因为人们可以很容易地从资本市场获取这类资产的市值和它们的标准差。若将这种方法直接用于计量非交易性金融资产，如贷款的在险价值，则会遇到许多问题。

第四节 利率风险管理的创新工具

一、远期利率协议

（一）远期利率协议的定义和特点

1. 远期利率协议的定义

远期利率协议（forward rate agreement，FRA）是一种远期合约，交易双方在订立协议时商定未来某一时间的协议利率，并规定协议生效时，由一方向另一方支付协议利率与到期结算日时参照利率之间的利息差。

2. 远期利率协议的特点

远期利率协议是一种为防范将来利率波动而预先固定远期利率的金融工具，协议中有买方和卖方。远期利率协议的买方是名义借款人，其订立远期利率协议的主要目的是规避利率上升的风险；远期利率协议的卖方则是名义贷款人，其订立远期利率协议的主要目的是规避利率下降的风险。这种交易的一个主要特点是它并不涉及协议本金的收付，而只是在某一特定的日期即清算日，按规定的期限和本金额，由一方向另一方支付根据协定利率和协议规定的参考利率之间的利息差额的贴现金额。

远期利率协议是一种由银行提供的、在场外交易的利率远期合同，它没有固定的份额标准，适用于一切可兑换货币；交易金额和交割日期都不受限制，并且不需要保证金。远期利率协议一般由银行在其交易室操作，交易者之间的联系、洽谈、成交是通过电话、传真、计算机网络来进行的。

（二）远期利率协议的利弊

1. 远期利率协议的优点

（1）灵活性强

远期利率协议无须在交易所成交，没有固定的交割日和标准的交易金额，任何具体的需求都可以由交易双方协商达成协议。

（2）交易便利

由于远期利率协议交易的本金不发生现金流动，且利率是差额计算，所以资金的流动量较小，现金流动的压力小。

（3）操作性强

远期利率协议不会出现在资产负债表上，对银行来说具有操作性强的优点。当银行的资本比率压力较大时，它能不改变资产负债表的流动性而调整到期利率头寸，这对提高资本比率和改善银行业务的资产收益率十分有益。

2. 远期利率协议的缺陷

（1）信用风险较大。在期货、期权交易方式下，参与者直接与交易所达成合约，与交易所结算，并且在交易所存有保证金，因此信用风险很小。而远期利率协议能否顺利执行取决于参与者的信用，有些参与者，尤其是非银行金融机构，可能在利率发生有利于自己的变化后拒绝向对方支付利息差额。

（2）远期利率协议为场外交易，有些评级不高的企业很难找到交易对象，或者必须接受严格的担保条件和加价。远期利率协议的每一笔交易都相对独立，不能出卖或冲销原协议，只能与另一笔远期利率协议调换，因而给结清合约带来不便。

（3）远期利率协议和利率期货一样，虽然避免了利率的不利变动带来损失的可能性，但也放弃了利率发生有利变动带来额外收益的可能性。

二、利率期货

（一）利率期货的定义

利率期货（interest rate futures）是指买卖双方按照事先约定的价格在期货交易所买进或卖出某种有息资产，并在未来某一时间进行交割的一种金融期货业务。

利率期货是有利息的有价证券期货，进行利率期货交易是为了固定资本的价格，即得到预先确定的利率或收益。利率期货将利率的实现通过期货协议确定下来，避免因利率出现始料未及的变化而影响金融资产价格或投资收益，故成为利率风险管理的一种方式。

利率期货在回避利率风险方面的特殊功能使这种创新工具迅速发展，很快引起各国的兴趣，各国纷纷建立自己的利率期货市场，如芝加哥期货交易所、伦敦国际金融期货交易所、巴黎期货交易所、东京证券交易所、新加坡国际商品交易所、悉尼期货交易所都开办了利率期货交易，并形成全球连续交易的网络，交易量快速上升。利率期货的品种繁多，并不断推陈出新，如各种商业票据期货、大额定期存单期货、欧洲美元定期存款期货、市政债券指数期货以及各国政府债券期货。利率期货在期限结构、信用等级等方面因竞争激烈而不断更新，经过多年的发展，利率期货市场已成为当前最大的金融期货市场。利率期货市场在发展中不断规范，具有标准化、低成本、集中交易等特点，给买卖双方提供了极大的便利。

（二）利率期货的交易方式

利率期货交易分为三类：套期保值交易、套头交易和投机交易。套期保值交易是避免利率变动的主要类型。利率期货套期保值交易主要为空头（卖空）套期保值交易和多头（买空）套期保值交易两种。

1. 空头（卖空）套期保值交易

空头（卖空）套期保值是指投资人预期利率上升可能带来损失而在期货市场上卖出利率期货的一种套期交易。比如投资人打算在将来卖出他所持有的固定收益证券，如果预期利率将上升，那么证券价格的下跌必然给其持有人带来损失。为将证券价格固定在目前的水平，投资人可卖出利率期货进行保值。再比如对那些为锁定未来借款成本的投资人而言，也可以进行这样的套期交易。若投资人打算在将来借入一笔贷款，为避免利率上升而增加借款成本，在预期利率将上升的情况下，可卖出利率期货，如短期国库券期货。如果到期日利率上升，现货市场借款成本增加，但期货市场利率上升能使投资人的期货合约获得盈利，从而抵消因利率上升造成的损失。

2. 多头（买空）套期保值交易

多头（买空）套期保值是指投资人预期利率下跌可能带来损失而买进利率期货的一种套期交易。比如投资人打算在将来买入具有固定收益的某种证券，若预期利率将下跌，那么证券价格的上涨必然带来损失。为避免证券投资收益减少，投资人可买进利率期货进行保值。如果到期日利率确实下跌，那么证券投资收益将受到损失，但由于在期货市场上买进利率期货而获得收益，现货市场的损失将由期货市场的盈余弥补。

三、利率互换

（一）利率互换的定义

利率互换（interest rate swap）是不同交易主体之间的一种协议，协议双方均同意在预先约定的一系列未来日期，按照事先约定的利率方式，交换一定的现金流量。在利率互换中，双方交换的现金流量是按某一金额计算的不同特征的利息，而计算利息的本金仅以一定数量的货币形式存在，它只是计息的基础但并不发生实际交换，因而可以称之为名义本金。在典型的利率互换中，双方所付款项为同一货币，协议的一方为固定利率支付方，固定利率在互换开始时已确定；协议的另一方为浮动利率支付方，浮动利率在互换协议期间参照某一特定市场利率确定，通常选用伦敦银行同业拆放利率（LIBOR）。虽然利率互换的产生是为了降低筹资成本，但它也可以用于利率风险管理。借款机构通过利率互换协议锁住利差来避免利率波动风险。

（二）利率互换的基本应用

1. 锁定融资成本

利率互换常常是由锁定融资成本的愿望所推动的。假定某家公司目前有一笔以LIBOR+100个基点利率计息的银行借款，该公司担心在借款剩余的时间内利率会上升，于是决定作为固定利率的支付方安排一次浮动利率与固定利率的利率互换。其固定利率为8.75%，浮动利率为6个月的LIBOR，每半年交换一次利息。

2. 运用利率互换管理持续期缺口

利率互换实际上是由互换双方之间的一系列远期合同组成的。合同的最长期限可达15年，从而可以无须不断更新远期或期货合约而达到长期对冲风险的目的。在通常情况下，利率互换的买方承诺定期支付一系列固定利息给合约的卖方，而卖方同时承诺支付浮动利息给买方。通过利率互换，买方可以将其负债的浮动利率成本换成固定利率成本，从而与其固定利息收入的资产相匹配；卖方则将其负债的固定利率成本换成浮动利率成本，从而与其浮动利息收入的资产相匹配。

（三）利率互换的风险

利率互换可以使互换双方降低筹资成本，属于表外业务，不会反映在资产负债表中，具有灵活方便、没有额外税务损失的优点。但是，利率互换的风险较其他风险管理方式大，主要表现在：

1. 信用风险

利率互换的信用风险是指互换协议的一方拒不履行协议规定的义务而给另一方带来经济损失的可能性。当利率互换协议具有负价值（需要向互换对方支付利息差额）时，不存在对方违约的信用风险。当对方的利率互换协议和其净资产价值都发生不利变动时，对方违约的风险最大。例如，若某金融机构的利率敏感性缺口为负，而它同时又持有大量支付浮动利率的互换协议，当利率上升时，其净资产价值下降，同时其利率互换协议的价值又为负，此时，交易对方违约的可能性最大。信用风险不可能像利率风险一样套期保值，只能尽量防范。

2. 基础风险

基础风险是指在收到一种浮动利率的同时支付另一种浮动利率，但两种浮动利率的性质和指数不同。如收到的浮动利率是以 LIBOR 为基础的利率，而支付的浮动利率是根据商业票据的利率计算的，当两种利率之间的差距变化时，互换主体就面临基础风险。要防范基础风险，只能尽量避免两种不同性质的浮动利率进行互换。

3. 期限风险

期限风险是指利息收到和利息支付的时间不匹配造成的一方要求支付利息而另一方利息还没有收到的风险。为了保证利息能顺利支付，只有通过其他方式再融资，以解决期限不匹配的问题。为避免期限风险，利率互换的双方可以协商议定，以计息期限较长一方的债权或债务的支付时间为准。

四、利率期权

（一）利率期权的概念

利率期权（interest rate option）是指以各种利率相关产品或利率期货合约作为交易标的物的一种金融期权业务。利率期权的买方获得一项权利，在到期日或期满前按预先确定的利率（即执行价格）和一定的期限借入或贷出一定金额的货币。

利率期权可以采用远期利率协议的形式。例如，一项有效期限为3个月的利率期权，借贷期限为6个月，被称为3×9利率期权，可用来防范3个月之后为期6个月的利率风险。利率期权执行时，也可采用远期利率协议的方式交割，市场利率与执行价格之间的差额以贴现的形式支付给期权的买方，因此利率期权也被认为是以远期利率协议为载体的期权，又称为远期利率协议期权。

（二）利率期权的分类

利率期权是20世纪80年代以来交易最活跃的金融期权之一，品种繁多。就大类来看，既有现货期权，也有期货期权；既有短期利率期权，也有长期利率期权；既有在场内交易的期权，也有在场外交易的期权。习惯上，人们一般把利率期权分为以下几类：

1. 利率看涨期权

利率看涨期权是指借款人担心将来利率上升，买入该期权，以便有权在到期日或在期满前按事先约定的利率借入资金。到期后，如果利率真的上升，并且高于协定利率，买方就会执行期权以获取收益。如果预期利率并未上升或虽然上升但仍低于协议利率，该项期权将不被执行，买方损失期权费。

2. 利率看跌期权

利率看跌期权是指贷款方预计未来利率将下降，可能会造成利差损失，买入该期权，以便有权在到期日或在期满前按事先约定的利率放贷资金。当利率下降并低于协议利率时，买方有权行使权利以获取利差收益；否则，买方将放弃期权权利，损失期权费。

3. 利率封顶期权

利率封顶期权是指在浮动利率下，期权的买卖双方事先约定一个最高利率，当市场利率高于协定利率时，期权的卖方给予买方补偿。可见，利率封顶期权对买方更为有利，其目的在于锁定风险，减少损失。

4. 利率保底期权

与利率封顶期权相对应，利率保底期权规定了一个利率下限，当市场利率下跌并且低于协定利率时，期权的买方就会从卖方那里得到经济补偿，其目的在于锁定投资收益。

5. 利率双向期权

利率双向期权是利率封顶期权和利率保底期权的复合。它同时固定了利率的上下限，并在一定程度上把利率风险控制在理想的范围之内。通过利率双向期权的施行，期权买卖双方的利益均得到保护，当然期权费也较单向的利率期权费要高一些。

（三）利率期权在利率风险管理中的运用

与利率期货的套期保值不同，利率期权的套期保值实际上并不是将未来某日的价格锁定在某一既定水平，而只是将价格变动的方向控制在对自己有利的一面。

假定某公司将在3个月后收到一笔金额为1000万元的资金，并计划作6个月的存款。该公司担心在今后几个月内短期利率可能下降，届时再作存款，利息收入将会减少，它希望能避免利率下跌的风险，但目前利率走势很不确定，利率也存在上升的可能。该公司决定不用远期利率协议或利率期货来固定利率水平，而是选择利率期权，这样可以在利率上升时获得较高的存款收益。

该公司买入有效期限为3个月的欧式期权，执行价格为5%，贷款期限为6个月，金额为1000万元，按年利率0.3%支付期权费，期权费金额为15166.67元。在3个月之后的到期日，如果市场利率跌至5%以下，该公司将执行期权，获得执行价格与市场利率差额的贴现金额，同时按市场利率作6个月存款。扣除所支付的期权费，该公司实际获得的存款收益为4.7%。如果市场利率升至5%以上，该公司将放弃期权，按市场利率作存款。通过买入利率期权，该公司的最大损失是期权费支出，其存款收益将随着市场利率的上升而增加。

可见，在这一套期保值中，该公司既能回避利率下跌的风险，又能保住利率上升的收益。这就是利率期权的套期保值区别于利率期货套期保值的一个重要方面。

五、利率上限、利率下限和利率上下限

(一)利率上限

1. 利率上限的概念

利率上限的交易双方确定一个固定利率，在未来确定期限内每个设定的日期，将选定的参考利率与固定利率相比较，如果参考利率超过固定利率，买方将获得两者间的差额，反之将不发生资金交割，买方需支付给卖方一笔费用以获得该项权利。

2. 利率上限的作用

利率上限可以作为拥有浮动利率债务的借款人规避利率风险的有效手段，因为如果利率上升，借款人就要为浮动利率债务多付利息。为防范未来一段时间内利率上升的风险，借款人可以购买一项利率上限，把利率上升的幅度固定在执行价格以下。在设定的日期，如果市场利率上升超过执行价格，借款人将从交易对手那里得到补偿；如果市场利率在执行价格之下，借款人将按实际市场利率支付利息，获得利率下跌的收益。

(二)利率下限

1. 利率下限的概念

利率下限的交易双方确定一个固定利率，在未来确定期限内每个设定的日期，将选定的参考利率与固定利率相比较，如果参考利率低于固定利率，买方将获得两者之间的差额，反之将不发生资金交割。

2. 利率下限的作用

与利率上限相似，利率下限可以看成由一系列不同有效期限的贷款人利率期权合成；不同的是利率下限通常用来防范利率下跌带来的不利影响。利率下限为借出浮动利率资金的借款人提供规避利率风险的有效手段，因为如果市场利率下跌，贷款人根据浮动利率收取的利息就会减少。为防范一段时间内利率下跌的风险，贷款人可以购买一项利率下限，把利率下跌的幅度控制在执行价格之上。在设定的日期，如果市场利率下跌低于执行价格，贷款人将从交易对手那里得到补偿；如果市场利率在执行价格之上，贷款人将按照实际市场利率收取利息，获得利率上升的收益。

(三)利率上下限

1. 利率上下限的概念

利率上下限由利率上限和利率下限合成。买入一项利率上下限可以通过买入一项利率上限，同时卖出一项利率下限，达到将未来一段时间的利率成本限定在一定幅度内的目的。借款人买入一项利率上限需支付期权费，出售一项利率下限可以收取期权费，同

时做两笔交易，可以减少费用支出；通过特定的组合，也可能使期权费成本为零。利率上下限对于有浮动利率债务的借款人来说，尤其具有吸引力。借款人买入一项利率上限，规避利率水平上升的风险；卖出一项利率下限，以期权费收入抵消支出。

2. 利率上下限的作用

卖出一项利率上下限可以通过卖出一项利率上限，同时买入一项利率下限，达到将未来一段时间的利率收入限定在一定幅度内的目的。对于收取浮动利率的贷款人而言，零成本的利率上下限同样可以达到避险的目的。贷款人买入一项利率下限，避免利率下跌的风险；卖出一项利率上限，以期权费收入弥补支出。买卖利率上下限是利率上限或利率下限的折中方案，其目的是降低避险成本。对于借款人而言，买入利率上下限避免了利率上升的风险，同时只能获得有限的利率下跌的好处；对于贷款人而言，卖出利率上下限避免了利率下跌的风险，同时只能获得有限的利率上升的收益。

（三）利率上下限

1. 利率上下限的概念

利率上下限由利率上限和利率下限合成。买入一项利率上下限可以通过买入一项利率上限，同时卖出一项利率下限，达到将未来一段时间的利率成本限定在一定幅度内的目的。借款人买入一项利率上限需支付期权费，出售一项利率下限可以收取期权费，同时做两笔交易，可以减少费用支出；通过特定的组合，也可能使期权费成本为零。利率上下限对于有浮动利率债务的借款人来说，尤其具有吸引力。借款人买入一项利率上限，规避利率水平上升的风险；卖出一项利率下限，以期权费收入抵消支出。

2. 利率上下限的作用

与前文相对应，卖出一项利率上下限可以通过卖出一项利率上限，同时买入一项利率下限，达到将未来一段时间的利率收入限定在一定幅度内的目的。对于收取浮动利率的贷款人而言，零成本的利率上下限同样可以达到避险的目的。贷款人买入一项利率下限，避免利率下跌的风险；卖出一项利率上限，以期权费收入弥补支出。买卖利率上下限是利率上限或利率下限的折中方案，其目的是降低避险成本。对于借款人而言，买入利率上下限避免了利率上升的风险，同时只能获得有限的利率下跌的好处；对于贷款人而言，卖出利率上下限避免了利率下跌的风险，同时只能获得有限的利率上升的收益。

第四章 全面风险管理

第一节 全面风险管理概述

全面风险管理是金融风险管理发展的最新进展,全面风险管理是站在公司整体的高度分析所面临的风险,从战略目标到具体实施、从公司法人治理结构到内部控制流程、从模型到方法、从风险预算到实施调整资产负债结构,是一整套系统的理论和方法。虽然还很不成熟,但是已经逐渐引起了政府部门和金融机构的重视,下面将对全面风险管理做初步的介绍。

企业面临的风险分为经营风险和非经营风险,而非经营风险又包括事件风险和金融风险,实际上这些风险中有些存在一定交叉性。

经营风险又称营业风险,是指在企业的生产经营过程中,供、产、销各个环节不确定性因素的影响所导致企业资金运动的迟滞,产生企业价值的变动。另有一种说法:企业由于战略选择、产品价格、销售手段等经营决策引起的未来收益不确定性,特别是企业利用经营杠杆而导致息前税前利润变动形成的风险。经营风险时刻影响着企业的经营活动和财务活动,企业必须防患于未然。对企业经营风险进行较为准确的计算和衡量,是企业财务管理的一项重要工作。另一方面,经营风险是企业为了赢得竞争优势和为股东创造价值的过程中主动承担的风险。经营风险是对称的,它既可以带来亏损也可以带来盈利。从某种意义上讲,企业承担经营风险是可以得到补偿的。

金融风险一般是指与金融变量变化相关的风险。其中市场风险、信用风险和流动性风险是对称的,因为他们既可能创造利润也可能导致损失:也就是说,企业可能因承担金融风险而获得补偿,但是操作风险是一种非对称性风险。

事件风险一般是指与一些企业所无法控制的负面事件相关的风险。事件风险仅仅会带来损失,其中有一些可以运用传统的保险进行规避,比如各机构可以通过"花钱"来缓解这种风险。有些关于操作风险的定义实际上包括了事件风险。

进一步地，市场风险可以分为权益风险、利率风险、货币风险、商品风险等。利率风险还可进一步细分为交易风险和缺口风险，流动性风险可以分为资产的流动性风险和融资的流动性风险。

一、全面风险管理的定义

传统的风险管理主要针对信用风险和财务风险，随着理论的不断完善，有关信用风险和财务风险的测量及管理方法已经发展得比较成熟。然而风险管理的理论与方法不断发展的时候，企业却面临两个现实困境：一是随着国际金融和工商业的不断发展，企业集团化和国际化趋势越来越明显；二是信息技术的广泛应用，资金流像潮水一样地快速流动，使金融机构面临的风险更加多样化。以前的金融机构主要关注违约风险，如今市场风险和操作风险也成为金融机构面临的主要风险。同时，企业在风险管理实践中逐渐认识到，一个企业内部不同部门或不同业务的风险，有的会相互叠加而放大，有的则会相互抵消而减少，因此必须根据风险组合的观点，从贯穿整个企业的角度看待风险那种传统风险管理只重局部、缺乏系统性和全局性的弊端暴露无遗，企业急需能够涵盖所有风险而且具有系统性的全新风险管理理念。

全面风险管理是一个过程，它由一个主体的董事会、管理当局和其他人员实施，应用于战略制定并贯穿于企业之中，旨在识别可能会影响主体的潜在事项，管理风险以使其在该主体的风险容量（风险承受范围）之内，并为主体目标的实现提供合理保证。

如何理解全面风险管理的定义，需要把握以下几个基本问题：①全面风险管理是一个系统过程，持续地作用于用户企业内部各部门和各环节之中；②全面风险管理是一个动态过程，即企业风险管理并不是静止的，而是渗透到一个企业各种业务活动中，持续的或反复的相互影响的过程；③全面风险管理有一个严密的组织体系，是由组织中各个层级的人员共同实施的过程；④全面风险管理有利于战略制定和调整，即企业在战略制定的过程中应考虑与备选战略相关的风险，同时战略确定以后要保证战略目标的实施；⑤全面风险管理贯穿于整个企业，是在各个层级、部门和业务单元（还包括采取主题层级）的风险组合观；⑥全面风险管理是在识别发生影响主体的潜在风险事件基础上，通过风险预算把风险控制在企业能够容许的范围以内；⑦全面风险管理能够向一个主体的管理当局和董事会提供合理保证；⑧全面风险管理是过程和目标的统一体，力求实现一个或多个不同类型但相互交叉的目标——它只是实现结果的一种手段，而不是结果本身，即目标可以看做过程，过程也可以看做目标。

二、全面风险管理的特征

全面风险管理是一个含义相当广泛的内容，对于不同的人来说可以存在不同的理解。我们可以把全面风险管理看做一个流程，也可以看做一个理念。从全面风险管理的核心思想来看有以下几个方面的特征。

（一）全面风险管理的目标性

目标性有两层含义：一个是在指定总公司战略目标和各分公司的目标过程中必须进行全面的风险预算，使总公司战略目标和各分公司的目标具有一定的高度和远见，还要有实现的可能性，特别是要使总公司的风险和各分公司的风险控制在可承受的范围内，当某些方面总公司战略目标与分公司的目标发生矛盾时，要确保总公司战略目标，个体无条件服从总体。二是总公司战略目标和各分公司的目标确定以后，全面风险管理必须从总公司战略目标出发，指定风险管理策略，根据总公司的风险和收益的目标分解原理，确定各分公司、各部门、各项业务的风险和收益的目标，董事会自上而下制定明确的经营战略和风险管理战略。风险管理战略包括：风险管理的目标；预测经济资本与监管资本的缺口，规划资本的最佳结构并提出筹资方案，确定资本金在经济区域、业务主线及不同行业之间的配置；对银行风险管理的长期投入进行规划。

（二）全面风险管理的系统性

系统性是指全面风险管理要从总公司的总体出发，考虑各分公司、各部门、各项业务和各类型风险之间的有机关系，制定风险管理的目标和策略，而不是只注重市场风险或信用风险的单一风险，也不是只注重一个分公司、一项业务的风险，这样可以防止头疼医头，脚疼医脚的盲目性，可以有条不紊地扎实推进全面风险管理工作，对现有产品流程、业务流程进行整合，完善全方位的风险管理流程，做到按产品、地区、业务线条识别风险，并确定相应的风险管理授权。建立科学的风险管理报告体系，明晰报告路线，确保风险管理结果能够得到有效利用和反馈。

（三）全面风险管理的集成性

集成性是指在风险管理过程中，如何考虑各分公司、各部门、各项业务和各类型风险对总公司风险整体的影响，因为各分公司风险简单相加不等于总公司的风险，同样各部门、各项业务和各类型风险简单相加也不等于总公司的风险，有的会相互叠加而放大，有的则会相互抵消而减少。

（四）全面风险管理的组织性

组织性是指全面风险管理必须要有强有力的组织体系作保障，在总公司必须设有风险管理委员会，委员会在董事会的领导下，由首席风险总监（CRO）具体负责。根据公司的规模还可以设立金融风险管理师（FRM）若干名，统一管理信用、市场、操作、声誉及其他各种风险，下设风险管理部门，负责日常风险管理工作，并向各业务部门和分支机构派驻风险管理人员。风险管理委员会要定期听取各分公司、各业务部门的汇报。在分公司也必须有负责金融风险的管理人员，而且各分公司、各业务部门必须定期进行风险分析，写出本公司和本部门的风险分析报告。风险分析报告必须翔实具体，对已经发生或潜在发生的问题要分析原因，提出改进思路和对策。国外商业银行的普遍做法是：建立一个从上至下的、相互独立的、立体完整的风险管理体系。董事会通过下设的风险审计委员会（风险审计部）对全行的风险进行全面检测，尤其是高级管理层的道德风险。有的则是通过稽核委员会对银行风险进行监测和评估。

（五）全面风险管理的预防性

预防性是指全面风险管理可以起到把问题消灭在萌芽之中的作用，因为全面风险管理必须先进行风险预算，对各种问题事先要有全面分析，特别是因为全面风险管理是建立在严格的内部控制制度、办事规则和业务流程基础之上的，这些工作本身也是全面风险管理的基础性工作，所以扎实有效开展全面风险管理工作可以大大降低风险发生的可能性，有效预防风险的发生。国外商业银行普遍对风险管理信息技术系统极为重视，投入大量资源进行信息技术系统建设，如债务及抵押品集中管理系统、信贷评分风险评级系统、信贷风险量化模型、市场风险管理系统、资产负债管理、监管汇报和组合管理等信息系统，风险管理的信息技术系统建设，并运用数理统计模型进一步加强了金融机构风险管理的能力，增强了预防的可能性。

（六）全面风险管理的动态性

动态性是指全面风险管理在围绕总公司战略目标和各分公司的目标的前提下，通过实施动态分析和监控各部门业务的风险和收益状况，以及根据外部环境和内部实际情况调整风险和收益的分配比例，在此基础上调整风险资本金的分配比例。另一方面，如果总公司调整战略目标，各分公司必须在保证总公司战略目标的前提下调整自己的目标，在此基础上调整风险预算，这种调整是在有必要、有可能的情况下，可以是实时地并反复地进行，这就是全面风险管理的动态性。

三、全面风险管理的意义

在信息技术快速发展、经济全球化、金融一体化迅猛发展的今天，金融机构所面临的风险强度之大、范围之广、传播之快、影响之深令人深思。在这样一种背景下，过去那种对单一风险进行分别度量和管理的陈旧方法已经远远不适应当前经济金融发展的需要,也不符合未来风险管理的发展要求。全面风险管理应运而生,大力发展全面风险管理的重要意义有以下几个方面:

(一)有利于优化资产配置

在传统的风险管理中,对单一风险转移策略在单项交易或单项风险的层面实施。这种做法不包括一个资产组合中的风险类型及各种类型之间的风险分散,结果导致企业用来应对风险的资本(也就是经济资本)配置过多,资源没有得到优化配置。全面风险管理从资产组合的角度看待公司内部各种类型的风险,合理使用金融衍生产品、保险来对冲和转移风险,实现了金融机构资产的最优配置,提高了资产的运营效率。只要把企业的各项业务看做投资组合,因为每项业务都有它的收益目标和承担风险的大小,因此完全可以根据企业的风险偏好按照各项业务的风险和收益状况优化资产配置。

(二)有利于保证目标实现

全面风险管理必须在制度上、组织上保证总公司战略目标的实现,有力地支持总公司的重大管理决策,因为企业在战略目标制定的过程中就已经考虑备选战略目标的风险。战略目标确定以后,一整套全面风险管理的组织、方法和流程都要保证战略目标的实施,而且在实施过程中,根据内部条件和外部环境的变化,不失时机地调整资金的配置比例,使企业的总风险控制在合理的范围内,最终还是为了保证总目标的实现,例如资金分配、产品开发、定价、兼并和收购等,都是为了促进战略目标有效实施。

(三)有利于企业文化建设

企业文化建设包括企业战略目标、制度建设、行为规范、业务流程和企业意识,全面风险管理就是将这些方面结合起来,不利于企业的话不说,不利于企业的事不做,重大问题决策要处处围绕企业目标,处处考虑企业的风险,处处符合企业的行为规范和制度准则,树立风险文化意识,不投机、不抱有侥幸心理。全面风险管理通过自上而下、自下而上以及平行的信息沟通、事件分析,发现潜在的风险,及时报告,把企业的生存与个人的幸福紧密联系在一起,使企业形成一个人人重视风险的文化氛围。

(四)有利于提高资金利用率

全面风险管理的核心概念是经济资本,巴塞尔协议规定的银行资本金为8%的限制只是一般意义上的最低限制。事实上银行资本金达到或超过8%不一定不安全,这是因为安全不安全与银行的业务结构有关,也就是说,如果银行从事高风险的业务占的比例高,可能20%的资本金也不够。究竟需要多少资本金,可以通过业务组合的风险计算出来,全面风险管理可以通过分析计算，充分利用现有的资本金，提高企业资金的利用率。

（五）有利于提高经济效益

全面风险管理综合考虑了各种类型的风险，分析了风险之间的相关性，提高了风险的识别能力，降低了意外情况以及伴随而来的成本损失，也有利于企业发现潜在的机会，积极地利用机会创造收益。总之，一个全面的风险管理体系可以提供更完备的风险报告，提高公司效率、改进业绩、减少损失、降低收入波动、增加收入，给公司带来可观的收益。

表4-1提供了一些不同类型的金融机构在实施全面风险管理后取得的收益，可以看到，实施全面风险管理的公司在经营业务表现方面都有了重大的改进。

表4-1 全面风险管理给企业带来的效益

公司类型	管理效益	实际结果
某最大货币央行	提高市场价值	股票价格比其他银行指数高出58%
某大型商业银行	早期风险警告	对未来风险损失的评估准确率超过80%；在俄罗斯危机前全球风险减少了1/3
某最大的资产管理公司	降低损失	企业范围亏损率减少30%；具体业务部门亏损率减少达80%
某大型国际商业与投资银行	释放监管资金	减少10亿美元的监管资金需求，比率达到8%～10%
某大型财产损失保险公司	风险转移合理	节约成本4 000万美元，年度节支达到再保险金额的13%
某大型制造公司	减少保证金	年度保证金减少20%～25%

资料来源 华小宁. 整合进行时——企业全面风险管理路线图 [M]. 上海：复旦大学出版社，2007。

四、全面风险管理的框架

（一）全面风险管理框架

全面风险管理最初仅应用于金融机构，COSO（美国反虚假财务报告委员会）出台了《企业风险管理——整合框架》，将ERM（企业全面风险管理）的应用从金融机构拓展到所有企业，并给出了一个三维的风险管理框架。

ERM框架包含三个维度：

1. 企业风险的目标

第一维是企业风险的目标，包括：①战略（Strategic）目标，即高层次目标，与使命相关联并支撑使命；②经营（Operations）目标，高效率地利用资源；③报告（Reporting）

目标，报告的可靠性；④合规（Compliance）目标，符合适用的法律和法规。

对主体目标的这种分类有助于管理者关注企业风险管理的不同侧面。全面风险管理可望为实现报告的可靠性、符合法律和法规的目标提供合理保证，这些类型目标的实现处于主体可以控制的范围之内，并且取决于主体相关活动完成的好坏。但是，战略目标（例如取得预定的市场份额）与经营目标（例如成功地引入一条新的生产线）的实现并不总是处在主体可以控制的范围之内，企业风险管理不能防止糟糕的判断或决策，或可能导致一项经营业务不能达到经营目标的外部事项，但是它的确能够增加管理当局做出更好决策的可能性。以这些目标为参照，企业风险管理能够合理保证管理当局和起监管作用的董事会即时获知主体超出全面风险管理的要素。

2. 全面风险要素

第二维是全面风险管理要素，包括八个相互关联的构成要素，它们源自管理当局的经营方式，并与管理过程整合在一起，具体为：

（1）内部环境

管理当局确立关于风险的理念，并确定风险容量。所有企业的核心都是人（他们的个人品性，包括诚信、道德价值观和胜任能力）以及经营所处的环境，内部环境为主体中的人们如何看待风险和着手控制风险确立了基础。

（2）目标设定

必须先有目标，管理当局才能识别影响目标实现的潜在事项。企业风险管理确保管理当局采取恰当的程序去设定目标，并保证选定的目标支持主体的使命并与其相衔接，以及与它的风险容量相适应。

（3）事项识别

必须识别可能对主体产生影响的潜在事项，包括表示风险的事项和表示机会的事项，以及可能二者兼有的事项。机会被追溯到管理当局的战略或目标制定过程。

（4）风险评估

要对识别的风险进行分析，以便确定管理的依据。风险与可能被影响的目标相关联，既要对固有风险进行评估，也要对剩余风险进行评估，评估要考虑到风险的可能性和影响。

（5）风险应对

员工识别和评价可能的风险应对措施，包括回避、承担、降低和分担风险，管理当局选择一系列措施使风险与主体的风险容量相适应。

（6）控制活动

制定和实施政策与程序以确保管理当局所选择的风险应对策略得到有效实施。

（7）信息与沟通

主体的各个层级都需要借助信息来识别、评估和应对风险，广泛意义的有效沟通包括信息在主体中向下、平行和向上流动。

（8）监控

整个企业风险管理处于监控之下，必要时还会进行修正。这种方式能够动态地反映风险管理状况，并使之根据条件的要求而变化。监控通过持续的管理活动、对企业风险管理的单独评价或者两者的结合来完成。

为保证上述八个基本要素的有效性，在企业全面风险管理的实施过程中可以围绕以下几个步骤展开：第一，成立和培训跨职能部门的风险管理小组；第二，识别风险和机会；第三，制定风险容忍度；第四，辨识风险和机会间的相关性；第五，制定机会和风险的优先顺序；第六，确定为缓和风险或利用机会所必要的适当行动；第七，建立 ERM 系统，持续地对事件与趋势做出适当的监控和反应。

3. 企业的各个层级

第三维是企业的各个层级，包括整个企业、各职能部门、各条业务线以及下属各子公司。目标是指一个企业力图实现什么，构成要素则表示实现目标的手段，二者之间有直接的关系。目标以及实现目标的手段适用于整个企业或者它的任何一个单元，因此第三个维度将各个单元的风险管理框架联合起来，构成企业全面风险管理框架这个立方体。

（二）全面风险管理的内容

全面风险管理适用于整个企业或者它的任何单个的单元，这种关系可以通过三个维度的立体图体现出来，即表示子公司、分部和其他业务单元。我们可以着眼于整个立方体也可以关注其中的任何一个小立方体，例如顶部右侧靠后的这个小立方体就代表一个特定子公司与合规目标有关的内部环境。

全面风险管理框架涵盖了信用风险、市场风险、操作风险、战略风险、声誉风险及业务风险等各种风险，同时全面风险管理框架还引入了风险偏好、风险容忍度、风险对策、压力测试、情景分析等概念和方法，因此全面风险管理可以在基于概率统计的基础上，合理确保企业的发展战略与风险偏好相一致，从而帮助董事会和高级管理层实现全面风险管理的各项目标。

（三）内部控制与全面风险管理的差异

1. 两者的范畴不一致

内部控制仅是管理的一项职能，主要通过事后和过程的控制来实现其自身的目标，而全面风险管理贯穿于管理过程的各个方面，更重要的是在事前制定目标时就充分考虑了风险的存在。而且，在两者所要达到的目标上，全面风险管理多于内部控制。

2. 两者的活动不一致

全面风险管理的一系列具体活动并不都是内部控制要做的。目前所提倡的全面风险管理包含了风险管理目标和战略的设定、风险评估方法的选择、管理人员的聘用、有关的预算和行政管理，以及报告程序等活动。而内部控制所负责的是风险管理过程中及其以后的重要活动，如对风险的评估和由此实施的控制活动、信息与交流活动和监督评审与缺陷的纠正等工作。两者最明显的差异在于内部控制不负责企业经营目标的具体设立，只是对目标的制定过程进行评价，特别是对目标和战略计划制定当中的风险进行评估。

3. 两者对风险的对策不一致

全面风险管理框架引入了风险偏好、风险容忍度、风险对策、压力测试、情景分析等概念和方法，因此，该框架在风险度量的基础上，有利于企业的发展战略与风险偏好相一致，增长、风险与回报相联系，进行经济资本分配及利用风险信息支持业务前台决策流程等，从而帮助董事会和高级管理层实现全面风险管理的各项目标。这些内容都是现行的内部控制框架所不能做到的。

随着内部控制或风险管理的不断完善和变得更加全面，它们之间必然相互交叉、融合，直至统一。

第二节 实施全面风险管理的条件

一、全面风险管理的基础工作

在风险管理框架中，确定目标是有效进行事件识别、风险评估和风险应对的前提，因此目标的制定自然就成为风险管理流程的首要步骤。目标设定之后，管理当局需要对主体潜在的风险进行识别，管理当局识别将会对主体的潜在事项产生影响，并确定他们是否代表机会，或者是否会对主体成功地实施战略和实现目标的能力产生负面影响。带来负面影响的事项代表风险，它要求管理当局予以评估和应对。带来正面影响的事项代表机会，管理当局可以将其反馈到战略和目标设定过程之中。在对事项进行识别时，管理当局要在组织的全部范围内考虑一系列可能带来风险和机会的内部和外部因素。确定企业风险管理是否有效，是在对八个构成要素是否存在和有效运行的评估基础之上作出的判断，因此八个构成要素同时也是企业风险管理有效与否的判断标准，如果这些构成要素存在且正常运行，那么风险可能已经被控制在主体的风险容量之内。因此要保证企业风险管理的有效运行，必须要确保八个要素存在并且正常运行，在此基础上最重要的是做好如下基础工作。

（一）树立风险文化意识

全面风险管理应该重视风险文化的建设。风险文化意识是表现主体在日常活动中对待风险的一套方法、价值观和习惯性思维方式。根据 COSO 的阐述，建立企业的风险文化应把握以下三方面：

1. 企业的风险管理文化是由知识、制度和精神三个层面组成，风险管理理念属于风险管理文化的精神层面，它是风险管理文化的核心。风险管理理念中的价值标准、思维方式和行为方式可以通过员工的观念世代相传，不受时间和空间的限制，并可以在实践中发扬光大，体现为企业的风险管理风格，从这个角度上看，风险管理理念是实施风险管理的基础性保障。

2. 风险偏好是企业风险管理文化的重要因素，是企业在追求价值过程中愿意承担的最广泛意义上的风险数量，它反映了企业的风险管理理念，并影响到企业的文化和经营风格。

3. 董事会和管理层是风险管理文化的推动力。董事会和管理部门的诚信和对价值观的承诺会影响企业的优先选择和价值判断。建立风险文化还必须设立激励约束机制，加强教育培训也是营造风险文化的重要举措。

（二）健全内部控制制度

内部控制是全面风险管理的基础，影响组织中成员的风险意识，是企业风险管理中所有其他构成要素的基础，为其他要素提供约束和结构。健全合理的内部控制地有力实施需要有良好的风险文化意识和内部环境条件支持。内部环境条件具体包括主体的风险管理理念、风险容量、董事会的监督、主体中人员的诚信、道德价值观和胜任能力、管理当局分配权力和职责以及开发和组织员工的方式。一个主体的风险管理理念是一整套共同的信念和态度，决定着主体在做任何事情都必须考虑是否存在风险以及如何防范风险。企业风险管理理念反映在管理当局经营过程中所做的每一件事情上，它可以从政策表达、口头和书面的表达以及决策中反映出来。风险容量是一个主体在追求价值的过程中所愿意承担的广泛意义上的风险数量。董事会是内部环境的重要组成部分，对其他内部环境要素有重要的影响，企业的管理者也是内部环境的一部分，其职责是建立企业风险管理理念、确定企业的风险偏好、营造企业具有风险防范意识的文化，并将企业的风险管理和相关的初步行动结合起来。主体的内部环境对于企业全面风险管理的意义重大，一个无效的内部环境可能会导致企业的财物损失、公众形象的受损或者经营失败。有了良好的内部环境，才能建立健全合理的内部控制制度，才可能保证其得到有力的执行。

（三）加强信息透明反馈

有了风险文化意识和健全的内部控制制度，全面风险管理的基础工作就已经做好了一多半，在此基础上，管理当局可以通过风险识别和评估进一步分析潜在事项影响目标实现的程度和过程。

在风险评估过程中，管理当局应既考虑固有风险，同时也考虑剩余风险。固有风险是指管理当局在没有采取任何措施来改变风险的可能性或影响的情况下主体所面临的风险。剩余风险是指管理当局在实施风险应对策略之后所残余的风险。在风险评估过程中要注意相互关联的风险，事件的相互关系，某个单一风险事件产生的影响对企业的运营来说可能很小，但一系列事件累加起来时就可能产生很大的影响，对于发生在多个部门类似的事件，管理层应该通过横向分类把这些事件放在一起进行风险评估，所适用的方法一般是对风险的分析采用简单算术平均数、最差情形下的估计值或者事项的分布等技术，寻找与风险相关的目标基准与企业的战略和目标相一致、与可观测到的数据相一致。

风险评估仅仅是一个重要的环节，管理当局必须把评估的详细结果及时反馈给上一级部门和相关机构，这就要求企业全面风险管理框架必须重视企业信息和沟通的构成内容，企业的信息应该包括过去、现在和未来潜在事项的数据。企业信息系统应以时间序列的形式收集数据，其收集数据的详细程度则视企业风险识别、评估和反应的需要而定，并保证风险维持在风险偏好的范围内。有效的沟通能确保信息在组织中顺畅地向下、向上以及平行流动。通过自上而下的信息沟通，全部员工可以从高层管理当局接收到一个清楚的信息，这就是他们必须了解自己在企业风险管理中的职责以及个人活动与其他成员工作之间的关系，必须认真担负起企业风险管理的责任。所有员工还必须具有由下至上的信息沟通渠道。除此以外，企业与外部环境，例如客户、供应商、监管者、股东之间也需要保持畅通的信息沟通，该公开的信息一定要公开。信息透明反馈还包括前期的信息收集、整理、加工和保存等工作。

有了以上几个方面的基础工作，其他环节的工作就相对容易得多，只要企业从上到下风险文化意识加强了，各个环节的风险管理活动自然会得到重视，比如管理当局在评估了相关的风险之后，自然要确定如何应对风险，应对措施包括风险回避、降低、分担和承受。在权衡各种应对措施时，管理当局需在评估风险的可能性、影响大小以及成本和收益的基础上，选择能够使剩余风险处于期望的风险容限以内的应对方法。在实施过程中，管理当局完全可以从主体范围或组合的角度去认识风险，以确保剩余风险在主体的风险容量以内。

全面风险管理的基础工作除了以上三个主要方面以外，还有控制活动与监督活动。控制活动是确保风险应对措施得以有效执行的政策和程序。控制活动贯穿于整个组织，遍及各个层级和各个职能机构。控制活动包括一系列不同的活动，例如批准、授权、验证、调节、经营业绩评价等。控制活动可以根据其主要服务目标划分为策略有关的控制活动、与经营有关的控制活动、与报告有关的控制活动和与遵循法律法规有关的控制活动，但控制活动一般来说经常服务于多个目标。

监督活动是指随时对全面风险管理各个构成要素的存在和运行情况进行检查评估，主要通过持续的监控活动和个别评价两者结合完成。持续的监控发生在管理活动的正常进程中。个别评价的范围和频率主要取决于对风险的评估和持续监控程序的有效性。一旦发现全面风险管理存在缺陷，应立即向上级报告，严重的问题应上报高级管理者和董事会。

二、全面风险管理的核心技术

全面风险管理要求全面的而不是孤立地考虑风险，因此原有的针对单种的风险的度量方法就不再适用了，为了能给企业提供有效的风险预警，考察风险的综合度量指标尤为重要，下面将介绍风险的综合度量方法和需要解决的关键技术。

目前通常采用统一的 RAROC 和 VaR 指标对风险进行量化、对收益进行风险调整该类度量指标，考虑到企业不同经营单位和产品线风险的相关性，统一而不是分离地对风险进行量化和管理。

（一）全面风险管理的核心技术 RAROC

下面简单介绍风险调整后的资本收益率（RAROC）。

RAROC 模型作为经营管理的核心技术手段，20 世纪 90 年代后期在国际先进商业银行得到广泛应用。到目前为止，这一技术已逐渐成为当今金融理论界和实务界公认的最核心、最有效的经营管理手段。

具体来说，RAROC 在形式上一般可以表示为：

$$RAROC = \frac{R - OE - EL}{CAR}$$

其中：R 为收入；OE 为经营成本；EL 为预期损失；CAR 为经济资本或风险资本，收入（R）包括银行的利差收入和中间业务等非利息收入；经营成本（OE）表示银行的各种经营管理费用支出；预期损失（EL）根据不同的风险有不同的计量方法，但不论哪一种计量方法，它都要具备四个方面的要素，即违约概率（PD）、违约损失率（LGD）、违约的风险暴露（EAD）和期限（D）。

从 RAROC 的表达式及对它的分析可以看出，RAROC 的核心是：将风险带来的未来可预计的损失量化为当期成本，直接对当期盈利进行调整，衡量经风险调整后的收益大小，并且考虑为可能的最大风险做出资本储备，进而衡量资本的使用效益，使银行的收益与所承担的风险直接挂钩，与银行最终的盈利目标相统一，为银行各个层面的业务决策、发展战略、绩效考核、目标设定等多方面的经营管理提供重要的统一的标准依据。

（二）风险相关性技术分析

全面风险管理中最难以解决的棘手问题是众多风险的相关性和风险度量中的集成性，国内外的相关研究仅仅处于起步阶段。

从商业银行经营的过程来看，市场风险会直接影响信用风险。商业银行资产因为市场风险而遭受损失，会使得银行的信用受损，严重时会导致挤兑事件，而挤兑事件的发生会增加银行操作风险发生的可能性，风险的联动效应是很明显的。通过对挪威商业银行的数据分析，得出了一个不同风险之间的线性相关系数，其中：信用风险与市场风险的相关系数为 0.30，市场风险和操作风险的相关系数为 0.13，信用风险和操作风险之间的相关系数为 0.44。为了度量不同风险之间的相关性，以实现对风险的集成和约减，实现经济资本配置的最优化，恩布里茨（Embrechts）系统地研究了度量不同风险相关性的方法，基本原理在于设定风险（损失）是服从一定的统计规律的，可以通过相关系数来度量风险之间的相关性。常见的用来刻画变量之间相关性的度量工具有：

1. 线性相关

假设 X，Y 代表两种资产的收益，是实值、非退化的两个随机变量，则 X，Y 的相关关系可表示为：

$$\rho(X,Y) = \frac{COV(X,Y)}{\sigma^2(X) \cdot \sigma^2(Y)}$$

其中：$COV(X,Y)$ 表示 X，Y 的协方差；$\sigma^2(X)$ 表示 X 的方差。简单相关关系的主要缺陷是必须要求 $\sigma(X)$ 是有限的，但是金融数据往往是厚尾分布的，比如生命保险的数据损失模型往往是方差无界，这时我们就无法得到两个不同业务之间的相关系数。另外线性相关系数定义下的独立与相关的关系不是一致的：X，Y 之间独立意味着 X，Y 之间的相关系数为零，但是X，Y的相关系数为零并不意味着X，Y之间独立。线性相关还有一个问题是对于非线性的严格递增的变换：线性相关系数T不能保持不变性，即设T为一个严格递增的非线性变换，有：

$$\rho[T(X),T(Y)] \neq \rho(X,Y)$$

而且实际的金融数据经常需要取对数，所以线性相关的以上性质就给我们带来了很多的不便。

2. 秩相关

设X，Y是随机变量，分别对应分布函数F_1和F_2，联合分布函数为F。Spearman 秩相关系数定义为：

$$\rho_s(X,Y) = F_1(X)F_2(Y)$$

ρ是通常的线性相关。设(X_1,Y_1)和(X_2,Y_2)是两对独立的来自F的随机变量，则 Kendall 的秩相关为：

$$\rho(X,Y) = \rho\big[(X_1-X_2)(Y_1-Y_2)>0\big] - \rho\big[(X_1-X_2)(Y_1-Y_2)<0\big]$$

秩相关相对于线性相关的优点在于克服了线性相关不能够保持映射不变性的缺点，但秩相关的缺点在于不能像线性相关一样处理方差——协方差关系，因为它不是基于矩的一种相关关系。在计算的方便性上秩相关和线性相关也各有优劣：对于多元正态分布和多元t分布，计算线性相关相对方便；对于用来刻画极端事件的厚尾分布 Gumbel 和 Weibull 分布等，计算秩相关更容易一些。

3. 尾部相关

以上两种相关在刻画正常事件的相关性方面已经显示出强大的作用。但是，一个现实情况是金融风险事件（特别是造成重大损失的灾难性事件）的发生，往往表现出低频高危的态势。对于这种极端事件的相关性的刻画，以上两种相关性度量的效果都不理想。正是基于这一原因提出了尾部相关。

设X和Y是随机变量，其分布函数分别是F_1和F_2，则X，Y的尾部依赖系数为：

$$\lim_{\alpha \to 1} P\big[Y > F_2^{-1}(\alpha) \mid X > F_1^{-1}(\alpha)\big] = \lambda$$

如果极限存在，则说X，Y是近似依赖的，如果$\lambda = 0$则称近似独立。使用尾部相关在处理一些极端事件中较为方便。

4. 随机相关

由于政治和经济等外在条件随着时间而改变，国际股票市场间的相关性亦随着时间而改变，相关实证分析显示，某些收益之间的相关关系是动态变化的。用概率的方法度量相关性便于预测风险的变化趋势，不足之处是管理者难以确定风险的生命周期。因为风险的开始时间、持续时间的长短取决于风险的识别、控制、跟踪等具体措施和管理过程，这在一定程度上会使得风险管理变得很困难。另一方面，由于考虑风险相关性时是从事件发生的角度来看待风险，所以我们所得到的风险之间的相关性仅仅是风险发生时候的相关性，这也限制了我们对风险之间关系的度量。

5. 基于影响图的风险相关分析方法

影响图作为一种理解复杂问题的定性工具，既可以识别出风险驱动因素和因果关系，又可以识别出潜在重要的不确定性来源，直接或间接影响其他因素的风险。投资风险中引入影响图方法，虽然有较好的效果，但不足之处在于影响图中并没有说明风险相关性的强度、风险发生的时间、联系是连续还是离散的，以及对其他因素的影响是即时的还是滞后的。

（三）风险集成技术

1. Copula 连接集成模型

Copula 一词最早由斯卡拉（Sklar）引入统计学中，近几年在风险管理领域有所应用。内尔森（Nelsen）第一次系统地总结了这个领域的主要研究成果，恩布里茨（Embrenchts）用 Copula 函数作相关分析，比用多元正态分布来刻画不同变量之间的相关性有所改进，并利用 Copula 分析了股票市场的厚尾、偏斜、非时称的相关结构。

用于刻画风险相关性的函数有椭圆 Copula 和阿基米德 Copula。其中 Guassian Copula 和 t-student Copula 为椭圆 Copula，Gumble Copula 和 Clayton Copula 是阿基米德 Copula。从对刻画风险相关性的进程来看，开始人们用 Guassian Copula 建模，但是 Guassian Copula 无法捕捉到金融数据的尖峰厚尾性。基于这个原因，后来人们又提出用 t-student Copula 来建模。通过进一步的研究人们发现金融数据的非对称性，进而考虑用能度量非称性的阿基米德 Copula 来度量数据的尖峰厚尾性。实证表明 Gumhle Copula 更适合中国的金融市场。

2. 基于多维极值的集成模型

Copula 函数和多维极值模型在全面风险管理中的应用越来越广泛，Copula 函数需要知道每种风险的分布函数，再应用已知的 Copula 连接函数，求出总风险的分布函数，再找出一定置信度下的分位点，求出总风险 VaR 的值。多维极值模型直接对各种风险的尾部建模，允许不知道各种风险的分布函数，可以直接利用多维极值分布函数的分位点来求出 VaR 的值，但多维极值模型对尾部数据的要求更加严格，阈值的选择也非常关键 Copula 函数应用于金融分析已有一段时间，多维极值模型在国内主要应用于水利工程。

决策支持系统是以信息技术为手段，应用管理科学、计算机科学及相关学科的理论和方法，通过获取材料、明确目标、完善模型来提出可行的方案具体到商业银行就是要先从交易数据中获取风险信息、识别风险、度量风险及其相关性，然后实现风险集成，最后再把计算机的合成信息传达到部门和总部的风险管理人员，以利于风险管理人员做出最佳决策。

三、全面风险管理的组织结构

全面风险管理涵盖了企业的各个方面、各个部门，因此要有效地实施全面风险管理需要相应的组织机构予以配合和支持。

全面风险管理框架中第一维度的各个目标和第二维度中风险管理目标的设定需要董事会和决策层结合风险管理部门的分析进行审慎的决策；负责具体操作的风险管理部门要完成风险识别、风险衡量、风险管理、风险报告以及相应的各个流程，就必须跨越公司部门的限制，汇总公司各部门的交易数据，并根据数据分析公司的风险现状，为决策层与公司各部门提供参考，各部门如有超越风险限额的事项发生，风险管理部门还承担监督业务部门风险的工作。这个角色并不受业务部门欢迎，如果公司决策层没有给予风险管理部门足够的职权与支持，风险管理工作将非常难以落实。因此公司董事会和决策高层的积极参与以及对风险管理工作坚定的承诺与支持是风险管理工作开展成败的关键。

全面风险管理的实现还需要风险管理部门有高度的独立性、协调性和全面性。风险管理部门必须独立于业务部门，这样才能避免"球员兼裁判"的情形发生，避免因利益冲突而无法客观执行风险管理工作。协调性表现在两个方面：第一，由于风险管理过程贯穿从企业战略制定一直到企业的各项活动全过程，因此风险管理的组织和部门虽然具有独立性质，但只有能够全盘了解业务及相关作业流程才能胜任其职责；第二，风险管理的组织和部门必须有能力协调各业务部门，才能有效监控和管理各项风险。从执行层面上来看，若风险管理部门无法将公司风险的分析结果迅速而有效地向高层决策部门反映，风险管理工作的效果将大打折扣，所以风险管理部门必须能够直接与决策高层沟通。

全面风险管理的实施还需要风险决策和经营决策在公司的层面具有一致性，如果公司层面风险决策和经营决策有冲突，全面风险管理则无法展开。

建立现代企业的组织结构有以下几种模式：①职能型组织结构模式；②事业型组织结构模式；③矩阵型组织结构模式。这几种模式各有优劣，各个企业应根据本企业的特点和具体情况来选择采用哪一种模式。在选定企业组织结构后，再根据具体的企业组织结构形式确定风险管理的组织部门，保证全面风险管理的有效实施。

第三节 金融机构的全面风险管理

一、中国金融业全面风险管理面临的问题

目前中国金融机构全面风险管理存在的主要问题可以从下述方面解读。

(一)强化理念和组织建设

企业全面风险管理(ERM)为我们提供了一个思路：每个金融机构都有不同的风险管理体系，它可以从自己的体系出发，按照企业的需求和特性来设立差异化的风险评价方法。全面风险管理的总体目标是在实现未来战略目标的过程中，将各类不确定因素产生的结果控制在组织可接受的范围内，以确保并促进组织的整体利益实现。它包括决策(宏观环境)风险管理、经营(产品质量)风险管理、人力资源(聘任及绩效考核)风险管理、财务风险管理和法律(政策、合同及知识产权)风险管理等各种不同的风险管理及其综合。国资委对中央大型企业提出了全面风险管理的要求，其中重要的一条就是中央企业要推出总法律顾问制度，这种理念充分体现了国资委对法律风险的重视。

全面风险管理还要求在总公司设立首席风险总监(CRO)，首席风险总监应成为风险管理的核心人员，他肩负协调企业首席执行官(CEO)、营运总监(COO)、财务总监(CFO)、首席(总)法律顾问(CLO)和其他高管之间的关系，同时承担着监管企业内部和外部风险管理的职责。他不仅要有一定的商业敏感性，还必须具备相当的金融、财务、审计、管理、法律等专业知识和技能。所以担任此职位的人必须经过正规系统的职业培训，取得执业资格，方能胜任此工作。

(二)混业经营与分业经营

关于混业经营和分业经营的争论由来已久，一般说来，分业经营是指金融业中传统的银行、证券、保险业务分别由不同的机构来经营，国家通过法律明确界定不同的机构的业务范围，称之为"分业经营，分业监管"。混业经营是指同一金融机构可以同时经营几种金融业务，法律对金融机构的营业范围不做明确规定。从国际金融业的发展历程来看，世界上大多数国家与地区都经历了从自然混业经营到分业经营的转变，最后又大多

数回到了混业经营的轨道。

1. 分业经营

分业经营论的支持者一般认为：

（1）商业银行和证券公司面对的是不同性质的风险，银行与证券市场间明确一道"防火墙"，可以切断风险传递的链条，有利于风险控制。因为证券市场是一个高风险市场，银行业与证券业如果混业经营，在证券市场上发生剧烈动荡或银行操作失误时，银行的信用将受到严重威胁，导致银行破产风险增加，损害投资者和存款人的利益。

（2）分业经营模式导致的银行业和证券业专业化分工有利于提高经营效率，使不同的金融企业高效利用自身有限的资源为客户提供更好的服务

（3）在监管方面，分业经营模式可促进金融监管的专业化分工，明确监管职能，提高监管效率。

2. 混业经营

混业经营论的支持者一般认为：

（1）混业经营使银行内部形成了一种损益互补机制，即银行业某一领域金融业务的亏损可由其他金融业务的盈利来弥补，这种内部补偿作用不仅使银行利润收入稳定，而且使银行的风险得以分散和减少。

（2）多元化经营使银行能够及时地根据金融市场的变化来调节自身的经营活动，增强商业银行的竞争力。

（3）商业银行可通过对客户设计出具有针对性的金融产品组合并为客户提供一条龙金融服务来发挥总体优势，降低经营成本，提高服务效率。

（4）混业经营模式可使银行通过股权代理，建立稳定、优质的基本客户群，有助于银行充分了解客户，从而实现真正的风险控制。

混业经营论的反对者认为，混业经营增加了金融风险管理的复杂性和难度，混业经营相对于分业经营会面临更多类型的风险，使得监管变得复杂，监管者面临着更多的挑战，混业经营使大机构强者愈强，中小机构难以与之抗衡，不利于竞争。

（三）混业经营金融机构的风险

在分业经营的体制下，银行、证券公司和保险公司面临不同的风险：银行面临信贷风险、流动性风险、利率风险，证券公司和保险公司主要面临市场风险，两者都面临系统性风险、道德风险、宏观经济波动风险等。在混业经营体制下，金融机构的以上风险仍将存在并有可能表现得更为激烈，同时金融机构将可能面临一些新的风险类型，如关联交易风险、利益冲突风险等。

1. 关联交易风险

关联交易是指存在关联关系的双方或多方当事人之间进行的任何交易活动。金融机构的关联交易主要是金融机构所在的金融控股集团各实体之间的交易，这些交易多发生在资本市场和货币市场。关联交易对金融机构的风险影响表现为：

（1）关联交易导致风险在金融机构内部传递。关联交易是金融机构传递风险的主要途径之一。

（2）关联交易会引发多重财务杠杆风险。总公司与分公司之间，分公司与分公司之间的相互投资等内部交易行为可能导致公司财务杠杆比率过高，从而增加公司整体财务风险。

（3）关联交易容易转嫁和隐藏危机，从而导致危机累积。混业经营下的金融机构倾向于通过行政命令方式处理分公司之间的业务，为了公司的整体利益，一家子公司出现危机，往往通过其他子公司的资金划拨、利润转移、债务免除来救援，虽然暂时隐藏了分公司的风险，但是为总公司留下了隐患。同时，对于转移公司也不公正，长此以往，就会使总公司的风险累积。

2. 利益冲突风险

利益冲突风险是金融控股集团下属各子公司之间、子公司与集团公司之间，集团系统内部与客户和股东之间的利益冲突。

（1）金融控股公司的各个子公司的风险管理目标存在冲突。例如，同一家金融控股公司下的银行与保险公司风险管理的目标是不一样的，银行的风险控制主要是关注资产质量，尽量减少不良贷款，而保险公司主要关注负债的性质（如资金来源是长期资金还是短期资金）。这种风险管理目标的差异就会使得金融集团的操作风险增加。

（2）金融集团下属的各个子公司之间、子公司与集团公司之间的利益冲突。金融集团下属的各子公司有着不同的经营目标，并受不同规律的制约，但集团公司的经营决策必然基于整体利益最大化的原则，这就导致不同子公司之间的利益冲突。

更为严重的是，金融机构中的某一成员发生经营事故可能会引起另一成员的流动性困难，甚至会影响到它的业务量、声誉，最终导致集团公司总体偿付能力和稳定性的下降。混业经营下的金融机构是由商业银行、投资银行和保险公司等多种金融机构构成，在这种组织框架下，如果某一部门出现财务问题，由于关联交易的存在，风险就会传递或蔓延到其他部门，这一过程就是风险传染和风险蔓延。

（四）选择中国金融业的发展之路

事实上，通过激烈的争论和大量的研究表明，一个国家金融体制的设计取决于其自身的传统、现存制度、目标及政策。一个国家的金融业选择分业经营还是混业经营与这个国家的经济制度和环境有关，要看哪一种模式更适合经济发展的需要。中国现有市场经济条件环境下，完全没有必要规定非得走混业经营还是分业经营的发展道路，但有一点就是金融监管当局必须有标准，达到这个标准的可以使其业务不断扩大，反之则监管更严。这些标准主要考虑全面风险管理理念、公司治理结构、内部控制制度、组织管理体系、资本充足率、不良资产率和历史风险事件等指标。也就是说，对于满足一定条件的、资产规模较大的、自我监管能力很强的金融机构可以实行混业经营，对于不满足这些条件的金融机构不但不能实行混业经营，反而要实行更加严格的监管，决不能搞一刀切。这样做的主要目的是使金融机构达标，增强自我监管的能力。

综上所述，无论是混业经营还是分业经营，建立全面风险管理体系刻不容缓。虽然混业经营下可能出现新的风险，但金融机构的总风险可能增加也可能减少，和具体的金融环境有关。如果在一个规范的市场环境下，在金融机构治理结构完善、内部控制制度健全和强有力的组织体系保障下实施混业经营，完全有可能分散风险而使总风险减少；相反，在一个产权不明晰、自律能力不强、金融法制不完善、全面风险管理制度不健全、金融监管体系尚不完备的条件下实施混业经营，必然导致金融业和经济的混乱。

总之，建立健全金融机构全面风险管理体系是当前的一项重要任务。做好金融机构全面风险管理工作，既可以预防风险、减少损失，又可为金融机构发现增值的机会，增加企业的竞争力，提升我国的综合国力，促进我国的经济发展和社会稳定。

二、商业银行的全面风险管理

(一)商业银行全面风险管理的框架和流程

全面风险管理在商业银行中的应用确定了商业银行风险定量分析的模型，结合商业银行的管理信息系统和决策支持系统技术，就可以构建商业银行全面风险管理模型。商业银行全面风险管理的流程为：首先收集交易数据，了解客户关系管理应用系统和银行的信息管理系统，实现对数据和信息储存与识别风险，同时寻求不同风险之间的相关性；然后度量出商业银行面临的市场风险、信用风险和操作风险等，应用风险集成技术得到商业银行的总风险，进而测算出银行的经济资本并实现资本的有效配置；最后寻求适当的投资组合来对冲银行面临的风险，实现商业银行对风险最大程度的规避。

商业银行按照全面风险管理的原理，构建银行的全面风险管理框架。在该全面风险管理框架和流程中，风险管理的对象是银行的各类业务，此时，应从总体上界定银行能承受的风险和已经面临的风险类型，设定风险管理目标。不但要度量不同风险之间的相关性，而且还需要考虑不同部门、不同业务之间的风险联动关系，前文提到的影像图法可以较好地解决这个问题。随着风险种类的增加，不同风险之间的权重对于整个风险的集成也非常重要。风险集成之后还可以实施风险敏感度分析。

全面风险管理在商业银行的应用非常重要，目前，测算商业银行用来对冲风险经济资本的方法是先分别计算出各种风险，然后再加总。这种计量方法虽然实现了银行经营的稳健性，但是却增加了银行的资本成本，很多银行风险管理人员都意识到风险之间存在相关性，经济资本可以通过风险缩减下调，可是由于缺乏必要的方法，没有实现对风险的集成和经济资本的最优持有。

（二）商业银行风险管理失效的原因分析

造成商业银行风险管理失效的原因很多，要使银行风险管理有效地实施，成为企业达成既定目标的助推剂，必须要针对商业银行风险管理的症结对症下药。从近十几年国际和国内银行的重大风险案件中可以得到以下几方面的原因：

1. 风险意识淡薄

由于我国市场经济时间不长，长期以来的计划经济思维模式没有一下子改变，风险文化意识不强，特别是没有风险管理理念，甚至不理解为什么会存在风险，把风险和收益、风险管理和企业发展对立起来，也说明相关知识的普及不够，因此应该在企业不同层级开展不同程度的学习风险文化知识活动，树立正确的思维方式和行为方式，不能有"赌"的思想，不能有侥幸心理，使人人都建立起照章办事、遵守规则的行为意识。

2. 内部控制缺乏

由于内部控制是企业风险管理中所有其他构成要素的基础，因此从银行的内部控制来探讨全面风险管理的实施和改善是十分重要的。内部控制是商业银行为控制各类风险的发生而制定的一套办事规则、监督检查规则和信息反馈规则。有了这套规则，贪污腐败和欺诈盗窃分子就难有可乘之机。

3. 治理结构混乱

商业银行治理结构是协调银行内部不同要素所有者关系的一套制度安排，核心是协调所有者（股东）与经营者之间的关系。商业银行治理结构的本质是参与者之间，如股东、董事会、经理人和其他利益相关者之间权利和责任的分配，以及为处理公司事务所制定的一套规则和程序，是涉及银行管理层、董事会、股东和其他利益关系者的一套关系。西方国家的商业银行具有良好的产权制度和健全的委托——代理制度，所以其银行的内部治理结构比较完整。我国商业银行的控股股东都是国有资产管理机构，所以完善公司治理对建立我国商业银行的全面风险管理体系至关重要。有一个合理的商业银行治理结构,才能组建一个科学的组织机构,企业的组织机构可以提供计划、执行、控制和监督其活动的框架,良好的组织机构可以在充分考虑银行内部各业务职能部门的设置及相关关系协调的基础上,保证各部门之间的权责明确、信息通畅。

三、证券公司的全面风险管理

(一)我国证券公司全面风险管理现状分析

高风险是证券公司的固有属性,因而证券公司的风险管理水平决定其业绩表现甚至生死存亡,健全有效的风险管理体系可以促进证券公司平稳、健康地运行,进而增强投资者信心、活跃市场交易。然而近年来,证券行业因风险管理及控制系统瘫痪或执行不当引发的多起风险事件,不仅说明现有风险管理体系亟待改善,也强力证明健全全面风险管理及控制系统的必要性。

从我国证券公司风险管理实施的内部环境看,我国证券公司的融资渠道狭窄,资本金规模较小,资本充足率较低,抗风险能力差,与世界上著名的券商相比仍然有相当大的差距。而且国内证券公司这样小规模资产绝大部分还是实物资产,资产的流动性差,总体抵御风险的能力非常有限,稍有损失就有可能造成公司倒闭。另外,我国证券公司的自由资本占总资产规模的总量偏低,资本金充足率低的问题就是大规模的负债经营,违规挪用客户保证金、客户委托管理的资产和客户托管的债券,虚假回购等行为非常严重,致使证券行业及国民经济隐含巨额风险。

另一方面,我国证券公司内部组织结构的不完善,限制了信息的及时传递和风险管理的有效实施。到目前为止,我国证券公司的风险评估指标体系已经基本形成,初步建立了专门的风险控制机构,并拟定了基本的风险控制制度,从经营战略的角度引领整个公司沿着合法合规的方向发展。内核评审委员会也初步建立,参与对证券承销、贷款、抵押融资等融资业务的审批,第三方存款制度的建立以及投资银行业务的立项、策划、创新的咨询评审等方面有了实质性进步。虽然风险管理的部门框架设置已经完成,但仍缺少独立于各业务部门之外的风险管理部门,尽管一些公司也设立了相应的风险管理部,却没有实际的决策权力,因而也就失去了真实的效力。与此同时,内部审计部门的职能也得不到重视,由于没有独立的风险管理部门,业务部门在参与业务管理的同时也参与了风险管理,这实际上就导致了风险管理职能和业务职能的交叉,导致的结果是业务经营上的违法、违规事件频发。投资银行的风险仅由各业务部门来核算,绝对追求利润,部门在进行各项业务时,往往会因为利益而牺牲风险,却罔顾风险之间的联动效应。

目前证券公司对市场风险、信用风险、操作风险进行分管,这使得一项业务在市场风险、信用风险评估过程中会存在矛盾，这样业务部门就没有办法做出恰当的决策，这也增加了证券公司的整体风险。

证券公司的风险管理理念存在一定的偏差，对风险认识的偏差将会导致两种情况的发生：一种是将风险看成一种损失，风险管理过于严格，使得证券公司在市场上失去了有效的业务扩张能力和竞争活力；另一种情况是，由于对"以风险换收益"的片面理解，对风险活动忽视必要的警觉，这样就使风险管理过于疏忽，结果容易出现混乱的局面。

考虑到证券公司的外部运营环境，我国金融衍生品市场的发展不完善限制了证券公司的产品创新，使得证券公司缺乏更多、更灵活的转移或者对冲风险的工具。由于各方面条件的限制，我国衍生金融工具市场发展之后，至今仍未推出利率期货等金融避险工具。随着我国证券公司投行业务向纵深发展，证券公司面临的市场风险和信用风险也在不断增加，这就迫切需要我国证券公司开发出更多、更新的金融衍生产品来转移风险。

（二）我国证券公司风险管理过程分析

目前，我国证券公司风险管理过程的主要特点是缺乏风险管理的具体目标，风险识别仍然以定性分析为主，缺乏对风险进行量化的工具，更为重要的是，缺乏一套成熟和完善的风险预警机制。

虽然近年来我国证券公司都比较注重风险管理，但绝大多数证券公司的风险管理技术还仅仅停留在定性化、经验化的管理阶段，基本上都是从制定制度、定期检查、加强沟通以及工作人员的职业道德教育等方面进行风险控制，在客观化、数量化、技术化方面的研究相对较少，对风险的识别也仍然以主观经验为主，很多风险管理问题往往只能事后察觉，并没有起到应有的作用。风险度量研究的缺失导致预警机制的失效，证券公司不能获知和分析在正常经营活动中可能发生的、对证券公司造成损失的情况，更谈不上回测分析和压力测试，也谈不上集中力量对高风险区域采取重点防范的措施来有效地防范和化解风险，实行风险量化管理。恰当且切实可行的风险度量工具的缺失，也导致我国证券公司的风险管理总是处于被动状态，既不能很好地预警风险，也不能对已经发生的风险事件给予很好的处理。

从内部监督来看，我国多数证券公司的监事会制度只是一种形式，内部审计也没有得到应有的重视。我国证券公司的监事会由于缺乏必要的办事机构与工作程序，往往只能依赖管理层提供的材料进行财务监督和合规性监督。但是，券商提供材料的完整性、及时性和准确性会影响到监督的有效性，同时也使得监事会的职能因为信息不准确而得不到充分发挥。对监事人员的行为也缺乏约束，造成风险管理的内部控制程序失灵。我国证券公司的内部审计制度不完善，职能得不到充分重视，知情权、信息权不明确，缺乏通畅的信息通报渠道金从外部监管情况看，我国证券监管使用三级监管模式：一是政府监管机构中的证券监管委员会，二是证券公司的自我监管委员会（即证券行业协会），三是证券公司内部的自我监管。以上监管制度都没有很好地处理政府监管和自律监管的关系，存在以下不足：一是监管体系过多依赖政府监管机构；二是监管缺乏独立性，监管机构容易受其他部门干预；三是监管不规范，监管多以间断性的方式出现，缺乏持之以恒和持续性；最后，监管的自律性工作也做得不够，不能很好地利用市场机制来发挥监管部门的制约作用。

（三）我国证券市场全面风险管理体系的建立

基于以上分析，我们可以从以下几个方面完善证券公司的全面风险管理体系：

1. 拓展融资渠道，增强抗风险能力，为全面风险管理创造条件

我国证券公司规模普遍较小，资金实力较弱，这种局面决定了我国证券市场难以适应纵深发展和金融服务业对外开放的需要。为了增强我国证券公司的风险承受能力，证券公司近年来纷纷扩大经营规模、提高市场份额。通过广泛吸收社会各方面资金，证券公司吸纳了大量自有资金，同时由于新增注册资本投入的速度较快，大部分以现金的方式入股，也大大提高了资产质量，改善了财务状况，增强其盈利能力。广泛吸收社会资金还有助于实现公司投资主体的多元化和股权分散，有利于公司建立规范的内部法人治理结构，对于健全风险防范体系、提高风险防御能力具有积极意义。重组和联合既能够增强单个证券公司的资本实力，又可以实现行业内的优势互补，遏制小规模、低水平的恶性竞争，最终提高证券公司的抗风险能力，实现跨区经营也会产生规模效益，扩大业务领域，提高业务水平和服务质量，提高整个证券行业的经济效益和整体竞争能力。

2. 完善公司的组织结构，将风险管理落实到公司的各个层级

我国证券公司需要借鉴国际经验，改进证券公司风险管理的组织结构，促进公司内部信息的交流和共享，使管理者能够随时监控业务发展。放眼世界，国内外大多数投资银行的全面风险管理组织架构都分为数个层次，而且往往具备以下几个特征：①公司董事会和决策高层积极参与风险管理工作，并对风险管理工作给予支持；②风险管理部门往往独立于各业务部门；③风险管理工作由全体人员参与配合。在这种风险管理的组织架构下，公司的管理人员能够随时监控业务部门的风险状况，并及时做出应对措施。

3. 正确识别风险，科学量化风险，完善风险的预警机制，实时监控风险

要建立有效的风险预警系统，应随时关注证券公司的资本充足率，对券商的头寸、流动性等提前给出预警指标。通过风险数据库、交易限额监视系统、交易系统通道和敏感性模拟系统等工具评估市场风险及头寸对市场变化的敏感性，对于风险发生的概率、

时间、地点以及影响给出科学的预警，从而制定相应的防范措施。

在风险的计量模型上，VaR 和 CVaR 等风险计量模型日益得到越来越多的金融监管机构、证券公司、机构投资者等的普遍接受和认可。可以借鉴美国的成功经验，构建我国的 VaR 风险管理体系。还可以采用 VaR 进行运营资金的管理，通过对所持资产风险值的评估和计量，及时调整投资组合，提高资产运营质量和运作效率。根据马克维兹的风险分散理论，我国证券公司也可以通过构造投资组合来分散和控制风险。

4. 强化监督，形成监管合力

从内部审计的角度看，审计作为一个单独的部门，要独立于管理层，这样才能保证审计真正行使监管的作用。审计部门要对风险管理部门制定控制流程和执行标准，并对业务部门的具体执行情况进行监察。其次，内部审计部门还要定期对管理信息系统进行审核，保证风险管理信息的完整性和准确性。同时审计部门作为一个独立的系统，也要定期向董事会提供独立的检查和报告，提供质量监控，协助董事会更好地制定风险管理目标和政策。

另一种内部控制的途径是从证券公司的经营目标出发，评估妨碍或影响目标实现的各种风险，然后建议相应部门采取适当的控制活动，并对内部控制的有效性进行再评审。此外，管理层应根据风险审计报告对内部控制政策和程序中反映的问题进行整改和完善。

对于审计工作的以上改进，能促使证券公司全面风险管理能力的提高和内部控制制度的完善，为管理层防范风险提供保证。

最后还需要建立层次分明的外部监管体系。证券公司有可能在内部盈利驱动和外部环境的压力下，承担过大的风险（这种风险可能与其资本金和风险管理能力不相称），使得内部全面风险管理机制弱化，甚至有可能失效，因此需要利用外部力量对证券公司的内部风险管理进行监督和约束。在我国目前的经济条件下，应进一步强化监管部门和外部市场的监督作用。

四、保险公司的全面风险监管

(一)保险公司所面临风险的特殊性

保险公司是一种专门从事风险集中与分散的特殊经济组织，相对于其他金融机构，保险公司面临的风险有其特殊性。这些特殊性主要体现在以下几个方面：

1. 保险公司的风险具有双重性，即保险公司既是市场转移风险的工具，又是自身风险的承担者。这种双重性质使得保险公司必须在一个更为系统的框架下，全面、综合地去思考整个公司的风险管理问题。然而遗憾的是，国内外保险公司的风险管理者对该问题的认识并不深刻，研究的思路也呈现出分离性和独立性。

2. 由于保险公司经营性质的特殊性和所面临风险的多样性，它在社会风险管理体系中的层次定位与其他企业有所不同。保险公司的风险管理不能仅仅从保险公司自身出发，还要综合考虑保险公司分散风险、转移风险的社会职能以及保险公司经营过程中与社会风险管理体系其他层面和要素之间的链接和相互影响。涵盖风险管理活动相关性的这种全面风险管理体系(TRMS)就是所谓的保险公司"全面风险管理系统"，这种系统根据全面风险管理的思想，在政府监管的框架之下，充分考虑环境因素的动态影响以及与金融市场的交互作用，对保险经营的全过程进行动态的风险管理。

(二)保险公司全面风险管理

保险公司首先需要根据企业面临的外部环境和内部环境绘制保险公司的风险地图，风险地图将公司面临的所有风险细化，并进行了细致的分类。绘制好保险公司的风险地图以后，需要根据保险公司的业务流程将风险管理细化。保险产品设计、核保管理、承保管理与输入风险相关，保险公司通过保险经营可以反过来影响输入风险，资金运用管理(包括筹集)、理赔管理和再保险管理则和输出风险有关。政府保险监管体现为在宏观层面保险公司风险管理的框架限制。为了体现风险管理的系统性和全面性，还需要全面分析和衡量整个保险公司所有险种(产品)组合以后的风险状况。

与传统的保险公司风险管理相比，全面风险管理要求风险管理始终贯穿于公司完成预定目标的进程之中。保险公司应站在组织战略的高度，充分运用公司可以利用的各种资源，从保险需求分析、保险产品设计开始，依照保险经营的流程，直至保险服务为止的整个过程中，通过计划、组织、领导和控制等基本管理职能对风险进行控制和管理。保险公司的全面风险管理还需要风险管理必须在所有层次上的各个部门进行(保险产品的组合管理就体现了这样一种层次性)，这种系统还要求在动态发展的环境下完成，体现出保险公司风险管理的动态性和业务性，不仅要在承保时考虑作为经营对象的风险，还要考虑所有业务、所有保险产品的所有风险，并且还需要重点考察所有业务、所有保险产品之间的相关性。最后，这种系统需要全员参加，虽然风险管理的首要责任人是保险公司的最高领导，但风险管理并不仅仅是保险公司中风险主管、风险管理委员会、精算师、风险测量师等的责任，它是保险公司全体成员参与的风险管理活动。

第五章 其他风险的控制方法

第一节 流动性风险的控制方法

一、流动性风险控制的一般方法

资金流动性风险包括资产的流动性风险、负债的流动性风险和资产负债的综合流动性风险。下面对流动性风险控制的一般方法的阐释，就从控制这三个视角的流动性风险展开。

（一）保持和提高资产的流动性

要管控流动性风险中的资产流动性风险，对于商业银行而言，首要的是保持资产的流动性。其主要做法是建立充足的三级准备：一是现金准备，即商业银行的库存现金，在西方商业银行称之为一级准备；二是二级准备，即商业银行在中央银行的存款（不包括法定存款准备金，我国以前称之为超额准备金或备付金）；三是三级准备，即商业银行优质的、无变现障碍的流动性资产，包括在压力情景下能够出售或作为向中央银行和市场融资时抵（质）押品的流动性资产，在西方商业银行称之为二级准备。

建立充足的三级准备，即建立和保有充足的优质流动性资产，也被《巴塞尔协议》引入流动性风险的监管和管理，具体体现在《巴塞尔协议》提出的"流动性覆盖率"的监管指标当中。详见下面对流动性覆盖率的分析，但是，建立充足的三级准备在保持了资产流动性的同时，却会与提升盈利性发生矛盾，因此，商业银行需要在流动性与盈利性之间找到平衡点。

提高资产的流动性是管控流动性风险的重要途径。要提高资产的流动性，主要做法有以下两种：

第一，实行抵押贷款证券化。抵押贷款证券化是商业银行将所持有的期限长、流动性差、但具有未来现金收入流的抵押贷款进行分类和评估，将可以证券化的贷款筛选出来汇聚重组为抵押贷款资产池，由专门为抵押贷款资产证券化而设立的独立实体以现金购入，经过担保或信用增级后再以证券的形式出售给投资者，投资者获得的本金和利息的现金流来自由抵押贷款资产池产生的本金和利息。通过抵押贷款证券化可以将非标准化、期限长、流动性差的长期贷款转换成标准化、流动性强、可以随时变现的证券，从而提高了长期贷款这种资产的流动性，为商业银行通过资产变现来补充流动性提供了可行的手段。

第二，出售固定资产再回租。商业银行往往通过自己投资拥有办公或营业所需的固定资产，诸如办公楼或营业场所等。这些固定资产属于非盈利性资产，占用了商业银行的大量资本金，使之不能被用于盈利性资产业务。通过出售这些固定资产，使之变现，可以将之所占用的巨额资本金释放出来，用于盈利性资产业务，从而提高了资产的流动性。然后，通过将变现的固定资产再回租，来解决办公或营业所需。即使为承租这些固定资产需要定期付出租金，但是，租金这种应付款的负债与用变现固定资产所获现金来支持的盈利性资产相比，毕竟只占其很小一部分，其中的财务杠杆效应是显著的。

2. 保持负债的流动性

针对流动性风险中的负债流动性风险，商业银行的管控方法就是多管齐下来保持负债的流动性。其主要做法有：

第一，对融资实行集中度管理，适当设置融资集中度（又称负债集中度）限额，以避免融资品种、融资渠道和融资市场过度集中，提高融资的多元化程度。

第二，加强融资渠道管理，积极维护好与主要融资方的关系，保持与主要融资方的融资活跃度，并通过与主要股东或其他金融机构建立流动性互助联盟等方式，积极拓展稳定的备用融资渠道。

第三，加强稳定融资来源管理，提高融资的稳定程度。通过对融资来源的详细分类来准确评估不同类型融资来源的行为模式，借以科学识别稳定与非稳定融资来源，并能够有针对性地拓展稳定融资来源。

第四，增加主动型负债，诸如发行大额定期存单、发行债券、同业拆借、回购、转贴现、再贴现、其他形式地向中央银行借款等。

第五，创新存款品种，满足存款人对不同期限的流动性、不同风险度下的盈利性、不同流动性与盈利性组合等情形下的单一需求或组合需要，以提高存款这种被动型负债的吸引力。

第六，积极拓展其他业务，诸如代发工资津贴，代收水费、电费、燃气费、通讯费等，借以带动关联存款。

3. 资产和负债流动性的综合管理

资产和负债流动性的综合管理是将资产和负债作为一个对立统一的整体,按照两者的相互关联性进行动态管理和平衡。

资产和负债流动性的综合管理主要有现金流缺口限额管理、融资缺口管理、流动性缺口管理和期限匹配管理四种思路和方法。

(1)现金流缺口限额管理

商业银行应当根据流动性风险偏好、业务规模和结构、业务发展目标、业务复杂程度和市场发展环境等情况,对流动性风险实施现金流缺口限额管理。通过现金流缺口分析,判断商业银行在未来不同时段内的流动性是否充足。通过现金流缺口限额管理,保证商业银行能够将未来不同时间段内的流动性风险控制在自己的流动性风险偏好和承受度内。

现金流缺口限额管理主要包括以下步骤和内容:

第一,现金流测算。商业银行的现金流测算要涵盖表内外各项业务;要区分正常情景和压力情景,并考虑资产负债业务和表外业务的未来增长,分别测算未来不同时间段的现金流入和现金流出。未来不同时间段的现金流可分为确定到期日现金流和不确定到期日现金流。确定到期日现金流是指有明确到期日的表内外业务形成的现金流;不确定到期日现金流是指没有明确到期日的表内外业务(如活期存款)形成的现金流。

第二,计算现金流缺口。商业银行要根据现金流测算所掌握的数据,计算未来各个时间段的现金流缺口。未来各个时间段的现金流缺口是该时间段的现金流入与现金流出的差额。

第三,分析现金流缺口与设定现金流缺口限额。商业银行应当将现金流缺口限额管理纳入内部控制的制度体系,建立和设定现金流缺口限额设定、调整的授权制度、审批流程和超限额审批程序,至少每年对现金流缺口限额进行一次评估,必要时进行调整。设定未来特定时间段的现金流缺口限额应当至少遵循三项原则:一是应当预测商业银行在未来特定时间段正常情景和压力情景下的融资能力,尤其是来自银行或非银行机构的批发融资能力;二是计算优质流动性资产变现所能产生的现金流入;三是充分考虑支付结算、代理和托管等业务对现金流的影响。

第四,对现金流缺口限额的遵守情况进行监控。对超限额情况要及时报告。对未经批准的超限额情况要按照限额管理的政策和程序进行处理。对超限额情况的处理要保留书面记录。

（2）融资缺口管理

商业银行可以在贷款这种资产业务与核心存款这种负债业务之间建立对应关系，据此建立和计量融资缺口，并通过市场化的融资手段，建立融资缺口管理的模式与方法。

商业银行通常将未来特定时间段内包括活期存款在内的平均存款作为核心资金，为其贷款提供资金保障。商业银行在未来特定时间段内的贷款平均额与核心存款平均额之间的差额就构成了融资缺口。

进行融资缺口管理，就是要求商业银行在面临融资缺口时加强可以变现的流动性资产管理和向金融市场融资的管理，保证这两条途径的可靠和畅通。其中，加强可以变现的流动性资产管理，需要定期评估流动性资产的变现能力，持续监测和计量金融市场的交易量和价格等的变动情况对流动性资产变现能力的影响；加强向金融市场融资的管理，需要积极维护与主要融资对手的关系，保持在金融市场上的适当活跃程度，并定期评估金融市场流动性紧张、融资成本提高、流动性转移受限等情况对自己融资能力的影响。

在商业银行的融资缺口管理中，计量和分析缺口的时间序列越短暂，表明商业银行的管理策略越积极，管理程度越精细，借助现代化的资产负债管理信息系统，国际先进的商业银行可以将融资缺口管理的精细化程度提高到每一天；此外，所确定的缺口时间序列的长短也与商业银行的融资市场有关。通常在货币市场融资或易于在短期内筹资以弥补其融资缺口的商业银行，一般具有较短的缺口管理时间序列；而通常在资本市场融资的商业银行，则一般需要采用较长的缺口管理时间序列。

（3）流动性缺口管理

商业银行可以在未来短期内到期的表内外资产与表内外负债之间建立对应关系，据此计量和管理流动性缺口。

流动性缺口管理有传统的流动性缺口管理与改进的流动性缺口管理。该缺口的计量，并不能直接给出商业银行需要通过市场融资途径来弥补流动性短缺的数额，为弥补这一缺陷，出现了改进的流动性缺口，即净流动性缺口管理。

进行流动性缺口管理的基本策略是，如果流动性缺口为负，商业银行需要变现优质流动性资产来弥补缺口；如果流动性缺口为负，即使加上优质流动性资产后的净流动性缺口仍为负，优质流动性资产的数量也不足，商业银行就需要通过外部融资来满足流动性之需。

（4）资产负债期限结构的管理

商业银行资产负债期限结构的一个突出特征是"借短放长"，形成负债期限与资产期限的"错配"。这种错配不仅面临利率风险，也承受流动性风险，往往是形成现金流缺口、流动性缺口的重要原因。因此，商业银行不仅要从利率风险管理的角度，而且也要从流动性风险管理的角度，将解决负债期限与资产期限的错配问题纳入管理体系。

要进行资产负债期限结构的管理，商业银行应当定期测算所有表内外项目在不同时间段的合同期限错配情况。在具体操作中，可以将不同的时间段设计为隔夜、7天、14天、1个月、2个月、3个月、6个月、9个月、1年、2年、3年、5年和5年以上等多个时间段，并参照计量各个时间段的流动性期限缺口的方法，来把握每个时间段上资产负债期限错配的程度。

解决负债期限与资产期限的错配，就是实现负债期限与资产期限的基本匹配。其基本思路和要求是：一是坚持将长期负债用于长期资产，例如，将吸收的中长期定期存款和发行债券所获资金用于发放中长期贷款；二是根据活期存款总会有一部分要长期沉淀下来，短期定期存款总有一部分会到期转存等实际情况，按照《巴塞尔协议》提出的"可用的稳定资金"的思想和方法，测算出其比例系数，据此测算出其动态总额，然后将这部分资金用于发放中长期贷款。

二、流动性风险控制的三大工具

西方商业银行在长期的流动风险管理实践中，逐步确立了流动风险控制的三大工具，即应急资金计划（Contingency Funding Plan）、流动性压力测试和差距分析（Gap Analysis）。这三大工具抓住了流动性风险管理中的主要矛盾和牛鼻子，得到了普遍的借鉴。

（一）应急资金计划

应急资金计划旨在保证商业银行能够有效应对流动性危机。

应急资金计划是商业银行制订的，在流动性出现紧急、异常等危机情况时的应对方案。这里的紧急、异常等危机情况包括商业银行内部的个体因素、外部的市场因素以及两类因素的同时并发。商业银行内部的个体因素包括市场风险或操作风险集中爆发，不良贷款集中出现，信用等级被降级，等等；商业银行外部的市场因素往往被称为"黑天鹅"事件，即难以预测、异常的极端事件，通常会引起市场的连锁负面反应甚至颠覆，诸如地区、行业或整个国家出现突发事件，监管政策突然发生变化引起银行盈利突然恶化，整个银行业出现系统性大面积冲击，等等。

应急资金计划包括危机处理方案和危机处理程序两方面的内容，危机处理方案是给出危机时可以采用的紧急融资渠道和具体方法。紧急融资渠道包括：市场融资渠道，诸如同业拆借、转贴现融资、债券融资等；向中央银行融资，诸如向中央银行申请再贴现、贷款、个案救助等；向具有金融机构身份的大股东融资等要合理评估从这些紧急融资渠道的可能融资规模和所需时间，要确保这些紧急融资渠道的可靠性和充分性。紧急融资方法包括资产方应急方法和负债方应急方法，以及加强内外部沟通和其他减少因信息不对称而给商业银行带来不利影响的方法；资产方应急方法包括但不限于变现货币市场资产、出售原定持有到期的证券、出售长期资产、固定资产或某些业务条线（机构）等；负债方应急方法包括但不限于从货币市场融资、寻求中央银行融资便利等。

危机处理程序是给出危机时的应对步骤和工作流程。其主要包括：流动性风险预警，即通过流动性监测和分析，及时发出流动性风险预警信号；启动紧急融资，即通过各种紧急融资渠道弥补流动性的缺口；后期处置，即分析发生流动性危机的原因、评估应急方案及其运用的适当性和有效性、总结相关经验和教训等。

商业银行需要在应急资金计划中明确董事会、高级管理层及各个相关部门实施危机处置程序和紧急融资方法的权限与职责，应当至少每年对应急资金计划进行一次测试和评估，并根据测试和评估结果决定是否需要进行修订完善。

应急资金计划为流动性风险管控中的流动性危机处理提供了清晰的、有章可循的应急行动方案，在常规的流动性补充渠道和来源之外扩充了应急的渠道和来源。

（二）流动性压力测试

流动性压力测试是测试商业银行承受短期和中长期压力情景的能力。流动性压力测试与保持相应的流动资产旨在保证商业银行能够度过流动性危机初期的一段期间（可称之为"最低生存期间"或"喘息期间"）。

流动性压力测试是对流动性风险的各种压力情景进行分类、分级的定量分析。

在流动性压力测试中，商业银行要充分、准确地理解和遵循监管当局的要求，并将压力测试的结果应用到日常管理中，用于识别经营模式中存在的主要薄弱环节，检查所设定的风险限额或配置的经济资本是否全面与恰当，评估其他类别的风险对流动性风险的交叉影响，用于支持流动性应急计划的制订与具体执行等。

流动性压力测试的频率应当与商业银行的规模、风险水平及市场影响力相适应。常规压力测试应当至少每季度进行一次；在出现市场剧烈波动等情况时，应当增加压力测试的频率。如有可能，商业银行应当参考以往出现的影响银行或市场的流动性冲击，对压力测试结果实施事后检验；压力测试结果和事后检验应当有书面记录。

（三）差距分析

为及时评估和审核现有流动性风险管理水平，向最好的实践经验看齐，差距分析应运而生。不言而喻，差距分析就是商业银行以流动性风险管理水平最高的商业银行为标杆，查找出自己与标杆银行之间的差距，从而确定努力的方向和标准。

差距分析的具体办法就是对流动风险管理进行全方位评估，在清晰界定流动性风险的含义和范围边界的基础上，从流动性风险的常规管理、风险量化和风险报告、流动性压力测试、应急资金计划等方面，全面做自身评估，并与选定的标杆银行的最好实践经验进行比较，查找出存在的差距，确定改进目标和标准。

三、流动性风险控制的三大指标

《巴塞尔协议》引入了流动性覆盖率（LCR）和净稳定融资率（NSPR）两个指标，以强化对商业银行流动性的监管，作为资本充足率监管的补充。根据《巴塞尔协议》的要求，结合我国国情，中国颁布了《商业银行流动性风险管理办法（试行）》，为强化对商业银行流动性风险的监管，提出了旨在强化商业银行流动性风险监管的流动性覆盖率、净稳定融资比例和流动性比例（LR）三个指标，其中的流动性覆盖率和净稳定融资比例指标与《巴塞尔协议》的流动性覆盖率和净稳定融资率指标一致。监管当局对流动性风险的外部监管约束，需要转变为商业银行对流动性风险的内部管理自律，因此，商业银行的流动性风险管理，也必须满足监管当局在流动性覆盖率、净稳定融资率和流动性比例等指标上的最低要求。

（一）流动性覆盖率

流动性覆盖率用于测度商业银行的短期流动性风险。根据《商业银行流动性风险管理办法（试行）》的有关规定，我国商业银行的流动性覆盖率应当不低于100%。

（二）净稳定融资率

净稳定融资率用于测度商业银行的中长期流动性风险。我国商业银行的净稳定融资率不得低于100%。

（三）流动性比例

流动性比例是流动性资产余额与流动性负债余额的比例。该比例用于度量商业银行在流动性负债到期之前，可以将流动性资产变现以清偿流动性负债的能力。

第二节 法律风险与合规风险的控制方法

法律风险是商业银行所承受的最久远的金融风险之一。商业银行控制法律风险的实务已经相当成熟，积累了丰富的经验和做法。然而，合规风险从提出至今也只有三十多年的历史，商业银行也只是在巴塞尔委员会发布《合规与银行内部合规部门》的高级文件之后开始关注合规风险管理，对合规风险进行管控的技术手段尚处于探索阶段。与法律风险管控相比，合规风险的管控尚处于幼儿期，因此，本节对法律风险与合规风险的控制方法的考察，首先阐释两种风险控制的共性做法，然后再分析两种风险控制的个性做法。

一、法律风险与合规风险控制的共性做法

（一）文化建设

文化是先导，文化是环境。商业银行要控制法律风险与合规风险，就要培育和建设守法合规文化，并将守法合规文化建设融入企业文化建设的全过程。

首先，要破除认识上的四大误区。一是误认为金融"法"或"规"不合理。在客观上，有的金融"法"或"规"滞后于日新月异的金融实践和金融创新；而有的金融"法"或"规"与当下的金融实践相比又有些超前；国家的金融"法"或"规"对全国不同的地区实行统一政策，而我国地域辽阔，区域金融发展不平衡，地区间的金融业发展水平差异较大，在此地适用的金融"法"或"规"，在彼地并不适用。因此，商业银行的员工，甚至高级管理层，难免会认为现行的金融"法"或"规"不合理，从而在守法合规上不情愿，甚至抵触。二是误认为法不责众。有的商业银行存在从众心理，看到同业中不符合现行金融"法"或"规"的金融行为较为普遍，大有人在，甚至有的比自己严重得多，因此，认为法不责众，自己不守法合规不会有什么大问题。三是误认为不会法网恢恢，疏而不漏。有的商业银行存在侥幸心理，看到我国目前的法制建设尚不健全，守法合规的环境尚不完善，因此，即使自己存在有违金融"法"或"规"的行为，也不会被发现，可以侥幸过关，平安无事。四是误认为自己业务所需，情有可原。有的商业银行管理人员认为自己在拓展业务、市场营销和金融创新中没有守法合规，完全是为满足客户所需，是外部环境所致的迫不得已，而不是为了谋取个人的私利，因此，即使没有完全守法合规，也情有可原。这四大认识

上的误区在商业银行不同程度地存在，是妨碍法律风险与合规风险控制的思想障碍。认识与思想决定行为要使法律风险与合规风险控制真正落到实处，首先就必须破除这些认识误区，克服这些思想障碍。

其次，要从高层做起。上梁不正下梁歪，守法合规文化建设必须要从高层做起。一是董事会和高级管理层应确定守法合规的基调；二是董事会和高级管理层要高度重视守法合规，力推守法合规文化建设；三是董事会和高级管理层成员要率先垂范，身体力行守法合规。

再次，全体员工要树立守法合规人人有责（法律风险与合规风险分布于所有工作岗位，每一个业务点都是守法合规操作的风险点）、主动守法合规（主动发现和暴露法律风险与合规风险隐患或问题，并相应地在业务操作上加以改进）、持续守法合规（法律风险与合规风险每时每刻都存在，贯穿于经营的全过程，需要持续性的守法合规管理）、守法合规创造价值等守法合规理念。形成全员尊重法律规则、严守法律规则并恪守职业操守的良好守法合规氛围。

最后，守法合规文化要有制度支撑，形成制度文化。守法合规的制度建设主要从三个方面入手：一是要制定守法、合规的管理实施细则；二是要制定员工守法合规手册；三是要建设三项基本制度，即守法合规绩效考核制度、守法合规问责制度和诚信举报制度。守法合规绩效考核制度是将绩效考核机制作为培育守法合规文化的重要组成部分。守法合规问责制度是对没有切实履行好守法合规职责者实行严肃问责，以保证守法合规制度的严肃性。诚信举报制度是要奖励主动举报违"法"、违"规"行为的员工，处罚发现违"法"、违"规"的行为或隐患却隐瞒不报者。

（二）组织建设

组织是保证，组织是落实。商业银行要控制法律风险与合规风险，就要进行组织建设，建立健全控制这两种风险的组织架构，以解决这两种风险控制的责任主体问题。虽然商业银行法律风险控制的组织建设已经比较成熟，但是，由于合规风险控制的历史较短，需要围绕合规风险控制建立起与之相适应的组织架构，而合规风险控制与法律风险控制又存在高度相关性，商业银行不可能也没必要建立独立的、与法律风险控制的组织架构平行的合规风险控制的组织架构，而是应当将合规风险控制的组织架构建设与现有的法律风险控制的组织架构合并考虑，实现融合结合，因此，就需要在组织建设上将法律风险与合规风险控制的组织架构通盘考虑，统一设计，统一建设。

建立健全法律风险与合规风险控制的组织架构，要求商业银行在不同层级明确法律风险与合规风险控制的责任主体，各担其责。就明确不同层级的责任主体而言，在董事会层面，应当授权专业委员会中的风险管理委员会和审计委员会具体承担法律风险与合规风险的控制职责；在高级管理层，应当设首席法律顾问，在其之下可以再设首席合规官，这两者可以合称法律与合规负责人；在职能部门层面，应当设置"法律与合规管理部门"；在各个业务条线和分支机构，应当设立法律与合规管理岗位，配备侧重履行控制法律风险与合规风险职责的职员。

就各担其责而言，不同层级的责任主体要承担起法律风险与合规风险控制的具体职责，并为其提供资源支持。董事会对守法合规负最终责任，具体职责是：确定守法合规的基调，审批守法合规政策并监督实施；审批高级管理层提交的法律风险与合规风险管理报告，并对管理合规风险的有效性作出评价，使合规缺陷得到及时有效解决；授权董事会下设的风险管理委员会、审计委员会对法律风险与合规风险管理进行日常监督；促进自身守法合规与外部监管的有效互动。高级管理层的职责是：制定书面的法律与合规管理政策，报经董事会审批后传达给全体员工；贯彻执行法律与合规管理政策，确保发现违法违规事件时及时采取适当的纠正措施，并追究责任人的相应责任；任命法律与合规负责人，并确保其独立性；明确法律与合规管理部门及其组织结构，为其履行职责配备充分和适当的人员，并确保法律与合规管理部门的独立性；识别面临的主要法律风险与合规风险，审核批准法律风险与合规风险管理计划，确保法律与合规管理部门与风险管理部门、内部审计部门以及其他相关部门之间的工作协调；每年向董事会提交法律风险与合规风险管理报告；及时向董事会或其下设委员会、监事会报告任何重大违法违规事件。法律与合规负责人的具体职责是：全面负责协调银行法律风险与合规风险的识别和控制；监督法律与合规管理部门履行职责；定期向高级管理层提交法律风险与合规风险评估报告。法律与合规管理部门在合规负责人的领导下协助高级管理层开展工作，履行的职责是：持续关注法律、规则和准则的最新发展，正确理解法律、规则和准则的规定及其精神，准确把握法律、规则和准则对经营的影响，及时为高级管理层提供守法合规建议；制定并执行法律风险与合规风险管理计划；审核评价各项政策、程序和操作指南的合法合规性，组织、协调和督促各业务条线和风险管理部门对各项政策、程序和操作指南进行梳理和修订，确保各项政策、程序和操作指南符合法律、规则和准则的要求；协助相关培训和教育部门对员工进行守法合规培训；组织制定守法合规管理程序以及守法合规手册、员工行为准则等守法合规指南，并评估守法合规管理程序和守法合规指南的适当性；积极主动地识别和评估法律风险与合规风险；收集、筛选可能预示潜在违法违规问题的数据，建立法律风险与合规风险监测指标，按照风险矩阵衡量法律风险与合规风险发生的可能性和影响；实施充分且有代表性的法律风险与合规风险评估和测试；

保持与监管机构日常的工作联系，跟踪和评估监管意见和监管要求的落实情况。普通员工应当承担的控制法律风险与合规风险的职责可以借助员工守法合规手册等方式加以明示。

二、法律风险与合规风险控制的个性做法

（一）法律风险的控制机制

在长期的法律风险管理实践中，商业银行已经积累了丰富的经验和做法，建立了系统的管控机制，主要包括三种机制：一是法律风险的事前预警机制，即定期评估外部法律环境，制定各业务条线的法律指引，提示经营活动中的法律风险，支持合法拓展业务；二是法律风险的事中防控机制，即对各业务条线拓展业务进行法律咨询审查，参与交易谈判，加强流程管理；三是法律风险的事后化解机制，为解决各种业务纠纷和违约事件提供法律支持，为银行选择最佳应对方案。

（二）法律风险的过程管理

法律风险存在于商业银行与雇员或客户签订合同和履行合同的全过程，需要加强由签订合同到履行合同的全过程管理。

一是要把好签订合同关，在签订与雇员或客户的合同时做到有法必依，使合同中的有关条款符合法律法规的要求，合同文本要由法律顾问把关，经其签署同意后才能正式签订。

二是把好履行合同关，认真履行有关合同中自身应当承担的责任和义务。在履行有关合同的过程中，要做到四个明确，即履行合同的主体明确、履行合同的责任明确、履行合同的程序明确和违约处理机制明确。

（三）合规风险的人力资源管理

合规风险管理的历史较短，不同层级的职员在管控合规风险上经验、能力和素质都明显不足。需要加强人力资源管理，为合规风险管理提供人力资源保障。

一是加强特定或综合性的合规培训教育，不断提高职员履行合规风险管理责任的能力和素质。

二是制定合规手册、职员行为准则等合规指南，为职员恰当执行法律、规则和准则提供指导。例如，我国某全国性商业银行的员工合规手册就涵盖了维护职业操守、与客户的关系、避免不当销售行为、反洗钱、避免利益冲突、禁止内幕交易行为、关联交易管理、举报违规八个方面的内容，使全体员工在合规上有据可依、有规矩可依。

（四）合规风险控制的三道防线

为有效控制合规风险，商业银行需要构筑起三道防线：

一是业务条线的防线。业务条线是合规风险产生的主要源头。因此，业务条线对落实合规风险的防控负有首要责任，是控制合规风险的一线执行部门。

二是法律与合规部门的防线。法律与合规部门是合规风险管理的专业职能部门。由其构筑该道防线，就是制定详细具体的合规风险管理政策，牵头组织建设合规风险管理机制，为银行战略决策提供法律合规支持，评估和监测流程规章的合法合规性，对业务条线的产品和服务出具法律合规意见，审查业务经营的合法合规性，对员工进行合规培训。

三是内部审计、稽核部门的防线。内部审计、稽核部门是合规的监督部门，既要对业务条线经营的合法合规性进行事中或事后审计、定期与不定期的检查稽核，又要监督法律与合规部门是否适当地履行了合规风险管理职责。

这三道防线既要分工负责，又要协调合作，共同保障合规风险控制系统的有效运行。

第三节 国家风险的控制方法

风险管理的主体是所有承受风险的微观主体。国家风险作为一种金融风险，其管理主体自然也是承受国家风险的有关企业。但是，国家风险的特殊性在于其发生在其他国家，受制于、影响到国与国之间的关系，因此，国家层面有责任、有义务运用经济、政治、外交等综合手段，为本国企业控制其所承受的国家风险提供有力的支持和帮助，创造良好的条件和环境。有鉴于此，下面对国家风险控制方法的考察就分别从国家和企业两个层面展开。

一、国家层面的控制方法

国家层面支持和帮助本国企业控制国家风险可以从以下几个方面入手：

第一，与其他国家签订双边投资保护协定。双边投资保护协定是两个国家为了维护健康的投资环境，加强对外国直接投资的保护，促进两国间直接投资，就相互直接投资或与相互直接投资有关的业务活动如何给予保护所签署的双边条约。缔约双方在协定规定的范围内承担保护对方对本国直接投资的责任和义务。因此，为了为本国企业到海外投资保驾护航，有效控制在东道国投资中的国家风险，国家层面要积极主动地与东道国进行双边投资保护协定的谈判，并达成和签署双边投资保护协定。我国于20世纪80年代与瑞典签订的《关于相互保护投资的协定》是我国与外国签订的第一个此类协定。我国已经与一百多个国家签订了类似协定。今后应当继续与未签约国家积极进行协商和谈判，尽可能多地签订双边投资保护协定，为我国企业在"走出去"中控制好国家风险提供强有力的支持和保障。

第二，积极参与各国际组织、区域性组织的多边投资保护协定的谈判，积极推动最终达成多边投资保护协定，积极推动多边投资保护机构的建立，将对外投资保护工作纳入国际保护体系。例如，为了鼓励成员国之间，特别是发达国家成员国向发展中国家成员国进行生产性投资，为发达国家向发展中国家进行私人投资提供担保，以加强国际合作，世界银行早在20世纪60年代就倡议并通过了《解决国际投资争端条约》（简称《华盛顿公约》），并在该条约的基础上建立了"解决投资争端国际中心"（ICSID）。该中心受理缔约国与另一缔约国的国民之间在投资上的法律争议，提供仲裁便利，其仲裁裁决的执行具有强制性。继而世界银行通过了《多边投资担保机构公约》（简称《汉城公约》），并根据该公约随后建立了"多边投资担保机构"（MIGA）。该机构填补了国际投资保险市场的空白，为合格东道国的合格投资者的合格投资承保"征收和类似措施险""战争和内乱险""货币汇兑险"和"违约险"，并为会员国所有的区域性投资保险机构已予保险的特定投资提供再保险。这两个机构的建立在解决国际投资争端和对外资的国际保护方面取得了突破性进展，签署这两个条约或公约，加入这两个组织，一国就可以合理利用该机制处理本国企业在其他缔约国进行投资可能出现的法律争议，保护本国企业的合法权益。我国于20世纪80年代向世界银行递交了对《汉城公约》的核准书，并成为"多边投资担保机构"的创始会员国。

此外，《北美自由贸易协定》（NAFTA）、欧盟的《马斯特里赫特条约》、亚太经合组织（APEC）的《非约束性投资原则》《东盟国家投资协定》《阿拉伯国家投资统一协定》和亚欧会议制订的《投资促进行动计划》等，这些封闭性的区域性条约在其各自生效范围内为促进投资自由化、有效解决争端、加强外资保护等方面发挥了重要作用。一国加入签署这种区域性投资保护协定，也就为维护本国企业在海外投资的合法权益，控制相应的国家风险提供了一种保护机制。

第三，建立海外投资和出口融资的保险或担保制度，设立官方或半官方的保险公司或担保公司，为本国企业在出口融资和海外投资中承受的相应国家风险提供保险或担保，以转移本国企业的国家风险。这些公司承担政府的政策性职能，为办理出口信贷的银行、出口商、投资商、工程承包商等提供综合性或特定的对外信贷保险、对外投资保险、外汇险、外贸经营险、海外工程保险、担保和融资等。目前，这些公司办理的业务涵盖了战争、类似战争行为、叛乱、罢工及暴动、政府征用或没收、政府汇兑限制、出口货款或出口信贷到期不能回收等各个方面。我国于21世纪初正式建立的中国出口信用保险公司即为这种机构和机制。该公司为我国企业海外投资承保国家风险，包括买方国家外汇管制、政府征收、国有化等。

第四，加强外交对对外经济金融活动的支持。近十年来，在国际投资、国际采购招投标和国际工程承包等领域，因所在国政客以危及其国家安全为由进行鼓噪和施压而将外国投资者、投标企业和承包商拒之门外，或迫使其不得不中途放弃的案例不胜枚举。商业行为被政治化。在此严峻的背景下，仅靠有关企业的一企之力已经无能为力，迫切需要国家出面，以对等和双赢的原则，通过外交手段帮助本国企业化解或缓解这类国家风险。有鉴于此，借鉴有关国家的典型做法和成功案例，在外交中强化经济外交，在经济外交中重视保护本国"走出去"企业的合法权益，重视帮助本国"走出去"企业控制国家风险，在"你接纳我、保护我"与"我接纳你、保护你"之间建立对等和平衡，应当成为外交政策的一种机制性安排。

第五，金融监管当局加强对本国商业银行国际贷款的监管。这种监管涵盖的主要内容有：监管商业银行国际贷款的风险敞口；监管商业银行国际贷款的集中度，设置总的集中度比例和国别比例；要求商业银行对国际贷款设置和保持最低准备金；等等。

二、企业层面的控制方法

企业，包括商业银行等金融机构和普通企业，是国家风险的直接承担者和首要管理者。作为企业，商业银行等金融机构和普通企业既是微观经济主体，又开展不同性质的国际经济金融活动，相应承担不同的国家风险。因此，在控制国家风险的做法上，商业银行等金融机构和普通企业既存在共性，也存在差异。为清晰起见，下面阐释企业层面控制国家风险的方法，对商业银行等金融机构和普通企业的共性做法与个性做法分别进行考察。

（一）企业层面控制国家风险的共性做法

在控制国家风险上，可供商业银行等金融机构和普通企业共同选择的做法主要有以下几个方面：

第一，准确把握不同国家国家风险的等级。在进行与哪个国家的居民开展国际经济金融活动的决策之前，有关企业首先需要准确把握对象国的国家风险的等级，这就需要对对象国的国家风险进行评级。国家风险评级是有关机构运用定量分析与定性分析相结合的方法，对不同国家的国家风险进行评估，然后综合打分，最后给出不同国家其国家风险的高低等级。目前，国际上有一些著名的机构专门从事国家风险的评级，并定期发布国家风险评级结果或评估报告。企业如果不具备独立进行国家风险评级的人力和财力，就可以借鉴这些机构的国家风险评级结果和评估报告，根据不同对象国国家风险高、中、低的不同等级，作出与哪个对象国进行国际经济金融活动、进行何种类型及何种程度的国际经济金融活动的决策。

第二，对特定对象国进行国家风险的实证分析。根据不同国家风险的等级，将个别国家风险高的国家划定为进行国际经济金融活动的禁区，选定可以进行国际经济金融活动的特定对象国以后，还需要对所选择的特定对象国的国家风险作进一步的实证分析。这种实证分析可以从国家风险评估的结构性模型所涵盖的经济环境、政治环境、社会环境、自然环境等方面入手，通过实证分析，进一步深入具体地了解构成国家风险的经济风险、政治风险、社会风险或自然风险等细项的结构性状况及其发展趋势，特别是重点关注近年来的最新变化及其背景和规律，并与自己总的国家风险容忍度及不同细项国家风险的结构性容忍度相比较，最后确定可以与之居民进行国际经济金融活动的特定对象国。

第三，在进行直接投资时，与东道国政府谈判，签订"特许协定"。在东道国没有与本国签订双边投资保护协定或其他投资保护机制时，企业如果进行直接投资，应当争取与东道国政府进行谈判，争取达成特许协定。这样可以使自己在东道国的投资获得相应的法律保障。特许协定的内容一般包括：当地资本参股的条款，管理人员国籍的规定，进入东道国资本市场的许可，在东道国进行销售的定价权，关于转移价格的规定，向第三国出口的权利，是否需支付额外的费用（社会保险费、盈利费），允许资金（股息、贷款本息、管理合同收入、专利使用费等）汇回母公司的规定，缴纳所得税和财产税参照的法律和法规，发生争议时进行仲裁的法律和仲裁地点。

第四，投保国家风险保险。如上所述，很多国家建有官方或半官方的保险公司，承保出口、出口融资和海外投资中的国家风险，并可以进行分保。目前，这类保险公司的运作已经超越国界，由国际保险人联手承保，一些商业性保险公司也加入了这种机制。因此，企业可以充分利用这种机制，积极投保与国家风险相关联的保险，将自己承担的国家风险转移给承保的保险公司。

第五，实行国际经济金融活动的国别多样化。不要将所有鸡蛋放在一个篮子里。企业进行国际经济金融活动不要集中在一个或少数几个国家，而是应当将进行国际经济金融活动的国家加以分散和多样化。这样就可以分散国家风险，降低多个国家国家风险组合的风险度。

第六，建立国家风险预警机制。国家风险预警机制由设置预警指标体系和预警阈值、围绕设置的预警指标体系识别国家风险事件、在预警指标超过预警阈值时报警、启动应急预案等构成。国家风险的预警指标体系应当借鉴国家风险评级的指标体系，以保持国家风险评级与国家风险预警所掌握标准的一致性和连贯性。在借鉴国家风险评级的指标体系上，目前，国际上有若干对国家风险进行评级并定期公布评级结果的机构，每个机构都建有国家风险评级的指标体系，其中，由美国的政治风险服务集团(PRS)下属的国际国家风险指南机构(ICRG)构建的指标体系具有广泛的影响力，可以作为主要参考。该指标体系将国家风险涵盖22个变量，分别归入政治风险、经济风险和金融风险三个国家风险类别。设定预警阈值旨在确定启动预警的临界点。根据设置的国家风险预警的指标体系识别国家风险事件，跟踪监测有关国家相关指标的变化情况，一旦预警指标偏离其正常水平并超过阈值时，就表明警情爆发，需要报警。报警之后，就要启动应急预案，将控制国家风险的应急措施付诸实施。

（二）商业银行控制国家风险的个性做法

除了上述共性做法外，商业银行在控制国际贷款的国家风险中，还可以采取以下做法：第一，设定国际贷款的限额。首先根据银行资本金的一定比例设定国际贷款的总限额；然后根据不同国家国家风险的等级，设定对每个国家贷款的限额，限额的多少与国家风险的等级成反比。限额设定以后，要得到切实遵守。银行的风险管理部门要对限额的执行情况进行监察。

第二，健全和完善国际贷款的审贷程序。要在国际贷款的审贷程序中，将评估借款人所在国家的国家风险作为贷款审查的必备环节，将国家风险的等级作为贷款审查和决策所依据的重要因素。

第三，实行差异化的国际贷款定价。通过国家风险计量，把握不同国家国家风险的预期信用损失。按照风险补偿的定价原理，使国际贷款的利率能够有效覆盖预期信用损失，形成国家风险高的国际贷款其利率也高的模式。

第四，为国际贷款寻求第三者保证。一是可以寻求借款人所在国的中央政府或中央银行提供保证，这样，银行面临的国家风险就具体成为主权风险，相对而言，主权风险的风险度较轻；二是可以寻求国家风险低的第三国商业银行或其他金融机构提供保证，这样，银行便可以将直接承担的国家风险降低至第三国的国家风险水平。

第五，国际贷款采用银团贷款方式。如果银行自己单独发放国际贷款，则要承担全部国家风险。然而，在银团贷款方式下，国际贷款的国家风险由参与银团贷款的所有银行共同承担，每个银行只承担与自己的贷款份额相对称的国家风险，这样，就单个银行而言，就实现了由承担全部国家风险到仅承担一部分国家风险的转换。同时，如果银团贷款的参与银行是世界银行、亚洲开发银行等国际金融机构或著名跨国银行，则这些银行在控制国家风险、协调债务人或担保机构、对债务人施压、债务重组等方面都有各自的独到优势，这样也可以有效降低国际贷款总体上的国家风险。

第六，在二级市场上转让国际贷款债权。自20世纪80年代初以来，在拉美部分国家出现债务危机要求西方债权银行进行贷款重议、贷款重新安排以后，国际上便出现了进行国际贷款债权转让的二级市场。虽然国际贷款债权是非标准化的金融工具，但是，这种二级市场还是在一定程度上得以存在和发展。如果国际贷款债权出现国家风险预警或已经形成不良贷款，则有关债权银行可以利用国际贷款债权转让的二级市场，将自己的国际贷款债权予以转让，从而将相应的国家风险转移。即使国际贷款债权的转让价格会低于未清偿本金的价值，这种转让至少可以避免剩余债权的全军覆没。

第七，将国际贷款债权转股权。在国际贷款的债务人所在的国家发生经济金融危机以后，这些国家往往会加强外汇管制，限制资本外流，这样，国家风险中的转移风险就爆发。面对这种情况，债权银行可以考虑将自己的债权转换为对债务人的股权，以这种方式使自己的债权得以保全，而且这种方法也比较受债务人及其所在国家的欢迎。

（三）普通企业控制国家风险的个性做法

普通企业控制国家风险有下述做法可供选择：

第一，进行跨国联合的股份化投资。在进行国际直接投资中，由于对东道国的政治、法律、社会、文化等不够熟悉，从而承受伴生的国家风险，可以不致力于建立独资企业，而是与东道国或第三国具有举足轻重地位的企业建立合资企业，进行跨国联合的股份化投资。这样，不仅可以与合资伙伴共担国家风险，而且一旦特定的国家风险爆发，其他合资伙伴凭借其举足轻重的地位和巨大影响力可以在争取东道国中央政府或地方政府支持、化解劳资冲突、转移或控制某些特定的国家风险、减轻国家风险所带来的经济损失上发挥作用。

第二，与东道国举足轻重地位的企业建立战略联盟。在以独资的方式进行国际直接投资时，同样由于对东道国的政治、法律、社会、文化等不够熟悉，从而承受伴生的国家风险，可以根据企业生产经营的上下游、物流或业务外包等联系，与东道国具有举足轻重地位的相关企业建立战略联盟，将彼此的经济利益紧密捆绑在一起，形成一荣俱荣、一损俱损的利益共同体。这些战略合作伙伴具有独到的优势和能力，可以在日后协助自己控制国家风险时发挥独到的作用，从而总体上降低自己承担的国家风险。

第三，将生产经营上的核心权力牢牢控制在自己手中。采用这种做法，使得东道国对投资企业实施征用、国有化或没收政策后，无法维持企业的正常运转，从而降低或规避被征用的国家风险。在生产上，一是控制原材料及零配件的供应渠道，使这些渠道成本较高、交货时间较长，使得东道国一旦征用该企业也无法获得生产所必需的原材料及零配件，无法维持企业正常运转，征用后无法收到预期效果；二是控制核心技术、技术专利或技术诀窍，一旦该企业被东道国征用，东道国因为没有技术支撑，也无法维持企业的正常运转。在市场上，控制产品的出口市场、出口产品的物流及分销机构，使得东道国即使征用接管该企业也无法进入国际市场，这样就可以有效降低被征用的这种国家风险。

第四节　声誉风险的控制方法

伴随新闻信息传播方式和渠道的巨变以及广大民众金融维权意识的增强，商业银行的声誉风险呈现明显上升趋势。商业银行的声誉风险管理与监管也日益为商业银行和金融监管当局所高度重视。巴塞尔委员会发布的《增强巴塞尔协议II框架》中着重指出，银行应当将声誉风险纳入其风险管理程序，在内部资本充足评估程序和流动性应急预案中适当涵盖声誉风险。世界各国（地区）的金融监管当局也相继将声誉风险纳入对商业银行风险监管的框架之中。中国发布的《商业银行声誉风险管理指引》，督促商业银行有效管控声誉风险，引导完善全面风险管理体系。虽然重视并进行声誉风险管控的历史没有信用风险等风险的管控历史悠久，但是，在多年的实践中，商业银行也摸索和形成了一系列有效管控声誉风险的长效机制和典型做法。下面对此分别进行阐释。

一、声誉风险控制的主要制度与机制

（一）声誉风险事件排查制度

根据海恩法则（Heinrich's Law），每一起严重事故的背后，必然有29起轻微事故和300起未遂先兆以及1000起事故隐患。有鉴于此，商业银行要建立声誉风险事件排查制度，及早发现"300起未遂先兆以及1000起事故隐患"，避免积少成多，积小成大。首先，要全面界定、科学确认声誉风险事件，对由自身内部原因引起的声誉风险事件和由外部原因引起的声誉风险事件进行全面的界定、梳理和确认。可以按照银行的不同机构（总部、分支机构等）、不同层级（高层、中层、基层等）、不同部门（前台、中台、后台等）和不同业务（负债业务、资产业务、中间业务、金融市场业务等），按照网格化的结构，全面系统排列出声誉风险事件。其次，要围绕声誉风险事件，特别是内部原因引起的声誉风险事件，定期对各机构、各层级、各部门、各业务条线上可能存在的声誉风险隐患进行排查和识别。一旦发现，及时采取防控措施。

（二）舆情监测、处置和报告制度

负面舆情是反映商业银行声誉风险的一面镜子，既可能是一面如实反映的镜子，也可能是一面夸大反映的镜子，因而可以视为是商业银行主要的由外部原因引起的声誉风险事件。对此，商业银行要建立舆情监测、处置和报告制度。首先，要明确舆情监测的范围。舆情来源于舆论媒体。当代的舆论媒体已经进入多媒体和自媒体时代，舆论媒体已经由电台、电视台、报刊等传统媒体发展到互联网媒体以及伴随其兴起的微博、微信等自媒体，而以微信发展最快，传播最广。舆情监测要抓主要矛盾，特别要重点监测互联网和自媒体的舆情。其次，要明确舆情监测的责任主体及主体责任。舆情监测的责任主体要对负面舆情做好记录；搜集调查负面舆情的传播源头和路径，掌握负面舆情的传播范围，掌握社会公众对负面舆情的态度、评论和诉求；对负面舆情进行研判，有效辨别和及时澄清虚假舆情信息或不完整舆情信息，实现舆情分级、分类管理。再次，要明晰不同级别、不同类型负面舆情的报告路径和管理权限。最后，要建立负面舆情处置预案，必要时能够及时启动处置预案，有效处置各类负面舆情。

（三）较大和重大声誉风险事件应急处置机制

对声誉风险事件应当进行分类处置。根据负面影响的大小，可以将声誉风险事件划分为普通声誉风险事件、较大声誉风险事件和重大声誉风险事件。较大和重大声誉风险事件往往具有突发性，会对银行声誉产生较大和重大负面影响，因此，商业银行此时已经陷入一种危机状态，需要建立较大和重大声誉风险事件应急处置机制，展开危机公关，快速处置，防止事态扩大化。

较大和重大声誉风险事件应急处置机制实际上主要是一种危机公关机制，包括一系列应对危机的策略与管理活动，旨在迅速恢复商业银行与社会公众之间良好的公共关系状态，帮助商业银行尽快度过危机。危机公关的最高境界是化"危"为"机"，为此，商业银行要秉承"千里之堤，溃于蚁穴"的危机意识和理念，从战略的高度对待危机公关，整体、系统、全面地部署和展开危机公关活动；在较大和重大声誉风险事件突发后，要透过现象看本质，在客观全面地了解事件真相的基础上，冷静观察问题的核心，找到问题的关键与根源；要把握住处理危机的最佳时机，以救火的速度展开处置；要以最负责任的态度和最真诚的行动进行处置，给媒体与当事人以满意的交代；要沟通、沟通、再沟通，让内部员工、新闻媒体、政府及相关部门、合作伙伴在第一时间了解问题的真相，不给小道消息、猜测、谣言以任何空间，取得各方的理解和支持；可以争取第三方权威部门、媒体等"别人"为自己说话，以消除社会公众可能的不信任和误解，博取同情；要在妥善处理较大和重大声誉风险事件后，尽快用正面的事件和新闻将社会公众的视线吸引开，使事件尽快过去，将银行与社会公众之间的公共关系尽快恢复到常态。

危机公关机制主要包括以下内容：一是设置处置较大和重大声誉风险事件的专门机构，由高级管理层的成员任专门机构的负责人。二是研究确定公关对策。要准确把握事件的真相和关键；要对内、对外披露事件的真相、银行的态度和要采取的举措；要确定对外部当事人的对策，了解其真实诉求，把握好相关法律法规的执行尺度，在当事人诉求与相关法律法规的规定中寻找最大公约数，依此进行处置；要确定对新闻媒体的对策，选择好向新闻媒体公布事件真相的方式和措辞，确定专人负责发布消息，集中处理与事件有关的新闻采访，向记者提供权威的书面资料，公开表明银行的立场和态度，谨慎发布处置事件的进展；要确定对监管当局和政府部门的对策，以最快的速度如实报告事件，定期汇报事态的进展，事后详细报告处置的经过，全程争取支持与帮助；要确定对客户及其他利益相关者的对策，如实通报事件信息和银行对处置事件的坦诚态度、应对举措、处置过程和处置结果。三是制订和启动应急预案。处置事件的专门机构负责制订应急预案，应急预案包括事件的处置方案和工作程序；要确定新闻发言人，统一发布信息口径，一个声音对外，必要时聘请外部专业公关人员来协助处理事件。

二、控制声誉风险的对内方法

（一）加强文化建设

根据墨菲定律，如果事情有变坏的可能，不管这种可能性有多小，它总会发生。声誉风险是一种客观存在，声誉风险损失事件的发生不以人的意志为转移，因此，对声誉风险绝不能心存侥幸，这就需要加强声誉风险控制的文化建设。声誉风险控制文化引领和决定着声誉风险控制行为。商业银行要将培育和建设声誉风险控制文化融入企业文化建设的全过程。

培育和建设声誉风险控制文化，首先要从高层做起。商业银行董事会及高级管理层要把对声誉风险及其管控重要性的认识提升到与其他各类风险及其管控同等重要的高度，提升到能否实现银行战略目标的高度，力推声誉风险控制文化建设，并以身作则，自上而下地树立全行的声誉风险管控意识。其次要着重增强业务条线声誉风险管控意识。业务条线是银行的一线和前台，是银行的窗口，直接与客户和广大金融消费者接触，代表着银行的形象。一线员工须要牢固树立我与银行荣辱与共的命运共同体意识，不能为满足眼前利益和个人利益而影响银行的整体声誉，不能将个人的不满和情绪带到工作中；要高度重视金融消费者的权益保护，以积极的态度对待金融消费者的批评和投诉，有效化解与客户的矛盾。最后要注重对全行员工声誉风险管控意识的养成和声誉风险管控技能的培训，使声誉风险防控成为全员的自觉意识和行为习惯。

（二）加强"窗口"建设

客户投诉是商业银行主要的声誉风险事件。商业银行的营业柜面直面客户，是银行的窗口，是客户投诉的集中地。有鉴于此，要防控声誉风险，商业银行必须重视和加强营业柜面的"窗口建设"，妥善处理好营业柜面与客户之间的关系和矛盾，有效控制与客户的纠纷，将客户投诉遏制在最低限度。

加强"窗口"建设要对症下药。客户之所以投诉商业银行，主要原因有三个方面：一是银行的管理制度与客户的需求产生矛盾。银行为了控制操作风险，针对柜面业务制定了很多管理制度，这些管理制度在执行中容易与客户的需求产生矛盾，从而引起客户的不满。二是银行的服务效率与客户的需求产生矛盾。例如，银行的服务窗口少，一些业务因手续复杂而处理时间长，业务高峰时排长队，实习生或新员工业务不熟练，等等，这些情况会导致客户等候时间长而失去耐心，引起不满甚至愤怒。三是银行的服务质量与客户的需求产生矛盾。银行存在着柜面员工的服务态度不够好、与客户解释沟通中不够耐心细致、业务不够熟练或出现差错等现象，这也容易导致客户的抱怨。针对这些原因，商业银行应当在"窗口"建设中有的放矢，将"以客户为中心"、"细节决定成败"的理念真正落到实处，以让客户满意来控制客户投诉。主要举措有三个方面：一是要正确处理原则性与灵活性的关系，防止服务的教条化和模式化，当统一的服务规范遇到特殊个案时，"以客户为中心"，换位思考，根据客户的特殊需求，灵活调整服务的方式方法。二是在提升服务效率上，从细节入手，抓住和解决主要矛盾，不断完善和优化业务流程，大力发展电子银行和互联网金融以分流客流，在业务高峰时段增加服务窗口，实行弹性排班制度，等等。三是在提升服务质量上，要强化柜面员工的服务意识；要加强柜面员工的业务知识和技能培训，确保对管理规章制度了如指掌，业务操作技能娴熟；要力推规范服务、文明服务和微笑服务，提升服务的亲和力；在客流量大、客户等候时间长时，大堂的服务要到位，积极引导客户分流，做好客户情绪的安抚工作；在与客户发生纠纷时，柜面员工和大堂经理首先要保持耐心和和善的态度，准确判断问题的关键和原因，如果是自身的问题和原因,则不要回避和遮掩,而是立即认错,真诚道歉,及时纠正,如果是客户的问题和原因,如客户对银行的制度、产品不了解和不理解,则要热情耐心地解释,力避语言冲突,依法合规在第一时间平息矛盾。

(三)强化案件防控

民事诉讼案件和金融犯罪案件是商业银行主要的声誉风险事件。这两类案件主要源于商业银行的违规、违法经营。因此,上述控制法律风险与合规风险的做法可以从源头上帮助控制由民事诉讼案件和金融犯罪案件引发的声誉风险。

此外,案件防控还需要使银行内部人员做到"不想"、"不敢"和"不能"。从银行内部来看,除了非故意的操作失误外,大量案件主要是由于内部人员为了实现个人利益最大化而故意为之。有鉴于此,强化案防工作首先要加强对内部人员的思想道德教育、职业操守教育,筑牢思想防线,使内部人员对作案做到"不想";其次要加强对内部人员的法制教育,使之能够守住法律法规的底线,对作案做到"不敢";最后要建立和落实内部控制制度中的"四项制度",即高管人员交流制度、重要岗位人员轮岗制度、强制休假和离任审计制度、近亲属回避制度,通过制度的有效约束和制约,使内部人员对作案做到"不能"。

对银行外部人员,案件防控还可以从两个方面有所作为:一是加强对客户的金融知识教育,使客户提高自我风险防范意识,避免上当受骗;二是做好对骗子及其骗术的识别和防范工作,提升柜面员工的防范诈骗意识;通过典型案例剖析和惯用伎俩解析来加强对柜面员工的防范诈骗教育,提升其防范诈骗的能力。

三、控制声誉风险的对外方法

新闻媒体的负面报道是商业银行主要的声誉风险事件之一。伴随新闻媒体改制和互联网的普及,商业银行的声誉风险控制面对的是一个市场化的新闻媒体环境。特别是微博和微信等自媒体的兴起,以其多点分散、往往盲从、追求刺激好玩等特点,给商业银行的声誉风险控制带来了空前的压力。传统新闻媒体在营收压力下的主动揭黑冲动,新生代网民彰显个性的自我意识,使得声誉风险事件一旦发生就不可能得以掩盖,简单的事件可能有 N 种解读,事件的传播速度和社会影响力呈几何级数增长。面对这种情形,商业银行需要与时俱进,建立起与多媒体和自媒体时代相适应的控制声誉风险新模式。

(一)新闻及信息发布统一归口管理

商业银行要选定新闻发言人及其团队,可以由负责公共关系的高管担任新闻发言人。同时,新闻发言人不能孤军奋战,要为新闻发言人配备一个团队,为新闻发言人提供信息、策划、沟通联络等工作支撑。新闻发言人及其团队要接受新闻发布和与新闻媒体沟通联络的专业培训和训练，全面提高职业素质。

选定新闻发言人及其团队以后，凡是银行的对外新闻发布和与新闻媒体的沟通联络等，都要统一归口到该新闻发言人及其团队下管理，避免多头对外、多个声音、多种口径。

（二）加强与新闻媒体的沟通和关系维护

首先，识别和评估新闻媒体，对与新闻媒体的关系进行分类管理。可以从职业操守和社会影响力两个维度对新闻媒体进行识别和评估。在职业操守上，可以将为吸引公众眼球而不惜采用夸张、刺激、低俗的新闻报道方式的新闻媒体归于不良新闻媒体；而将充满正能量、弘扬主旋律的新闻媒体归于良性新闻媒体。在社会影响力上，可以将新闻媒体划分为社会影响力大和社会影响力小两类。要将社会影响力大的良性新闻媒体作为建立和维持良好合作关系的重点，与之建立起战略互信，达成彼此的行为共识，用于约束和指导彼此的关系；可以与社会影响力小的良性新闻媒体建立和维持一般的合作关系，并与社会影响力大的不良新闻媒体保持一定的接触关系；将社会影响力小的不良新闻媒体打入黑名单，不与其进行任何合作。

其次，构建与新闻媒体的联动机制。在平时，要加强与新闻媒体的互动联系，积极邀请新闻界人士参加银行的重大活动与事件，丰富主题策划，加强新闻媒体对银行的正面报道，宣传银行企业文化及履行社会责任的案例与经验，提高银行在客户中和社会上的认可度和美誉度，为银行营造和谐的舆论氛围。对于新闻媒体的负面报道，要及时予以积极回应，澄清事实真相，引导新闻媒体客观公正地报道事件，避免误导社会公众，同时有错就改，满足社会公众的关心和期待。在较大或重大声誉事件发生后，迅速启动应急处置机制，展开危机公关，使事件尽快平息。

（三）利用监管机构和行业协会的保护机制

新闻媒体广泛左右着社会公众的信息认知。社会公众对新闻媒体失实的负面报道往往会宁肯信其有，而不是宁肯信其无。银行如果对新闻媒体失实的负面报道诉诸法律，通过法律诉讼来还原事实真相往往得不偿失，反而会被拖入持久的官司战中。有鉴于此，银行应当充分利用监管机构和地方行业协会的渠道，依靠监管机构的行政资源和行业协会的地方同业资源，共同揭穿和抵制不良新闻媒体，利用良性新闻媒体和其他行政或行业平台，发布和传播事实真相，及时疏导社会舆论，往往可以收到较好的效果。

（四）掌控在微信等自媒体舆情中的话语权

商业银行拥有大量的客户资源。这些客户资源既是舆情的接收地，也是舆情的传播地。银行可以主动搭建起内部分支机构、员工与客户的微信社交网络。一方面，通过内部分支机构搭建与客户的微信交互平台，实现日常业务信息的无缝对接；另一方面，柜面员工通过聊天群搭建与客户的微信交流平台，实现对客户的 24 小时服务。这两个微信平台在满足客户金融需求的同时，还可以逐步建立起客户对银行的信任和好感，逐步增强柜面员工在聊天群内的核心地位，从而掌控舆情中的话语权。这样，在银行遭遇微信渠道的负面舆情时，就可以通过分支机构和员工构建的微信社交网络，通过密集、统一地发布正面信息等，稀释和引导负面舆情。柜面员工还可以通过微信实现与客户的一对一沟通，逐一消除客户疑惑，从而为根除负面舆情的影响赢取时间。

第五节 战略风险的控制方法

企业战略集中在企业目标、市场定位、企业文化、重大投资或经营活动等方面，企业战略风险体现为战略决策风险和战略实施风险。不言而喻，战略风险的控制需要对症下药。因此，下面就从战略决策风险的控制和战略实施风险的控制两个方面阐释战略风险控制的有关方法。

一、战略决策风险的控制方法

（一）提高"SWOT 分析"的质量

SWOT 分析是一种企业战略分析法，即基于内外部竞争环境和竞争条件下的态势分析，就是将与研究对象密切相关的各种主要内部优势、劣势和外部的机会和威胁等，通过调查列举出来，并依照矩阵形式排列，然后用系统分析的思想，把各种因素相互匹配起来加以分析，从中得出一系列相应的结论，而结论通常带有一定的决策性。

进行"SWOT 分析"是企业进行战略决策的前提，是制定企业目标、进行市场定位的依据。如果"SWOT 分析"的质量不高，所制定的企业目标就会不切合实际，所进行的市场定位就会错位。因此，控制战略决策风险，首先要从提高"SWOT 分析"的质量入手。

在"SWOT 分析"中，对自身优势和劣势的认识要力避误判，或将优势误认为劣势，或将劣势误认为优势；或妄自尊大，或妄自菲薄。要历史地、全面地、客观地看待自身的优势和劣势。要从历史的角度进行纵向比较，考察自身发展的历史及其脉络，从历史积淀中总结，从发展现状中把握，准确提炼出自身的高峰和低谷。要从同业的角度进行横向比较，通过比较知己知彼，从同业竞争者的弱点中把握自身的优势，从其优点中把握自身的劣势。既不要以放大镜看同业竞争者的弱点和自身的优势，也不要以放大镜看同业竞争者的优点和自身的劣势。

在"SWOT分析"中，对发展的机遇与挑战的认识要避免盲目乐观和盲目悲观两种倾向，更不能将机遇误认为挑战，或将挑战误认为机遇，准确把握机遇旨在坚定和提升发展信心，凝心聚力，更是要以机不可失、时不再来的紧迫感来捕捉机遇、利用机遇。准确把握挑战旨在居安思危甚至居危思危，更是要以背水一战、狭路相逢勇者胜的坚强意志和必胜决心迎接挑战、赢得挑战。从策略上，比较分析机遇与挑战，应当以谨慎乐观的慎重态度看待机遇，以足够清醒的危机意识看待挑战，从最坏处着眼，向最好处努力。从方法上，不要简单以历史推断未来，要对外部环境的必然变化、机遇与挑战的可能转换有足够的心理准备和预研预判。

"SWOT分析"的质量直接取决于企业领导者、战略管理团队、战略管理信息支撑等要素的状况和企业是否利用"外脑"。要提高"SWOT分析"的质量，企业的董事长和高层管理者等领导者要有开阔的战略视野、敏感的战略直觉和全面的战略素养，要深入研究和准确把握本企业的业务运营规律和组织管理规律，要能够洞察企业内部因素与外部环境的变化，并对内部因素与外部环境的变化有足够的把控力和应变能力；企业需要组建专业的、结构合理的战略管理团队，持续地扫描、监测、评估、研判、预测企业内部因素与外部环境的变化，为企业领导者提供支撑；企业要持续建设和升级信息管理系统，提升企业的信息技术应用水平，提升大数据的挖掘、整理和分析水平，为进行"SWOT分析"提供足够的信息资源和技术支持；"不识庐山真面目，只缘身在此山中"，必要时，企业需要跳出自身认识和能力的局限，引进"外脑"，帮助企业进行"SWOT分析"。

（二）科学制定和确立企业目标和市场定位

制定企业目标、确立市场定位是企业战略决策的核心和关键，是引领企业发展的"纲"，纲举则目张。

制定企业目标、确立市场定位至少需要把握三个原则：一是企业目标和市场定位必须符合"SWOT分析"的实际。自身的优势和外部机遇为实现企业目标和市场定位提供了主观条件和客观可能；自身的劣势和外部挑战是实现企业目标和市场定位的内在约束和外在压力。如果脱离或偏离这些内部因素和外部环境来制定企业目标和市场定位，则"SWOT分析"便流于形式，以此企业目标和市场定位为核心和引领的企业战略必然是错误的，因而也是无法得以正确实施的。二是企业目标不应当是一元的，而应当是多元的；不应当是急功近利的，而应当是兼顾眼前利益和长远利益的。所谓的"一元"目标仅仅是追求利润的最大化或股东回报的最大化，这只是单纯的经济目标；而"多元"目标不仅涵盖经济目标，也涵盖人文目标和社会目标，是企业对内目标和对外目标的科学组合。根据全面风险管理对企业目标的界定，企业目标应当包括长远的战略目标、短期的经营目标、兼顾对内和对外的报告目标和对外的合规目标。三是企业目标和市场定位要有一定的高度。这个高度可以从企业竞争力和企业能力两个维度予以把握。从企业竞争力看，这个高度要定在提升企业在同业竞争中的位次和成为同业龙头老大之间的区间内。从企业能力看，这个高度要定在企业需全力跳起来才能达到的高度和企业踩着可以借助的可靠阶梯能够达到的高度之间。

（三）科学选择企业文化和重大投资或经营活动

企业文化和重大投资或经营活动是企业目标和市场定位的战略支撑和实现路径，需要与企业目标和市场定位通盘考虑，统一决策。

企业文化既靠积淀，也靠建设，建设的前提是选择。企业必须选择与企业战略目标相匹配的企业文化。企业的战略目标是企业的愿景和使命，凝聚着企业上下的共同理想、人生价值和社会价值。在科学制定企业战略目标以后，选择什么样的企业文化才能与企业的战略目标相匹配就成为重要的战略决策。要选择与企业战略目标相匹配的企业文化，就必须深入研究和准确把握企业战略目标与企业文化的内在联系，找到企业战略目标的价值取向与企业文化中的价值取向的共同点。例如，如果制定事业多元化的战略目标，则就要选择以协同、和合为主基调的企业文化；如果制定事业专业化的战略目标，则就要选择以专一、专注、一招鲜为主基调的企业文化；等等。

重大投资活动或经营活动在实现企业目标和市场定位上具有标志性、决定性意义。在战略决策阶段，对重大投资活动或经营活动的战略性安排要综合考虑以下因素：一是要满足企业目标和市场定位的内在要求；二是符合自身的优势和外部环境提供的机遇；三是有利于扭转自身的劣势和赢得外部环境提出的挑战；四是在流动性约束、避免资金链断裂的前提下，为在战略实施中捕捉可能的重大投资或经营活动的新机遇留下一定的空间。

（四）以健全、完善的企业治理结构实现对战略决策权力的制衡

科学决策、民主决策是战略决策的基本要求。科学决策与民主决策本身又是对立统一的。科学决策重在科学，要求参与决策者具有足够的眼界、能力和素质；民主决策重在民主，要求参与决策者具有一定的广泛性和代表性，而其中有的参与决策者往往缺乏足够的眼界、能力和素质。因此，企业的战略决策往往陷入"科学不民主"、"民主不科学"的怪圈。为了破解这种怪圈，战略决策需要在科学决策与民主决策中找到平衡点。健全

和完善企业治理结构就是找到这一平衡点的向导和钥匙。

从广义讲，企业治理结构是通过一整套正式或非正式、内部或外部的制度或机制来协调企业与所有利益相关者（如股东、债权人、供货商、雇员、政府、社区）之间的利益关系。在企业治理结构中，通过"三会"，即股东大会、董事会、监事会的体制设计，清晰地界定"三会"和内部人的权力和责任边界，实现"三会"和内部人的权力分配和权力制衡，避免在所有权与经营权分离的情况下，内部人为了个人利益的最大化而实际全面控制企业，从而损害股东等利益相关者的利益。在平衡科学决策与民主决策中，应当在企业治理结构的框架下，将企业的利益相关者纳入参与决策的基本范围。首先，企业的利益相关者具有一定的广泛性和代表性，可以满足民主决策的要求；其次，企业的利益相关者包括董事会成员、高管等企业领导者，他们具有足够的眼界、能力和素质，可以满足科学决策的要求。因此，运用企业治理结构的机制，就可以成为平衡科学决策与民主决策的一把钥匙。

将企业治理结构机制运用于企业战略决策中，需要在界定"三会"和高级管理层的权力和责任边界中科学界定"三会"和高级管理层在战略决策中的权责，这是因为权责的划分直接决定着对战略决策的影响力。同时，企业目标和市场定位直接关系到、联结着不同利益相关者的切身利益，债权人、供货商、政府、社区等企业外部的利益相关者又是实现企业目标和市场定位的外部资源，因此，在企业战略决策中运用企业治理结构机制，还要关注和处理好以下问题：一是拥有董事等职位的主要利益相关者在运用自身的影响力影响企业战略决策中，如何尊重和适度兼顾次要利益相关者的利益；二是利益相关者中的内部人，即高级管理层，在掌握企业关键信息上拥有优势，如何将这些关键信息与企业股东等其他利益相关者共享，解决其与企业股东等利益相关者之间信息不对称问题，以利于企业股东等其他利益相关者更好地参与企业战略决策，提升他们参与企业战略决策的质量和水平；三是不同的利益相关者具有不同的利益诉求和价值取向，如何协调他们之间的不同利益诉求，提升他们的价值观认同度；等等。

此外，一些案例表明，有的企业股权过度集中在董事长和高管手中，他们大权独揽，为了自己利益的最大化，往往作出与企业愿景相悖的战略选择，严重侵害中小股东和其他利益相关者的利益。导致这种情况发生的一个重要原因就是这些企业的企业治理机构不健全、不完善，股东大会和监事会形同虚设。有鉴于此，通过健全和完善企业治理结构，还可以有效制衡董事长和高管等大股东的权力，避免他们的权力滥用，从而控制相应的战略决策风险。

二、战略实施风险的控制方法

（一）提高战略执行力

即使是完全科学的战略决策，如果执行不当，偏离预期的轨迹和路径，也会导致战略失误，给企业带来重大损失。为此，在控制战略实施风险上，首当其冲的是提高企业的战略执行力。

企业战略的执行由高级管理层负责领导指挥，中层管理人员负责贯彻落实。要提高战略执行力，企业就需要围绕这两个层级的责任主体，着力提高他们的以下能力：

第一，战略领悟能力。在战略正式下达以后，高级管理层和中层管理人员首先要明确需要做什么、希望怎么做，这就要全面、到位、准确地领悟战略。要充分领悟战略决策，以把握企业发展方向和发展全局；要准确领悟战略意图，以确定正确的工作策略，把握好战略推进的节奏。如果没有领悟好战略，一知半解就开始埋头苦干，则到头来力没少出，活没少干，但结果一定是事倍功半，甚至前功尽弃。清楚悟透一件事，胜过草率做十件事，并且会事半功倍。

第二，战略计划能力。在领悟战略以后，就要根据战略决策制定执行计划和行动方案。中层管理人员要在分管的高管的领导下，根据企业目标，制定本部门、本子单位的具体目标、年度目标和季度目标等；根据所制定的目标，确定、分解和分配工作任务，把各项工作任务按照轻、重、缓、急列出计划表，由下属来承担完成。在制定执行计划和行动方案中，要新思想先行，要以创新的精神创造性地确定该做的工作；要"高瞻"，跳出本部门、本子单位的局限，站在整个企业的高度看待自己的工作；要"远瞩"，以设定的战略规划期内应当完成的工作目标和任务，倒推年度、季度、月份、每天的工作目标和任务。

第三，战略指挥能力。在将贯彻落实战略决策的执行计划和行动方案付诸实施后，高级管理层和中层管理人员要总揽全局，运筹帷幄，指挥员工将战略蓝图变为现实。指挥中要以企业目标和价值观统一员工的思想，以企业利益与员工利益的一致性、企业与员工是命运共同体的理念来解决员工的认识问题，激发其努力工作的内生动力；要实行目标责任制，把工作任务分解落实到每个员工，明确工作的时间要求和质量要求，并按此进行考核，实行奖惩分明；要主次分明，纲举目张，始终把握关键性问题，不能因处理琐碎的工作而影响了应该做的重要工作，注重"二八定律"，即做好20%的重要工作，等于创造80%的业绩；要注意和改善指挥方式，好的指挥可以激发员工的意愿，调动其积极性和创造性，提升其责任感和使命感，指挥的最高艺术是员工能够自我指挥。

(二)提高战略控制力

在战略及其执行计划和行动方案付诸实施以后,高级管理层和中层管理人员要加强对实施过程的控制,提升战略控制力。控制就是跟踪考核,确保计划和方案落实、工作任务完成、预期目标达到。

控制要掌握好力度和方法。控制与被控制始终是对立统一的。控制力度不够或操之过急,不会达到控制效果,甚至欲速则不达;控制过严会使员工口服心不服,工作中会应付敷衍,不会有积极性、主动性和创造性;控制不力则可能工作纪律都难以维持。最理想的控制就是让员工通过目标管理方式实现自我控制。

控制要加强绩效考核,对照企业目标分析执行中的差距,并制定和实施纠偏策略。控制也要充分应用现代信息技术,实时获取企业在战略实施过程中各个部门、子单位执行工作计划和方案的信息,以利于及时发现问题,及早解决问题。

(三)提高应变能力

战略实施风险往往源于主客观条件的变化。在企业的战略决策付诸实施以后,战略决策所依据的外部环境、内部资源和竞争能力与决策时相比会发生意外变化,导致战略决策无法按照原定目标和路径实施。对此,高级管理层和中层管理人员要不断提高应变能力。

首先,应变就要识别变化。识别变化需要判断。判断就是要洞察先机,未雨绸缪;判断就是在纷繁复杂的非预期变化中透过现象看本质,去伪存真、由表及里,找到问题的症结所在;判断就是要识别轻重、主次、缓急,以便提出解决方案;判断就是危中识机,化危为机。

其次,应变就要建立应变机制。要建立重大变化预警系统,制定应变策略,准备应急预案,建立应急管理组织,预留应急资源。

最后,应变就要创新。非预期变化出人意料,会带来新问题,产生新矛盾。破解新问题、解决新矛盾不能靠老办法、老套路,而要靠创新。创新是对传统的突破,对现实的超越。创新需要创新思维,敢于和善于突破习惯、逻辑、权威的束缚,突破现有工作计划方案的束缚;创新需要能力支撑,要强化探索实践能力,要说起来有看法、做起来有办法,要通过系统的学习、理论联系实际的学习、融会贯通的学习来不断提升创新能力。

第六章　金融科技的发展背景

第一节　金融业的发展趋势

万建华在《金融 e 时代》一书中指出，信息技术与金融业实际上是"同源"的，它们有着相同的基因——"数字"。正因为二者"同源"，金融活动表现出对信息技术很强的依赖性，而信息技术又一直驱动着金融业不断发展和金融行业格局的改变，信息技术不仅能够引起金融创新，产生新的金融工具和交易方式，而且还可能影响现有的金融模式，比如互联网的发展引致的金融业去中心化，引发的市场对金融机构的替代以及无形市场对有形市场的替代。

随着信息技术和金融业的发展，二者逐渐融为一体，可以说，没有信息技术，就没有现代金融业。近几十年的金融创新，无不与信息技术有关，信息技术对于金融业具有举足轻重的作用。

一、信息技术在金融业中的应用

金融业的几次信息化革命，一开始主要运用到银行业，主要表现在银行内部的账务处理、银行间的互联、银行与客户之间的交互等方面，与此同时，促进了银行业新产品的出现，比如信用卡、ATM、电话银行、网上银行、手机银行等。后来，随着金融业内部的专业化分工，信息技术又逐渐运用到保险、证券、基金、支付等领域，而金融业的支付清算与信息技术的联系最为紧密，支付清算先后经历了电报、计算机与互联网等阶段，金融业的支付清算的演变过程本身就是一部信息技术史，这主要源于人们对支付清算效率的要求。总之，信息技术在金融业中无处不在，已经广泛渗透到金融业的各个领域。

（一）信息技术在银行业中的应用

世界上第一台计算机在诞生之时又重又笨，当时没人能想到信息技术能够运用到金融领域。20世纪60年代，信息技术开始引入银行业务中，自IBM公司的702型计算机首次被安装到美洲银行以来，各种类型的计算机不断被引入金融业，在第一阶段，银行主要运用信息技术来辅助和支持业务发展，比如数据保存、财务集中处理等，主要是实行办公自动化，即手工操作向计算机处理转变，但当时信息技术还不够发达，银行信息系统分散而封闭。在第二阶段，信息技术的快速发展与成本的大幅降低，为银行业广泛应用信息技术提供了有利的条件，这一阶段银行实现了联网实时交易，同时，内部网络电子银行开始兴起，出现了POS机、ATM等。在第三阶段，以20世纪末美国第一家网络银行——安全第一网络银行（SFNB）的诞生为标志，出现了网络银行、电话银行、手机银行和电视银行等新型服务渠道，客户可以在任何时间、任何地点，以任何方式获得银行服务。这一阶段的创新使银行业务发生了革命性变革，突破了银行、保险、证券之间的分业限制，使金融业不断融合。银行业务发展，反过来又增加了对信息技术的需求，出现了大量IT外包活动。

近年来，随着大数据的兴起，云计算、量子计算、数据挖掘、人工智能等技术在金融业中得到广泛应用，使得银行业具备了数据的储存、搜集以及分析处理能力，出现了完全基于"互联网基因"的直销银行、网络银行等，比如网商银行、微众银行，其全部采取网络化经营，坚守"小存小贷"，利用大数据技术来为小微企业、个人消费者提供金融服务。

总之，信息技术逐渐运用到商业银行的各个领域，比如，支付清算、产品设计、自动柜员机、零售终端、银行卡、智能卡、业务办理、网络银行、手机银行、直销银行、智慧银行等。商业银行利用计算机提高业务处理效率、改善服务水平，并由此引致许多新型金融产品的出现。如今，信息技术已贯穿于商业银行的各个环节，并表现出强烈的移动化趋势。

（二）信息技术在证券业中的应用

曾几何时，穿着红马甲的交易员，做着各种手势，争分夺秒地打电话和下订单，成了证券交易所里的一道风景线。信息技术的发展使得这一切成为历史，以前通过电话和传真委托的交易，现在都可以通过网上交易系统来完成。证券公司的交易大厅也逐渐被网上交易所取代。

我国证券业尽管发展较晚，但信息技术对其的影响非常深远，先后经历了集中交易、网上交易、手机证券等阶段。现在大多数客户都习惯于网上交易，开户后下载一个简单的交易软件，就可以在家炒股，并且随着人工智能的发展，出现了智能投顾，未来，电脑还可能在多数领域取代人脑进行决策。

（三）信息技术在保险业中的应用

信息技术最初在保险领域的应用主要是保险产品电子化，即电子保单，同时，保险销售也部分电子化了，主要是网络营销和电话销售等。比如，英国10家最大的车险公司都有自己的电话销售系统，1/3的私人汽车保险业务是通过电话系统完成的。随着信息技术的发展，保险产品的电子商务平台也被逐渐开发出来，提高了客户的自助能力，同时也加强了保险公司和客户之间的联系，如在线交易、金融规划、在线报价和信息共享等。

一些保险公司网上保险的业务量已经发展到一定规模，出现了一些纯粹的互联网保险公司。我国网上保险仍处于初级阶段。大多数保险公司只是建立了自己的门户网站，而网上销售和网上交易基本还不够普遍，但近年发展迅速。平安公司推出了货运险网上交易系统，但我国保险业的信息化水平还远远不够。后来放心保成功上线，兼具B2B和B2C交易模式，属于网上保险的一类，同时也是保险产品的第三方销售平台。阿里巴巴、中国平安和腾讯联合设立的众安在线财产保险公司，突破国内现有保险营销模式，以互联网销售和理赔取代实体分支机构，这是中国保险业在金融创新上的一次破冰，出现了完全意义上的互联网保险。此外，我国还出现了网络保险支持平台，如中国保险网、易宝网等。

二、金融业的移动化趋势

金融业的移动化趋势，又被称为移动金融。移动金融是一个比较宽泛的概念，泛指通过移动终端，利用移动互联网技术，实现金融机构与客户、客户与客户的交互、金融机构与客户的交互等，目前，移动金融的形态主要有移动支付、移动理财、移动借贷、移动金融信息服务等。未来，随着技术的发展，金融业可能会突破时空的限制，届时，每个人手中都有一部手机等移动终端，产品设计、产品定价、产品销售、风险管理和信息处理，完全可以在每个人的手上完成，以移动互联网为代表的现代信息技术，将会对现有金融格局产生根本影响。

移动金融具有可定位、可摄像、可识别等特征，并且能够随时随地提供各种金融服务（在任何碎片化时间，无论是在地铁上，还是躺在床上，甚至是上厕所，人们只需动动手指，就可享受到金融服务），这是其区别于其他金融业态的主要特征（网上银行只是突破了时间的限制，没有完全突破地点的限制）。

移动金融依赖的介质包括一切可移动的设备，主要有手机、iPad、汽车、无线POS机、智能手表（比如苹果的iWatch）、眼镜、戒指、衣服、工牌、笔、身份证，甚至可能是人体的某一部位，或者是以上移动介质的组合。

第二节 科技与金融结合的理论基础

一、科技

(一)科技的概念

科技即科学与技术的统称。"科学"一词最早来自拉丁文"science",主要有知识和学问的意思。实际上科学就是通过对普遍现象、普遍真理的发现、积累和分析,所形成的反映人们对自然、社会、思维等客观规律的分科的知识体系,它包含了人类生活的各个领域。"技术"一词来源于希腊词汇"techne",主要指生活中的个人手艺和技巧。18世纪的法国哲学家狄德罗认为"技术是为某一目的的共同协作组成的各种工具和规则体系"。随着人类文明的不断发展,技术的范围也在不断扩大,运用在人类生产生活的各个领域。简单来说,技术是人类通过积累生活经验和劳动技巧所形成的达到特定目的的操作经验和操作方法。

总的来说,科学与技术是统一辩证体,是通过理论调查、研究与实践事物之间存在的客观联系和规律,所得到的快速、便捷、高效的特定目的的方法和手段。二者是相互依存、相辅相成的。

(二)科学与技术的关系

1. 科学与技术的区别

(1)科学与技术本质不同

科学是人类通过对自然界、社会等客观现象的了解所形成的知识体系,其存在有一定的必然性。科学形成的取得过程正是人类对于客观世界的本质和规律的发现过程,科学主要解释了自然客观现象的本质和其出现的原因。而技术的存在有一定的偶然性,技术进步的过程是人类通过已经建立的科学体系,对已知事物进行利用和改造,并通过发明、试验和总结形成新的方式和方法来维持、协调和发展人与自然界的关系。技术的存在有着很强的实践性,每一项技术的出现和革新都是为了实现人类自身的愿望而提供便利,技术可以说是对科学的实践运用。

（2）科学与技术的研究目标和社会价值不同

学者对科学的研究往往是探索的过程，是为了在人类未知的领域有所发现，科学研究的目的往往是为了通过加深人类对自然界以及人类对自身的了解，进而形成更加系统和完善的知识体系，而科学研究所取得的成果未必能在实际生活中直接运用或造成大的影响，科学的价值在于其正确性和深刻性。而技术的研究具有明确的、清晰的社会目的，经济利益、军事利益或社会利益是技术发展与创新的根本动力。所以技术的价值在于其经济性、可行性和先进性，一项技术价值的高低主要取决于其能否为人类所用。总的来说，科学研究的目标是为了教导人们，而技术研究的目标是为了服务大众。

（3）科学与技术的载体不同

科学活动主要以知识形态存在，其载体主要以报告、著作、书籍等为主，而技术活动的产物主要以物质形态出现，其载体主要以设备、产品、软件等为主。同时，科学活动的成果及价值往往很难用数字或金钱来衡量，而技术活动的成果往往可以量化，甚至可以直接将技术作为商品进行买卖。

（4）科学与技术的生命周期不同

科学往往是永恒的，人类在不断探索自然事物的同时，科学以知识体系的形态在被不断积累，科学探索亦是由浅到深，由未知到已知的一个循序渐进的过程，所得到的科学知识不会随着时间而逐渐消失，只会在探索和发现中不断被补充和纠正。而技术往往具有一定的生命周期，随着人们知识体系的不断完善，技术也在被一次次地突破和更新，在技术领域总是会出现新技术代替老技术，新发明取代旧发明的现象。所以理论上说，每一项技术都有一定的寿命，一旦新技术被开发利用，旧技术就会被逐渐淘汰。

2. 科学与技术的联系

（1）科学是技术进步的理论基础

技术的进步往往依赖科学的发展。因为科学发展帮助我们不断扩大自身的知识体系和对身边事物以及未知事物的理解，人们通过对新的知识领域的发现，更容易了解现存技术的不足和改善空间，以达到不断更新技术的目的。

（2）技术是科学研究的必要手段

科学的发展同样也需要技术的支持。因为技术不仅在一定程度上体现了科学的价值，其本身也为科学探索提供了工具。科学研究所经历的观察、总结、数据分析、实验等步骤都要通过不断更新的技术设备予以实现。

（3）二者是统一辩证体

科学与技术之间是相互渗透、相互转化的，二者是统一辩证体。随着人类对科学领域的不断探索和对技术领域的不断创新，科学与技术已经逐步趋于一体。人们通过科学发现来不断更新现有技术，又通过一次次技术突破来为科学发展服务。二者的联系越来越紧密。许多新兴技术特别是高新技术的产生和发展就直接来自现代科学的成就。科学与技术的协调统一发展已经成为社会进步与发展的内在动力。

3. 高新技术的含义和特征

高新技术主要是指高智力含量、高科技含量、高创新意识、高专业指向、高国际竞争力的技术。高新技术亦包含人类生活的各个领域，如生物、电子、数字、空间、新能源、信息等领域。21世纪的社会已逐渐发展成为信息社会和科技社会，随着各国科技的发展，高新技术已在各个领域得到广泛应用。而国家间高新技术领域的竞争已成为国际实力竞争的主要内容之一，一个国家高新技术领域的发展是否领先也决定了该国国际竞争力的强弱。美国的"大学研究院区"、日本的"科学城"、中国的"高新技术开发区"等都是各国为提高自身高新技术研究和发展所创建的高新技术产业开发区。我国高新技术产业化成果显著，在航天、电子、通信、新能源汽车、高速铁路等方面都取得了很好的成绩，很多方面的技术也已步入世界先进行列。

高新技术发展之所以能成为21世纪影响社会发展和国际竞争力的重要因素，与其自身的特征是密不可分的。

（1）高新技术具有高智力性

21世纪的国际竞争是高新技术的竞争，归根到底是人才的竞争，因为人才和智力是高新技术开发研究的内在动因。国家之间的高科技竞争已逐渐转移到人才的竞争上来，所以高新技术企业往往是人才密集型企业，也只有如此，才能保证企业在科研开发中充满活力。

（2）高新技术具有高创新性

高新技术的研究目的，是为了通过知识积累、科研开发、实验应用，将所得到的高新技术产业化，从而改变人们的生活现状，增强国家的国际竞争力，探索未知的技术领域。简单来说，高新技术就是为了创新而存在，科研开发的过程本身就是创新的过程。

（3）高新技术具有高风险性

人们对高新技术研究和开发的过程，是不断探索的过程，其创新性决定了它要打破常规，所以高新技术的实施具有风险性，高新技术投资和收益不一定成正比，而高新技术的开发过程必将面临许多失败，如何将高新技术市场化、产业化一直是高新技术开发所遇到的难题。而高新技术的高风险性特征也决定了科技型企业必将遇到融资难的问题。

（4）高新技术具有一定时效性

由于行业间、区域间甚至国家间的技术竞争异常激烈，所以高新技术的时间效应相当明显，一项新技术被开发利用，只有及时将其投入使用，才能取得理想收益，一旦没有及时投入使用，该项技术很容易被复制甚至淘汰。

（5）高新技术具有高收益性

高新技术的应用初期，必将伴随技术的稀缺性和高效性。一旦一项新技术被成功市场化和产业化，其开发者和应用者就会在市场中占有一席之地，不仅会为市场提供稀缺产品和服务，也会在行业竞争中以高效生产或低成本生产而保持领先。所以高新技术的合理运用必然会带来可观的收益。

二、金融

（一）金融的概念

金融的本质就是价值的流通，即对现有资源进行有效配置后，实现其等效价值的相互交换。在金本位时代，黄金因其稀缺性等特定属性，作为价值的代表和标的物，金即黄金，融有流动、融通的意思。所以金融就是价值的流通。传统意义上的金融主要是指存款、贷款和结算这三大传统金融活动业务。而随着全球经济的发展和各国金融系统的完善，现代意义上的金融包括的范围更广，无论是货币的发行、兑换、结算，外汇的买卖，有价证券的发行、转让或是保险、信托等一系列金融活动，都在金融的范围之内。总的来说，金融就是指一系列与资本流通和信用交换相关的一切经济活动。

（二）金融体系

金融体系是指在一个国家或一个经济体范围内，由金融部门、金融中介、金融市场和金融个体组成的，在金融立法和金融监管的调控下进行金融活动的经济模式的统称。其中金融部门主要指政府机构、政策性银行等为非金融机构提供金融服务的各个部门。金融中介主要包括商业银行、专业性银行、保险公司、信托公司等从资金盈余单位获取资金提供给资金缺乏单位，并通过信用评估、资源配置、信息管理等方式为政府、企业和个人提供金融服务的中间机构。金融市场是指资金提供者和需求者通过货币交易和资本交易完成资金融通的市场，其既是有形市场又是无形市场，并随着经济发展与科技进步逐渐由有形市场向无形市场转变，包括商业票据市场、保险市场、股票市场、债券市场等。金融个体多指参与金融活动的企业或个人。金融立法主要是指一国政府为了维护金融市场有序及公正的运行，所形成的一套维护金融市场安定和维护金融个体利益的法律体系。金融监管指政府对金融市场进行风险控制、对金融行为作出严格把关，并对违规违法的金融行为作出处理的监管机制，主要的监管部门包括银行监管部门、证券监管部门、保险监管部门等。

由于金融体系在不同国家和地区有着很大的区别，所以很难对全球金融体系作出统一描述。例如在美国，金融市场在整个金融体系中的作用最为显著，政府及政策性银行对整个金融体系的影响作用不大。而在德国的金融体系中，几家大银行在金融活动中发挥支配作用，金融体系受金融市场的影响不大。在中国，金融体系是由政府主导的，政府对金融市场进行干预，从而保证金融活动得以有序进行。

（三）广义的金融与狭义的金融的范围

广义的金融包含的金融活动范围较广，是指资金的需求方和供给方利用各种金融工具，通过各种金融市场和金融中介进行的一系列金融活动，包括金融机构之间、金融机构与客户之间、金融机构与金融中介之间、金融中介之间以及金融中介与客户之间等各种完成货币、有形资本与无形资本等金融流通的金融活动，如存款、贷款、信托、租赁、保险、票据抵押与贴现、股票和债券买卖、黄金外汇交易等都是广义金融的范畴。

狭义的金融则专指信用货币的流通。信用货币是指以信用为担保，通过信用程序创造和发行的货币。

（四）金融的功能

1. 储蓄和投资功能

储蓄功能是金融系统最基本的功能，对于资金盈余者而言，长期搁置盈余资金不仅会有一定的安全隐患（盗窃、抢劫、意外灾难等），而且还会随着通货膨胀逐渐降低其价值。金融系统为资金盈余者提供了安全和可投资性的机构，不仅能有效保障资金的安全，亦使资金盈余有机会从投资中获得可观收益。其可将盈余资金存入银行，以收取利息，亦可将盈余资金投资于资本市场，以获得更好回报，例如股票、债券、期货市场等，但金融的投资功能同样对投资者带来一定的风险。

2. 融资功能

金融系统的融资功能主要指帮助资金短缺者从金融机构或金融市场获取资金。许多企业和创业者在企业创立初期或成长期，都需要大量的资金支持来维持企业的发展和壮大，因而都在金融市场上充当着资金短缺者的角色。因为金融系统的存在，满足条件的个人或者组织都可以从银行等金融机构获取贷款，更可以通过吸引风险投资和创业投资基金来实现自身的发展。

3. 金融资源配置功能

对于整个社会而言，金融系统最明显的功能就是完成社会金融资源的有效配置。金融系统通过金融储蓄、金融借贷、金融担保、金融信用评估、金融资本抵押等一系列手段，以政府或市场为主导，将金融资本从资金盈余者向资金稀缺者转移，大大提高金融资本的利用效率。日益多元化的金融产品和多层次的金融资本市场，在帮助资金盈余者从储蓄和投资中获利的同时，更多地帮助了资金稀缺者完成资本注入，促进了企业的成长，为社会经济的蓬勃发展注入了无限动力。当然，在对金融资源进行有效配置的同时，也不可避免地带来了风险。

4. 流动性功能

金融的本质就是价值的流通，因此，金融系统的流动性功能也是其与生俱来的特质。在对金融资源整合配置的过程中，金融资本以货币、股票、债券、期货、保险等众多形式在金融市场上流动，金融系统的流动性功能，保证了金融资本的高效利用，为金融资源有效配置提供了必要条件。

5. 结算和支付功能

金融系统的存在，赋予了股票、债券、期货等众多金融产品货币的功能，有价证券在现代经济中的结算和支付功能越来越明显，有价证券的价值性和流动性使得其拥有了一定的货币属性，在结算和支付过程中，金融产品的所有者往往更倾向于用其来代替货币（现金流）。但与货币不同，由于金融系统本身的性质，决定了金融产品的价值会随着市场环境的变化而改变，并不像现金一样有固定面额，所以，用金融产品的结算和支付功能也同样伴随着风险。

6. 展示和反馈金融政策功能

金融系统的建立和监管都离不开政府政策的支持和影响，特别是像中国这样，将金融政策作为金融市场发展主导因素的国家，金融政策的可行性、合理性和严谨性，对金融体系的发展有着深远的影响。金融系统自身的健康与否是对金融立法和金融政策的最直接展现。金融系统通过对金融市场活跃程度、先进程度、安全程度等一系列金融现象的展现，对政府的金融政策作出直接的反馈，以便于政府在引导、协调和监管过程中作出适当调整。

7. 风险管理功能

金融系统的组成非常丰富和多样，除了基本的银行系统和股票系统，金融系统还包括了基金、期货、期权、对冲基金等多种衍生品。各种金融衍生品和金融衍生工具之间存在着一定的联系，在投资中，充分地使用金融衍生工具并发挥其功能，可以有效地对未知的投资风险进行把控和规避，随着金融市场的不断完善，金融衍生工具之间的关系越来越密切，只要对金融衍生品进行有效使用，就可以将投资的风险逐步减少。

三、金融科技结合的未来

金融科技将从数据、风险防控、支付等多个方面改变人们的生产生活方式和行为模式，嵌入经济社会发展的各个环节，完成基于信息与价值的现代金融体系的整体重构，帮助形成一个科学防控、便捷安全支付、充分体现数据价值、信息共享的金融体系，更好地服务实体经济。

（一）数据是数字经济时代的重要基础性战略资源

未来，每个人、每家企业、每家金融机构都将既是数据的生产者，又是数据的消费者。金融科技可以充分挖掘数据价值，提高数据互通能力，促进数据的融合应用及数据价值的充分发挥。数字经济是供给侧结构性改革的一项重要内容，数据作为一种全新的生产要素被放到了重要的战略位置，推动着数字经济的深入发展，引领实体经济数字化转型。要实现数据要素的市场化，就需要与劳动、土地等生产要素一样，实现经济效益。对数据而言，就是要进行生产要素的确权、定价、流通、商业化和隐私保护，这都需要金融科技的进一步融合深化。能够实现数据要素市场化的两个关键技术支撑是区块链技术和物联网技术，而核心在于这两种技术与金融的深度融合。

1. 区块链金融与数据

区块链技术利用其智能合约、点对点传输、分布式数据存储、共享机制等核心特性，在金融领域的创新应用不断升级，带来供应链金融、产业链金融、贸易金融、资产证券化、跨境支付等落地场景的多元化发展。

数据在存储、流通过程中容易被篡改、伪造。区块链网络内各节点存储的是数据，链上交易的也是数据。区块链的不可篡改性，使得数据一旦上链，"链上"信息就变得"透明"且不可篡改。可将其与物联网技术结合，实现出入库记录和质押记录的安全存储、质押物的实地实时监控，将可信信用转化为数据上链进行存证和溯源，数据通过上链进行了确权。

在虚拟的数据资源中，各种虚拟交易信息集合在机构数据库中；银行等金融机构数据库保存了很多的客户信息，这种信息往往是机构的资源甚至是财富，可以利用数据资源实现机构的财富最大化的目标，这种通过网络储存起来的无形资产，同样也面临着安全问题。近年来，网络犯罪的数目增加，保证数据的安全是防范风险的重点。

一方面，金融机构可以利用大数据轻松获得个人信息，帮助金融机构了解消费者的需求，识别风险，为个人提供个性化、定制化的金融服务和产品，但却忽视了因数据泄露而产生的个人隐私问题。另一方面，提高资源配置效率，降低信息不对称，就要信息共享。交易产生数据，消费者的活动轨迹也会产生数据。我们都有这样的经历：如果我们在某一平台上进行了某一交易，马上就会看到与交易有关的链接出现；或者我们浏览了某一网站上的某条信息，就会有相应的广告推送。这是因为我们的数据被自动"交易"了，信息被共享了。

数据的泄露主要有两类：一是机构或企业内部人员受利益的驱使，将机构或企业内部数据泄露，由此导致的恶性竞争和报复性行为；二是机构本身的数据安全系统存在问题，外来侵入者很容易盗取数据，从而引发财产损失。数据隐私无法保障，就会产生隐私保护与数据共享的矛盾。"上链"之后，交易信息在公链上是公开的，活动轨迹在公链上也是公开的，但是账户身份信息如果在私链上没有经过信息所有人的允许并公开的话，任何平台或机构都是看不到的。因此，数据隐私保护与数据共享的矛盾可以通过区块链技术来解决。

区块链可以重塑信任机制，降低运营成本，提高服务效率，已成为银行业未来金融科技布局的重点之一。在区块链技术背景下，金融服务更加贴合实体经济，传统金融机构、产业链之间的边界将逐渐模糊。数据拥有价值，将成为产业之间、企业之间的纽带。

2. 物联网金融与数据

物联网这一概念，最早是由美国麻省理工学院的 Kevin Ash-ton 教授于 1991 年提出来的。物联网是指能够把"物—网—物、人—网—物"之间连接起来，利用射频识别（RFID）等感应器、互联网络等传感器和设备映射终端平台，进行相互通信和信息交换，以实现智能化应用的新技术。物联网可以实现无处不在的物物相连，主要有以下几个特点：一是实时监控。随时掌握目标物的状态、位置、环境等信息，并依此做出反应，这是物联网的一项主要特征。二是定位追踪。依靠 GPS 等定位系统及无线通信设备，可以对物体进行动态追踪。三是决策计量。通过网络对数据信息进行搜集、整合、处理和分析，将结果传递到物联网终端，能及时做出有效决策。四是远程指挥。各领域无须派遣专业人员实地考察，借助物联网技术传感设备就可以进行远程操控，办理业务。万物互联的时代慢慢到来，物联网技术的普及将更多新设备接入网络，形成海量数据。物联网应用也将呈现出迅速发展的趋势，促进生产生活和社会管理向智能化、网络化、高效化方向转变。

在物联网技术的支撑下，金融机构将与通信商、设备供应商等各类商家合作，供应商们为金融机构提供射频识别、定位系统、感知设备等传感器芯片，把传感器安置在各个目标上。当目标物发生变化时（比如，受监管汽车所处的位置、状态、司机的驾驶能力，产品的温度、体积变化、所处环境等），应用这些传感器设备能及时进行动态感知，搜集相关信息。在网络传输系统下，目标物的数据和状态会迅速传到商家后台，利用计算机的精准计算能力，进行数据分析和处理，然后再将有用信息通过后台告知商业银行、证券公司、保险公司、租赁公司等金融机构。金融人员可以随时根据反映的信息，在互联网络上对目标物进行远程操作。

物联网与金融的融合将资金流、信息流与实物流连在一起，利用新技术推动金融工具和金融产品的创新，深刻变革着金融领域的商业模式，在支付技术、资产管理等众多金融服务中创新业态，促进金融体系的完善。推动物联网与金融的深度融合，加快业务创新是金融业转型突破的重要战略选择。两者的融合起点为金融服务，落脚点仍是金融服务，在金融监管、动产抵押融资、智能支付和金融保险等方面，物联网技术的应用贯穿到整个金融服务流程，实现线上和线下互联互通，金融服务效率更高，金融机构资产评估更加完善。

物联网与金融体系的融合会通过一种全新的智能化架构体系实现实体经济中的物物相连。物联网技术在汽车监控、动产融资、人工智能和保险管理等方面的应用，会推动传统金融模式的一场新革命，这是当前社会发展的必然趋势和潮流。首先，在动产融资中，物联网与金融的融合发展保障了企业动产抵押的可信度，提高了银行放贷金额；在银行领域中，物联网金融使支付方式更便捷安全，信用体系更客观，大大降低信用风险；在银行移动支付中，利用物联网的感知技术进行扫描，再将数据信息整合后通过互联网络传输后台，交易双方可以及时实现资金转换，支付服务流程加快。其次，物联网与金融的融合能帮助银行对企业的融资动产进行选择和监控。提供贷款业务和租赁业务是银行主要的资金来源，物联网金融的网络化、数据化和信息化发展，可以精准确定融资产品的应用价值，如产品的盈利前景、体验价值等，使产品的物品属性与价值属性有机融合，利用传感等设备监测动产，掌握产品动态，有利于实现企业动产抵质押融资。再次，在保险业中，应用物联网感知技术掌握投保品的位置、状态等信息，通过计算机数据分析和网络层传输，保险机构进行后台管理，控制风险，实时监控投保品状态，无须人员实地考察，服务更智能、更高效。最后，物联网与金融的融合也可以有效预测金融市场趋势，加强与实体经济的联系，使得证券投资策略更加完善合理。

通过物联网络，金融机构可以随时掌握市场信息流动情况，严格把握企业的生产经营情况，全面记录客户信贷偿还历史，并将这些记录形成可靠数据登记在征信体系中，完善信用体系结构及内容，使征信系统更全面、客观、可信。进一步从不同角度对金融客户信息进行搜集和整理，对交易对象的资产状况、投资偏好和工作情况进行评估和预测，建立更加完善的风险控制体系。在未来，物联网金融融合技术会更加完善，为各个环节提供可靠的数据体系。

（二）监控是金融科技健康发展的坚实盔甲

监控，即监管与风险防控，是信息科技时代风险防范的内生存在机制。一方面，科学技术的深度应用，可以完善风险防控和监管体系，使得风险管理手段和工具科技化；另一方面，金融科技的"脆弱性"和"破坏式创新"使得金融发展暴露在复杂的风险环境中，监管科技成为风险防控和化解的重要手段。

1. 完善监管体系，科学监管金融科技

金融科技监管体系顶层设计和审慎监管是规范金融科技发展的关键。随着人工智能、大数据、物联网等技术重塑金融业态，各类金融业务之间深度交叉融合，现行的以中央全面掌控金融监管权力、各金融主管机构承担相关监管职责的分业金融监管体系将面临巨大挑战。第四次工业革命背景下金融科技迅速发展，传统金融业在金融科技的推动下日趋数字化、智能化。而大型科技公司也日渐深入金融领域，成为金融科技发展的生力军。无论是传统金融业的科技化，还是科技公司的金融化，都面临着前所未有的挑战，需要完善的监控体系和监控手段来保障金融科技的健康发展。

金融科技监控的技术落脚点在数据基础管理平台的建设、大数据补充监管信息缺失、利用分类或预测模型提升对风险的预警和感知能力上。数据权益归属问题是金融科技发展中面临的新型挑战，因此要建设数据基础管理平台，保护好各交易主体的利益，充分、公平、合理地利用数据价值，避免大型科技公司的数据垄断，促进公平竞争。在金融科技不断发展的背景下，金融监管的方式和理念也应该革新。需秉承"适应性、功能性、包容性、实验性、协调性"的监管理念，以实现监管机构之间的信息共享和交流沟通，构建监管机构与被监管机构及其利益相关方之间的平等对话、沟通交流机制。

2. 创新监管科技手段，有效防控金融科技风险

传统金融监管模式已不能适应金融科技背景下传统金融风险的新的表现形式及新型技术风险。一是信贷风险、流动性风险、操作风险等传统金融风险虽然本质上并未改变，但在金融科技背景下有了新的表现形式和延伸，更加难以准确识别和防范；二是区块链、物联网等底层信息技术因为认知或研发不到位，或应用场景不配套等产生技术漏洞。一方面，这些技术漏洞会导致数据侵权、隐私泄露等风险的产生，另一方面，技术本身的特性会加大风险的传递，引致系统性风险。

金融科技推动了金融创新，而金融创新必须要"容忍"一定程度的风险。如何在不引致系统性风险的情况下推动金融创新，完善金融风险的监测、评估、预警和处置机制是关键。"监管沙盒"，提供了一个可由监管机构相机抉择监管松紧度的"安全空间"，给市场一定的时限，提升了审核标准上的容错能力，体现了监管理念上的主动性。要提升金

融科技的风险防控能力，避免金融创新抑制，我们需要将"监管沙盒"本土化，完善具体化项目准入和退出机制，消费者保护机制、统筹协调机制，优化"监管沙盒"内各主体功能，提升金融科技监管能力。

（三）支付是金融数字化转型的重要扶手

便捷、安全的支付清算体系是现代化金融体系的重要组成部分，是金融数字化转型的重要扶手，金融数字化是推动经济高质量发展的基础支撑。资产数字化、数字产业化、数字科技等模式和业态将在金融科技深度融合的过程中扮演越来越重要的角色，由此带来的便捷的支付清算体系将是实现智慧金融的重要途径。

移动支付大大减少了纸币的市场流通量，为货币的数字化打下了基础。随着互联网技术的发展，以互联网技术为支撑的第三方支付平台在国家宏观监控下应运而生，支付宝、微信支付等更是改变了传统的方式。区块链作为新型金融基础设施的核心技术，加快了交易以及信息传递的速度，不仅银行之间可以直接进行交易支付，银行还可以通过区块链直接向客户发出支付命令，客户无须等待银行的交易进展信息，可以直接在区块链上查询到。中国人民银行也可以随时进入链上系统实施监管，同时可以通过程序设置信息推送，使信息能够被及时传递，从而避免信息传递滞后带来不必要的损失和风险。

金融科技支撑下的金融基础设施可以降低交易成本。传统的支付清算体系手续比较烦琐，需要经过层层审核才能对接交易。在此期间，每个环节都需要支付一定的审理或手续费，这样计算下来，与中国人民银行对接业务的银行所需花费会较多。而新型金融基础设施在区块链系统进行支付清算，每个需要支付业务的主体作为一个独立的节点，都能够直接进行交易，无须通过中国人民银行来实现间接交易，减少了很多不必要的开支；中国人民银行也无须作为最终清算机构来管理各个银行的业务，减少了中国人民银行清算管理费用。

随着金融科技的深度融合，可以利用区块链、物联网等技术逐步建立起新一代支付生态体系。通过物联网与大数据等科技手段了解客户的需求，根据支付需求提供适宜的支付方式，如刷脸、条码、指纹等，采取合适的交易验证手段，如密码、标记、手势、验证码、指纹等。一些边远地区、中老年人、长尾居民客户因为文化程度、基础设施等因素而不能使用现代化的金融科技手段，如何让这些群体也能快速、安全地支付是重点。因此，不需要懂科技的"傻瓜"式智能化支付手段是实现普惠金融的关键，需要研发"看懂图像、听懂语言、读懂文字"的智慧金融产品，服务线上金融服务盲区。已经进入试点的中国央行数字货币（DCEP），是基于区块链技术的加密电子货币体系，可以实现这种"傻瓜"式的智能化支付。与微信、支付宝等第三方支付平台需要线上支付、人脸识别、身份验证不同，央行数字货币不需要信号，不需要在线，甚至不需要开立银行账户或支付账户，只要手机上装有数字货币钱包，就可以使用央行数字货币进行支付，非常便捷。央行数字货币是传统货币的数字化形式，也就是人民币的数字化，与纸币可以等价交换，等同于基础货币，不会增加货币的流通量，因此也不用担心货币超发引发的通货膨胀问题。数字货币的重要性日益显现，央行数字货币电子支付将大幅推进人民币数字化进程，并有可能会挑战美元地位，进而对全球支付和货币体系发挥影响力。

第三节 金融科技对传统金融的影响

金融科技对传统金融的影响表现在诸多方面，比如，对个人贷款的影响方面，可以数据为基础，不需要抵押，而是运用大数据技术进行贷款审批，典型案例如微众银行、网商银行、百信银行等，实质是征信的货币化。再比如，对风险控制的影响方面，出现了智能风控，依赖人工智能技术计算出动态违约概率，减少对人工的依赖。这里重点论述金融科技对传统金融在如下三个方面的影响：一是金融科技对传统银行网点的影响：出现了无人柜台业务，零售业务实现全自动化管理，在农村，主要表现为手机银行＋代理商的无网点银行服务模式。二是金融科技对现金的影响：移动支付的发展，对现金具有替代作用，趋向无现金社会，但无现金不是消灭现金，而是提供支付便利，最终将选择权交给用户。三是金融科技对银行卡的影响：移动金融可能替代物理银行卡或者成为物理银行卡的重要补充，未来的银行卡更多的是虚拟银行卡，是观念上的银行卡。

一、金融科技对传统银行网点的影响

移动金融对传统银行网点的影响，主要表现为手机银行＋代理商的无网点银行服务。无网点银行服务一般是指在传统银行网点之外，通过代理商或第三方中介机构作为与客户接触的主要渠道，并利用移动终端（如 POS 终端和手机）来发送交易细节。无网点银行模式可以在一定程度上替代传统物理网点。

实际上，非现金业务客户可以直接通过手机等移动终端来完成，而无网点银行服务为什么还需要代理商配合？这主要是为了满足客户现金存取的需要。下面，我们重点分析几种无网点银行服务的模式，分析其如何实现现金存取。

（一）无网点银行服务的几种模式

1. "手机银行＋移动运营商代理商"的现金存取模式

手机银行用户可使用银行发放的银行卡，或者是由移动运营商提供的手机银行虚拟账户；代理商可安装POS机设备，或者持有具有手机银行功能的手机。如果客户想在代理商处存款，只要刷一下手机，银行就会自动从代理商的账户中扣除等量金额，作为客户的存款资金。客户存入的现金则由代理商保留，以抵消其在银行／移动运营商账户中的扣款。如果客户希望提取现金，则流程相反。代理商先提供现金，银行或者移动运营商则会向代理商账户中补入相等金额。通过手机银行，客户获得相关金融服务的同时，免去了频繁往返银行的劳顿之苦。这种模式的典型代表是肯尼亚的 M-PESA。

2. "手机银行＋银行代理商"的现金存取模式

利用手机银行通过银行的代理商来实现现金取款，比如中国银行"手机取款"代理业务，取款人无须开立中国银行账户。具体交易过程如下：汇款人登录中国银行手机银行，点击"手机取款"，输入取款人姓名、手机号码、汇款金额（单笔限额和日累计限额均为2000元）等信息，并发起一笔汇款交易，取款人仅凭汇款编号、取款密码，就可以到中国银行手机取款代理点取款（代理点多为持续经营的超市）。取款时，代理点工作人员登录手机银行或网上银行核实相关交易信息后，银行会给取款人和代理点同时发送短信提示，取款人从代理点领取现金，中国银行则把等额资金转入代理点账户（这一过程和交易确认的过程同时进行）。为确保顺利取款，客户需要先电话联系代理点确认代理点有足够现金。

巴西是银行代理的典型代表。布拉德斯科银行把邮政网点作为其代理商；联邦储蓄银行主要通过彩票投注站来代理政府津贴等业务；巴西银行和柠檬银行与超市、药店、小商店、加油站等代理商签署协议，通过其网点开展各种金融服务。银行向代理商提供POS机、电脑、网络设备、ATM等设备，代理商接受培训后即可开展业务并会获得相应报酬，而在其中手机银行和POS机发挥了重要作用。这种模式现金存取款的基本原理，与手机银行＋移动运营商代理商的现金存取模式类似。

3. "手机银行＋邮政"的现金存取款模式

这种模式与"手机银行＋银行代理商"的现金取款模式的区别主要在于，邮政（代理商）的主要任务在于帮助投递取款通知单，客户本身不在邮政存取款。典型代表是邮政系统的手机银行按址汇款，实质也是通过手机银行取现。通过此功能，客户（需开通邮储银行的手机银行）可以按收款人提供的姓名和地址等信息，以投递取款通知单（邮储银行与邮政合作）的方式完成汇款。这项服务的意义在于，有些偏远地区的农民没有银行卡（金融账户），但按址汇款是适用的。这种模式如果要实现现金存款，则需要在邮储银行网点开立金融账户。

此外，中国邮政储蓄银行、农信社、农商行等推出的助农取款服务，也是通过代理商实现现金取款。

4."手机银行+ATM"的现金存取模式

"手机银行+ATM"的现金存取模式，在我国主要表现为手机银行无卡取现。这种模式目前在我国城市地区比较普遍，这是因为这种模式需要银行网点（包括自助银行网点）配合。

手机银行无卡取现首先由交通银行推出，此后大部分商业银行也推出了类似业务。持卡人事先要通过手机银行预约ATM取款。预约后，凭预约手机号码、预约号及预约银行卡的取款密码，即可实现无卡取款，而无须向ATM插入银行卡。持卡人不仅可以在本人忘记带卡（或银行卡遗失）时应急取现，还可以为远方急需现金的亲友提供便利的取款服务。更重要的是，这项服务使持卡人免于不法分子在ATM上设置盗卡装置等带来的潜在安全威胁。在这种模式下，如果要存款，直接在ATM上操作即可（但前提需要客户拥有金融账户，如果要向其他人汇款，也需要对方拥有金融账户）。

在这种模式下，手机的定位功能，可以帮助客户快速查找到附近的ATM。此外，移动运营商推出的手机银行，也可以与银行等机构合作，推出无卡取现等功能，如肯尼亚的M-PESA。

（二）肯尼亚M-PESA[①]

M-PESA，一开始，其主要是为了满足穷人汇款需要，发展到后来，可以通过其完成转账、汇款、取现、话费充值、付账、发工资和偿还贷款等业务。M-PESA不仅能在国内汇款，在海外，也可以向M-PESA用户汇款。

M-PESA的一大创新是可以向没有银行账户的客户汇款，可以通过代理商或者合作银行实现现金存取款。M-PESA存取款的具体操作流程如下。

1.操作流程

（1）存取款流程：代理商

如果客户是M-PESA注册用户，取款流程如下：查找附近的M-PESA代理商；确认代理商有足够的现金；向代理商出示你的手机号码和初始ID；在M-PESA菜单上选择取款；输入代理商代码、取款金额和PIN；选择提交，这时会弹出一个提示页面（在该页面至少停留15秒，才能进行下一步操作），需要客户核对取款金额、代理商等信息是否正确；点

① 傅长安，李红刚，杨航.肯尼亚M-PESA手机银行发展经验及其对我国普惠金融发展的启示[J].武汉金融,2015,（第10期）：50-52.

击确认后，系统会同时给客户和代理商发送短信提示；代理商向客户支付现金，客户在记录簿上签字确认，交易完成。

如果客户不是 M-PESA 注册用户，取款流程如下：查找附近的 M-PESA 代理商；确定代理商有足够的现金；向代理商出示你的手机号码和初始 ID；代理商输入客户短信中的"一次性代码"；点击确认后，客户和代理商会收到交易确认的短信；代理商向客户支付现金，客户在记录簿上签字确认，交易完成。

M-PESA 存款流程比较简单，但前提是需要客户注册 M-PESA，具体流程如下：携带手机和初始 ID 到经授权的 M-PESA 代理商处；告诉代理商你的存款金额；代理商利用手机等移动终端，把相应金额的电子货币转入你的账户；发送交易确认的短信。

（2）取款流程：合作银行的 ATM

在合作银行 ATM 上取款，需要客户是 M-PESA 注册用户。目前，M-PE-SA 主要的合作银行有 Pesa Point、Equity Bank、Diamond Trust Bank、KCB、Family Bank、NIC Bank。

①客户在手机上操作。

第一，在 M-PESA 菜单上选择取款；

第二，选择从 ATM 上取款；

第三，输入代理商代码；

第四，输入你的 M-PESA PIN。

以上步骤完成后，就会收到一条含有 6 位数授权码的短信提醒。

②客户在合作银行的 ATM 上操作。

第一，在 ATM 上点击 M-PE-SA；

第二，选择语言；

第三，输入 6 位数的授权码；

第四，输入你的 Safaricom 手机号码；

第五，输入取款金额，完成取款。

2. 盈利模式

M-PESA 的主要盈利点来源于转账手续费，同时向汇款方和收款方收取。需要说明的是，M-PESA 账户最大余额为 10 万先令，每天转账不能超过 14 万先令，而每次不能超过 7 万先令。

账户查询和更换 PIN 号码也要收费，但账户注册、存款和通过 M-PESA 进行话费充值都免费。M-PESA 还收取一定的取现费，客户主要从代理商处取现，但 M-PESA 的代理商不受理50先令以下取现。

M-PESA还打通了移动运营商和银行之间的通道，可以实现M-PESA账户和银行账户之间的转账，同时也可以通过银行的ATM取现，但取现要收取一定的手续费。

M-PESA在支付、现金存取款等业务的基础上，与银行合作，推出了M-Shwari等信贷产品，通过信贷产品获取一定的收益。

3. 主要优势

（1）规避了金融监管

M-PESA的虚拟账户设计使其不属于肯尼亚法律下的银行活动，因此Safaricom可以根据自己的商业判断选择代理商，Safari-com和Vodafone不对代理商的经营负责。M-PESA客户协议规定，Safaricom对代理商提供M-PESA服务项目中出现的问题不承担任何责任。对M-PESA这种由非银行机构主导的无网点银行服务，监管部门除了要求把客户储值的资金存入多家银行外，基本上没有什么严格监管。

（2）实现了现金存取业务

M-PESA引入了邮局、药店、超市等代理商，通过它们来提供现金业务，满足了肯尼亚民众汇款的需要（肯尼亚银行系统不发达，民众大多没有银行账户）。

（3）方便快捷、兼容性强

客户可以不用下载移动应用程序，操作方便快捷，其系统以非结构化补充业务数据的代码为基础，可以应用于每个能发短信的手机，这大大拓展了其使用范围（肯尼亚网络基础设施还不发达，很多手机还不能上网）。

（4）移动运营商的作用举足轻重

移动运营商在农村地区网点（代理商）多，新增业务所带来的边际成本低，因此，移动运营商有动力来推广M-PESA。

4. 主要劣势

（1）安全性较差

M-PESA的终端大多为山寨手机，手机安全性较差，通过这种手机进行金融活动容易受到攻击，存在一定的操作风险。

（2）存在交易延迟

技术问题可能导致交易延迟，在某些情况下延迟可能会持续一整天的时间。

（3）交易费用较高

M-PESA同时向汇款方和收款方收取手续费，但有胜于无，与落后的银行系统相比，M-PESA具有一定的比较优势。

二、金融科技对现金货币形态的影响

金融科技对现金货币形态的一个重要影响是货币数字化。货币数字化既是金融科技快速发展的前提条件，又是金融科技发展的客观结果，加之移动支付的配合，这种客观结果在一定程度上就替代了现金。

（一）货币形态的发展演变

货币形态的演变经历了商品货币、贵金属货币、代用货币和信用货币，当今社会处于信用货币时代，主要表现为纸币和一部分数字货币。与此同时，支付方式也随货币形态的演变而不断演变，经历了实物商品（比如牛、羊、铁、贝壳）、贵金属（比如金、银）、保管凭条、现金、银行卡、支票、网上支付、移动支付和电子票据出示和付款（EBPP）等。目前主要的支付方式表现为现金、纸基票据、电子化形式的支付卡、网上指令支付、电话指令支付和移动支付等形式。

货币形态的演变主要源于技术的进步和需求的推动，比如，技术的进步使得数字货币成为可能，需求的推动使得数字货币成为现实。

（二）电子货币

虽然人们对电子货币给出了不同定义，但一般来说电子货币具有如下特点：一是以虚拟账户代表货币价值；二是储存于电子装置，通常是电子货币发行机构的服务器，但有时也存于客户的卡片上；三是电子货币有通用目的，是发行机构及其密切的商业伙伴以外的实体可接受的支付手段。已有对电子货币的定义，更多地强调电子货币是事先储值，是一种预付支付机制。在当下，电子货币被广泛用做交易手段和价值储值，与中央银行的通货相对应，是法定货币的数字化、电子化，可以很容易地与实物货币相互转换；电子货币的数据对应着同等数量的实物货币；我们需要向电子货币的发行者（银行等金融机构）支付实物货币换取等量的电子货币。电子货币的提供主体主要是商业银行，如存款和数字支票（记账货币）。电子货币的提供主体还包括第三方支付公司、移动运营商等，典型代表有：一是肯尼亚的M-PESA，是由移动运营商发行的，基于移动运营商的虚拟账户，具有价值储藏和交易手段的功能。二是金融资产货币，比如以余额宝为代表的第三方支付＋货币市场基金等，核心是利用信息技术进行产品创新，实现了流动性和收益性的统一。这里作为支付的货币是金融产品，但这其中有一个转换过程，即将金融产品转换为法定货币，从这个角度来理解，其发行者是中央银行，而如果用金融产品直接进行支付，没有中间的转换过程，那么其发行者就不是中央银行了。

未来中央银行可能直接发行数字货币，即基于互联网新技术推出全新的加密电子货币体系,这将是货币体系的重大变革,会对支付体系产生重大影响。

(三)虚拟货币

顾名思义,虚拟货币是非真实的货币,只具有货币的部分职能,可以直接在虚拟世界中获得,也可以通过实物货币购买来获得,虚拟货币一般不能直接转换为实物货币。目前,虚拟货币主要有两种类型:一是社区网络货币,比如腾讯的Q币、新浪的微币。社区网络货币存在一个发行中心,此时的虚拟货币是商家的负债。二是比特币,基于密码学、网络P2P(个人对个人)技术,由计算机程序产生并在互联网上发行和流通,流通和发行都实现了去中心化。

三、金融科技对物理银行卡的影响

移动金融对物理银行卡的影响主要体现在移动支付的发展方面,移动支付(尤其是第三方支付主导下的移动支付)的快速发展本身就是对物理银行卡的替代。关于移动支付,本书后面会专门论述,这里我们主要分析两类比较典型的替代物理银行的方式。一方面,部分商业银行主动革新,推出创新性的支付方式来取代银行卡,比如招商银行的一闪通。另一方面,手机生产商跨界竞争,推出新型的支付方式,取代银行卡,比如Apple Pay、Sumsung Pay、Huawei Pay等。下面,我们重点分析一下招商银行的"一闪通"。

一部手机轻松搞定所有银行的事情,真正把每一个人都从金融琐事中解脱出来,享受工作和生活所带来的快乐,这正是招商银行推出"一闪通"的初衷。

基于这样的目的,招商银行在北京发布了全新移动金融产品"一闪通",该产品将一卡通、信用卡与手机结合在一起,不仅能够通过手机进行大额、小额支付,还能通过手机办理ATM存取款和网点业务等。

该产品设计的初衷是用手机替代银行卡,那么目前其可以在哪些渠道实现替代?一是全国招商银行营业网点用"嘀"手机替代刷银行卡,办理指定业务,目前已上线的业务包括一卡通存取现、存取款等业务,后续将逐步上线其他业务,使"一闪通"可替代一卡通办理所有柜台刷卡业务。二是在全国招商银行、银联带有非接触功能的ATM用"嘀"手机替代插卡办理全部ATM业务。三是在全国支持"Quick Pass"(闪付)的商户用"嘀"手机替代刷卡进行消费。

(一)操作流程

"一闪通"只能通过手机App申请开通。具体流程如下:

(1)持有正常使用的招商银行一卡通(必须是本人在柜台开立或激活的);

(2)持有指定型号的NFC手机;

（3）在手机中安装应用（路径：手机银行3.0—"助手"—"一闪通"），根据客户端安装应用→点击同意"开卡须知"→输入一卡通卡号、取款密码、短信验证码。

开通"一闪通"后，客户可以在指定渠道通过"嘀"手机来替代银行卡，比如，在招商银行ATM上取款，第一步，选择"非接交易"，第二步，按照提示将手机贴近NFC感应区，感应完成后即可按照ATM提示进行后续操作。

（二）盈利模式

招商银行推出"一闪通"，主要目的是抢占移动金融市场，移动金融具有网络规模效应，先行者具有优势，先行者一旦超越某个"关键规模"，就能快速发展，届时，"一闪通"一旦成功，招商银行获得的收益将是巨大的。

此外，推出"一闪通"，可以增加客户黏性，降低业务处理成本。但"一闪通"对招商银行盈利的影响是潜移默化的，需要逐步显现，在推出前期，由于设备改造成本、营销成本大幅上升，加之客户习惯的培养需要一定时间，投入大、收益小。

当然，"一闪通"同时也蕴含了失败的风险，比如，消费习惯改变的困难、移动金融领域激烈的竞争以及未来的不确定性等。

（三）产品优点

1. 方便快捷

从客户体验的角度来看，该产品不需要携带银行卡，甚至不需要打开手机，就能完成支付、取款等金融服务，较为方便。

2. 多重安全保障

利用多重手段来保障用户的账户和资金安全，一是采用令牌技术，二是安全芯片加密存储，三是手机一旦丢失，可以快速"暂停"其服务。

3. 无须借助互联网

支付的处理在现场线下进行，使用NFC射频通道实现与POS机或自动售货机等设备的本地通信。

（四）产品缺点

（1）支持的手机有限。支持招商银行"一闪通"的手机仅有华为、三星、苹果等品牌的部分手机。

（2）能支持"一闪通"的终端有限。目前只限于招商银行的ATM、营业网点以及部分支持闪付的终端。

（3）灵敏度较差，有时手机靠近终端没有反应。

（4）客户之间不能通过"嘀"一下完成个人之间的转账，需要打开手机银行，输入账号来完成个人相互之间的转账。

（5）涉及的环节太多。涉及手机厂商、银行、商户、移动运营商、卡组织等，它们在NFC技术实现上一直都存在利益博弈，这导致NFC技术标准无法统一，使得NFC推广存在障碍。

以上种种原因，导致"一闪通"体验没有其宣传得那么好，存在不确定性。

第七章 金融科技结合的技术应用

第一节 大数据技术

大数据技术的产生，实现了存储与处理大规模数据的质的飞跃，大数据技术是推动整个金融科技发展的基础技术。

一、大数据技术概述

大数据技术是以数据为本质的新一代革命性的信息技术，在数据挖潜过程中，能够带动理念、模式、技术及应用实践的创新。

（一）大数据技术的特点

1. 数据规模超大

数据规模巨大是大数据最基本的特点。现代信息社会发展不断产生巨大的信息数据，大数据容量级别也在不断扩大中。

2. 数据流转快

虽然数据的规模巨大，但是处理的速度快是大数据另一典型的特点。分布式的技术办法、云计算、智能分析等保障了数据快速流转的实现。

3. 数据种类多

从不同的角度，大数据可以划分为不同的种类。多样化的数据满足了多样化的需求。从数据来源上分，行业种类有多少，大数据种类就有多少。

4. 价值密度低

通过现有的数据来反映现实中的一些问题时，因并不是专门采集的数据，所以只能是通过超过正常量的数据来满足我们的需求。

（二）大数据技术的构成

大数据技术是一系列相关技术的集合，从数据采集开始，到数据预处理技术、数据存储技术、数据分析挖掘技术，数据可视化是大数据应用的最终结果呈现。大数据可视化要贴近用户的需求，易于使用、易于理解，以最小误差传递大量的信息。

二、大数据技术和产业发展

目前，随着技术逐渐成熟，大数据应用中的各种数据库、大数据平台发展速度快，能够提供的资源更加多样，应用场景也更加广泛，其价值和优势逐步被更多的机构所认可。

（一）政策支持大数据技术和产业快速发展

大数据是信息化发展到一定阶段的产物。随着信息技术和人类生产生活深度融合，互联网快速普及，全球数据呈现爆发增长、海量集聚的特点，对经济发展、社会进步、国家治理、人民生活都产生了重大影响。全球大数据呈爆发式增长态势，各国政府都非常关注，快速推出相关的政策来支持大数据的基础建设。

（二）大数据技术成果

在应用规模方面，我国已经完成大数据领域的最大集群公开能力测试，达到了万台节点。基于非结构化数据架构的大数据平台应用最为广泛。大部分企业会选择非结构化的批处理架构（如 Hadoop）或者非结构化数据的内存架构（如 Spark）。

（三）大数据产业发展

大数据产业在技术支撑基础上，涉及大数据运行和应用的各个方面。全球整个市场规模快速增长，我国大数据产业在典型企业的带动下平稳增长，呈现出区域性的发展特点。

1. 市场规模

中国大数据产业市场的特点：

一是顶层设计不断加强，政策机制日益健全。

二是关键的技术领域不断取得突破，创新能力显著增强。大数据的软硬件自主研发的实力快速提升，一大批大数据的技术和平台处理能力也开始跻身世界的前列。

三是行业应用逐渐深入，对经济发展的带动作用凸显。包括在电信、互联网、交通、金融、工业、农业、医疗等行业的应用不断深化，大大改善了人们的生产生活方式。中科点击作为行业大数据应用专家，凭借多年大数据应用实战经验，形成了一套标准化的产品开发模式，已经为汽车、金融、教育、电商、医美等众多行业提供了定制化的大数据服务。

四是区域布局持续优化，产业规模不断壮大。全国推进建设了八个国家大数据综合试验区，开展大数据方面的实践探索，形成了一批集聚发展区。

五是产业发展环境日益完善。大数据的基础设施法律法规标准体系安全保障能力，包括产业生态人才队伍都在不断地加强。

总体来说，我国大数据产业正在步入快速发展时期，为提升政府治理能力，优化公共民生服务促进经济转型和创新发展作出了积极贡献，成为推动经济社会发展的新动能。

全球大数据市场规模年增长率逐年增长，其中大数据软件市场规模处于高速增长阶段，大数据服务和硬件市场规模呈现平缓增长趋势。

2. 产业分布

我国大数据产业主要集中在经济发达地区，具有明显的地区特征。

其中，京津冀地区主要是在北京中关村的技术优势条件下，在北京市相关政策支持下，逐渐产生了大量的企业，推出了我国第一个大数据交易平台，成立了"中关村大数据产业联盟"，加强维护数据网络。贵州主要依靠三大运营商数据中心，建立了我国第一个省级政府使用的平台——"云上贵州"。上海以发展智慧城市为中心，将大数据与其他技术应用在一起，实现大数据的应用发展。其他综合实验区和示范基地也充分利用当地的资源与优势，共同促进我国大数据产业的发展。

3. 大数据产业发展策略

一是加强技术创新，抢抓产业发展自主权。提升我国大数据技术水平，应着重从几个方面突破：全面梳理技术发展现状，厘清我国技术优势与劣势，做到"固根基、扬优势、补短板、强弱项"；改革技术研发项目立项和组织实施方式，强化需求导向，培育发展大数据领域技术转移机构和技术经理人，提高技术转移专业服务能力；加快人才培养和引进，鼓励高校优化大数据学科专业设置，培养高素质技术技能人才，吸引大数据人才回国就业创业。

二是优化产品服务，提高关键领域竞争力。提升我国大数据产品和服务水平，应着重从几个方面突破：推动资源配置市场化，进一步激发市场活力；加强资金支持，加大对大数据基础软硬件的研发投入；创新大数据服务模式和业态，发展智能服务、运营一体化等新型服务模式，围绕诊断咨询、架构设计、系统集成、运行维护等综合服务需求，培育优质大数据服务供应商。

三是完善基础设施，坚固行业赋能奠基石。提升我国大数据基础设施能级，应着重从几个方面突破：聚焦数据采集传输，高水平建设5G和千兆光网，推进工业互联网、智能管网、车联网等物联网规划布局，夯实提升通信网络基础设施；顺应一体化态势，加强统筹协调，优化数据中心布局；梳理区域层面算力需求，统筹高性能算力和人工智能算力的协同建设与调度，统筹算力基础设施建设；把握数据流通与数据行业应用，打造共性能力平台，科学布局数据流通及应用基础设施。

四是保障数据安全，筑牢数字经济防火墙。提升我国数据安全防护能力，应着重从几个方面突破：强化大数据安全顶层设计，构建完善的法规政策及标准体系，为数据安全建设提供保障；加强数据安全技术及产品研发应用，提升数据安全产品供给能力，推动数据安全产业发展；推进数据跨境安全管理、数据安全监测平台等重点领域建设，提升风险监控及溯源分析能力，强化数据安全管控体系构建。

三、大数据与金融结合的应用

我国大数据的应用涉及的领域非常广泛，并实现了相关产业的深入发展。金融行业信息化程度高，大数据技术在金融行业领域的应用已逐渐细化和深入，如在客户分类选择、营销方式、风险管理等方面具有很大的作用，为金融机构科学决策、差别定价、业绩提升，提高整体竞争力提供了有力支撑。

（一）基本架构

大数据技术通过大量的、有效的、多样的数据，进行深度的清洗、整合、分析挖掘，可以得到数据内在的关联及所映射的风险信息。其与金融的结合也是在大数据基本平台上，通过大数据的核心技术，为金融领域提供成熟的大数据应用服务。

（二）应用基本情况和主要场景

大数据和金融的结合一方面表现在大数据企业直接进入金融领域的应用，另一方面表现在金融机构充分利用大数据技术来发展自身的业务。

大数据企业以 BAT 为代表，已经在银行、保险等金融业务领域进行了广泛的融合。

金融科技更关注的还是现代金融机构通过应用大数据这一基础技术对自身的相关业务更深入、更准确地进行处理，提高效率和效益，降低风险。

1. 客户管理

金融机构主要通过采集非结构化行为等大数据来准确了解客户，减少不必要的程序，实现精准营销、打造良好客户使用体验，提高交易成功的概率，发现潜在客户，扩大客户量。

通过大数据技术应用，兴业证券较大地提高了客户数量；中国银行设计的"中银开放平台"通过开发 API 接口，实现大数据的应用；中信银行在信用卡业务上大大缩减营销活动时间，并使交易量大增；招商银行通过大数据建立客户流失预警机制，大大降低了客户流失率。

2. 大数据征信

为解决传统征信的不足，将大数据技术运用到征信中去是必然的结果。大数据征信就是将海量数据信息经过大数据技术的处理后，用于证明一个人或企业的信用状况。大数据可以通过分析信息主体的互联网行为、社交行为、传感器监测记录等各种类型的数据，发现信息主体行为与信用之间的相关性，提供更为全面、真实有效的信息。大数据征信的成本相对于传统征信更低，可以应用于经济金融活动的各个方面。

3. 信贷风险管理

大数据风控在金融领域运用较成熟的场景可以说是信贷管理。大数据应用于信贷管理整个过程中，从获客、审核、授信到贷后，大数据能够在整个金融机构风险控制过程中提高准确性、预警性和效率。在贷款中和贷款后的管理中，大数据的运用可以大大降低成本，高效地追踪和监测每一笔贷款。

关系人图谱是现代反欺诈应用场景中最重要的手段。银行根据客户关系网络，利用大数据技术可以构建客户关系图谱，分析挖掘客户各类信息之间的关联性，实现客户信息从局部到全网、从静态数据到动态智能的跨越，发现潜在的风险并预判风险传导路径、概率、影响客群等各方面。

4. 反洗钱

随着互联网和移动支付等技术的发展，反洗钱的难度也越来越大。有效利用大数据技术，从各种信息中进行关联分析，对反洗钱等各种金融犯罪行为也具有积极的作用。

四、大数据的未来发展趋势

我国大数据发展已经逐渐走向成熟，未来大数据的发展趋势，主要表现在以下几个方面：

（一）追求高质量的大数据

大数据主要是对各种各样的信息数据进行全面的分析，这些信息来源复杂，质量有高有低，还会存在不真实的数据。一些专业人员提出，在大数据条件下，由于对错误识别的挑战，要将新的分析方法与成熟的统计分析方法结合起来，追求高质量的大数据。另外，还可以从信息数据源头、数据分析挖掘及产生的最终结果三个环节中的每一步去提高质量。高质量的大数据将会更有效地提高使用的权威性、准确性。

（二）追求共享的大数据

大数据只有在开放、共享的状态下才能实现数据整合，最大体现数据价值，促进大数据产业发展。但是现在无论是政府数据、互联网数据还是其他数据，数据拥有者往往不愿对其进行开放流通。推动大数据开放、共享的政策措施一直在加强，但效果还不是很理想。

在技术上进行突破是大数据开放、共享的关键。在更多的技术上提高性能，与区块链等其他技术进一步紧密结合，数据共享和流通将会有质的飞跃。

要实现大数据的共享，还需要进行统一的规划。政府或监管部门制定明确的大数据战略，制定全行业统一的标准和规制，对各种数据进行统一的规划、组织和管理，消除信息壁垒，实现数据的高效综合利用。

（三）追求安全的大数据

随着欧盟《通用数据保护条例》（GDPR）的发布和实行，个人信息安全的问题受到广泛的关注和重视。未来隐私和信息安全问题将是大数据发展的重要内容。由于大数据采集信息的渠道很广泛，现在的很多大数据处理方法都有信息泄露的可能性。

目前各国主要是在法律方面加强大数据的安全防护工作，出台相应的法律法规和标准规范。未来对大数据的安全问题还可以通过密码学、区块链、访问权限设置、数据脱敏等技术方法来解决，确保数据得到有效保护。

中国信息通信研究院正在着力推动的"可信数据服务"计划的目的就是解决大数据的安全问题。

（四）探索大数据新技术发展

1. 非结构化数据是研究的重点

大数据的数据信息来源复杂、结构多样，很多都是视频、图片等非结构化数据。在这些非结构化数据中，通过专业的分析，可获得非常有价值的信息。目前对这部分的研究还有很大的空间。

2. 发展多业务场景统一处理技术

随着互联网的进一步发展，智能终端的普及，多业务场景应用的范围越来越广，这就需要大数据技术以未来的多业务场景统一处理技术为重点，提高数据处理能力，满足应用的要求。

3. 专有高性能硬件适配

为助力某些大数据技术的突破性升级，相应的专用硬件也需要不断改进。对新型硬件的适配成为很多大数据企业未来研发计划的重点。

（五）探索大数据资产管理要求进一步提升

探索大数据资产管理将是企业大数据部门未来发展的趋势。随着大数据应用的不断深入，为了实现技术到业务价值的转化和变现，企业将越来越重视数据资产管理方法，在数据资产管理上不断寻求新的方法。

（六）大数据应用越来越广泛

大数据作为一种基础性的资源，已经融入越来越多的领域，也为产业转型升级提供了一条新的途径。在大数据技术不断成熟的过程中，更多的行业将与大数据进行深度融合，促进行业的进步。同时，大数据产业自身的发展也会衍生或分离出新的行业或领域，推动经济稳步发展。

第二节 人工智能

一、人工智能概述

人工智能（AI）是利用数字计算机或者数字计算机控制的机器模拟、延伸和扩展人的智能，感知环境、获取知识并使用知识获得最佳结果的理论、方法、技术及应用系统。

（一）人工智能的特点

1. 涉及领域广泛，研究范畴复杂

人工智能研究领域非常广泛，不仅涉及计算机科学问题，还应用了心理学、伦理学等其他专业。研究范畴包括智能控制、深度学习、人工生命以及复杂系统等方面。

2. 为人类服务，与人互补

人工智能是为方便人的使用而产生的，代替人类完成一些固定化的、烦琐的，或者是不容易做到的任务。在节省人力的同时可以提高效率，为人类提供补充性的服务。

3. 思维融合，具有超强学习能力

人工智能模拟人的各种思维方式，并与人的思维融合发展，具有计算、认知和感知的主要特征。在固定的程序下还要有超强的学习能力，以应对在一些不确定因素下产生的随机事件，及时调整优化。

（二）人工智能技术的构成

人工智能技术在基础硬件技术基础上，还包括语音类技术、尝试学习等算法、语言类处理技术和视觉技术等。这些技术相互作用，共同构成人工智能技术。

二、人工智能技术与金融结合的应用

我国人工智能发展迅猛，人工智能技术已经广泛应用于工业、农业、商业、医学、教育等多个领域，在提高效率和人民生活质量等方面发挥了广泛作用。其在金融领域的应用更加广泛，可以用于服务客户、网络金融安全、授信过程、风险防控和监督、投资理财等方面，增强金融服务的个性化和效率化，为我国金融行业健康快速发展提供了技术保障。

（一）智能投顾

智能投顾是利用人工智能技术，主要在线上为投资人提供一个对话场景，满足客户各种投资、理财或其他需求，提高效率，实现合理化的配置。智能投顾的优点主要表现在：最优的组合策略、差异化分析、效率高、服务范围广等。

目前，市场上的智能投顾主要是与传统投资顾问相互补充，为用户提供建议或者自动配置产品。智能投顾将是一个巨大的潜在市场。

（二）智能客户服务

智能客服运用的人工智能技术通过不断完善和改进变得更加成熟，可以进一步深入地为更多的客户服务，满足个性化的要求，提高服务质量。发展智能客服能够使金融机构减少人力的使用，并提供每天24小时的服务。

（三）智能监管

运用人工智能技术和大数据服务金融监管，反欺诈，实现金融风险的防范。其使用大数据、人工智能技术对客户的行为数据、非结构化数据进行整合分析，使风险防控能力更加强化与智能化，同时也提升了客户体验，利用事中反欺诈技术的支持，在提高风险防控能力的同时减少客户认证的方式。

腾讯云的保险反欺诈服务通过 AI 风险控制模型，准确定位在申保、核保、理赔等业务环节中所遇到的恶意隐瞒、过度投保等各种各样的恶意行为

（四）自动生成报告

投资银行与证券研究工作在日常业务中会有大量的具有固定模式的报告需要撰写。通过人工智能技术可将这一烦琐的工作模式化，自动生成报告。

自动生成报告主要利用了人工智能技术当中的自然语言处理技术，通过巨大异构数据的转换与分析，生成报告的基本内容。

（五）人工智能辅助量化交易

在基金交易中，利用人工智能有关技术建立模型，通过学习预测证券的未来趋势，组成一个最优的投资组合，实现整个交易过程。

三、人工智能的未来发展趋势

（一）注重系统安全问题

人工智能技术及产业已从感知智能向认知智能发展，智能机器人的优化发展也是未来发展的趋势。在这些技术发展的过程中，人工智能的系统安全问题是未来关注的一个主要方面。应增强系统的稳定性，减少学习中的一些错误可能，提高警惕性，尽快实现技术上的突破，更安全的人工智能会获得更加广阔的市场。

（二）智能化应用场景多元化发展趋势

目前人工智能的应用方式还是以单一场景为主，为完成某一具体任务而设置。随着社会经济的发展，企业或个人实践应用需求也变得更加多样化，智能化应用的场景也将会是多元化发展的方向。

（三）人工智能和实体经济深度融合

人工智能和实体经济深度融合，所以为实体经济服务是科技发展的主要目标。为贯彻我国政府推动人工智能与实体经济深度融合的战略部署，工信部组织人工智能与实体经济深度融合创新项目申报工作，并对入选的项目提出加强跟踪支持，做好项目经验总结推广的要求，以促进人工智能与实体经济深度融合，推动人工智能产业加快发展。

第三节 云计算技术

云计算是分布式计算的一种，它是大数据技术及人工智能技术的有力支撑。随着大数据及人工智能的战略性发展，云计算技术也必然成为不可或缺的重要技术而被世界各国重视。

一、云计算技术概述

云计算技术最早由谷歌提出。它提供的是一种服务模式，由专业人员进行管理，使用者只需要用少量的成本就能快速、便利地应用大量的资源，满足各种不同的需求。

（一）云计算技术的特点

1. 规模大

"云"的规模是超级大的，各个云计算服务商为满足需求，不断增加服务器数量，其规模也越来越大。同时，云计算服务商通过专业人员的维护和管理为客户提供具有巨大规模的平台和资源。

2. 虚拟化

虚拟化是云计算最为显著的特点，其突破了时间、空间的界限，通过虚拟平台对相应终端操作完成数据备份、迁移和扩展等。虚拟化技术包括应用虚拟和资源虚拟两种。

3. 弹性伸缩

主要体现在"云"的规模可以随时根据用户使用的需求而调整和选择，对于一些突然增加的需求也能够及时满足。用户可以利用应用软件的快速部署条件来更为简单快捷地扩展自身所需的已有业务以及新业务。

4. 成本低

对于使用者来说，将资源放在虚拟资源池中进行统一管理在一定程度上优化了物理资源，用户不再需要购置昂贵、存储空间大的基础设备，也不必花费过多资金去维护和管理，只需要花费相对少的资金即可通过云计算获得优质、高效的服务。

5. 风险性

网络存在着很大的安全隐患，不法分子可能会通过云计算技术对网络用户和商家的信息进行窃取，还有可能出现黑客的攻击、病毒等问题。云计算中储存的信息很多，同时云计算中的环境也比较复杂，云计算中的数据可能会出现被滥用的现象。

（二）云计算技术的构成

1. 云计算的服务类型

云计算服务主要分为公有云和私有云。公有云服务又可以分为三个层次：基础设施类服务（IaaS）、平台类服务（PaaS）和软件类服务（SaaS）。

基础设施类服务：通过互联网为客户提供云端的硬件资源。

平台类服务：通过互联网为客户提供软件开发的平台，客户可以在这个云平台中开发和部署新的应用程序。

软件类服务：通过互联网为客户直接提供软件的服务。

2. 云计算技术的关键技术构成

云计算是网格计算、分布式计算、并行计算、效用计算、网络存储、虚拟化、负载均衡等传统计算机技术和网络技术发展融合的产物。云计算将计算从用户终端集中到"云端"，是基于互联网的计算模式。按照云计算的运营模式，用户只需关心应用的功能，而不必关注应用的实现方式，即各取所需，按需定制自己的应用。最简单的云计算技术在网络服务中已经随处可见，例如搜索引擎、网络信箱等，使用者只要输入简单指令即能得到大量信息。云计算不仅仅用于资料搜寻和分析，未来还可用于分析 DNA 结构、基因图谱定序等。"云计算"的模式具有规模经济性，所有应用通过互联网提供给多个外部用户，多个用户共享同一个应用，进而实现计算在用户间的共享，提高处理器和存储设备的利用率。

云计算的关键技术包括：虚拟化技术、多租户技术、资源调度、编程模型技术、存储技术、数据管理技术等。

二、人工智能与金融结合的应用

金融科技企业大多以云计算技术为依托，主要结合大数据技术和人工智能技术，为金融机构提供主要业务的技术支持，从而改变金融行业的服务模式，实现高效、低成本的目标。金融与云计算技术的结合，为客户提供了更加便捷的服务，只需要在终端上简单操作，就可以完成银行存款、理财等金融活动。

（一）金融云

以阿里云为例，金融云是专门针对银行、保险等金融机构提供服务的行业，即通过独自的网络集群给相关金融机构提供符合金融监管要求的云产品和服务。阿里金融云服务以云计算为支撑，在杭州、上海、深圳都有金融云数据中心帮助金融机构的 IT 系统整合入云，实现快速交付，降低业务启动门槛。阿里金融云具有低成本、高弹性、高可用、安全合规等特点。

（二）提升银行业基础架构的弹性

云计算技术的推出，各个层次云平台的搭建，可以为银行业各项业务的创新发展提供便利，加快信息的共享速度。利用专业的云计算平台不仅可以大幅度地提高运行效率和质量，还可以充分体现云计算的特点，提升基础架构的弹性。银行业成功应用云计算推动业务和运营模式创新的例子有很多，如银行信用卡业务和征信系统，还有银行信贷业务，可以提高信贷数据处理能力，优化信贷业务操作。

(三)助推保险业业务发展效率化

国内已有诸多保险企业将云计算应用于信息系统创新建设中。

传统保险企业积极和新兴互联网科技公司合作,利用云计算开展全面的保险业务。腾讯公司与阳光保险合作,利用金融云平台为各种保险业务提供全面的、高效的、稳定的服务,实现保险业务的创新和发展。

保险业对于云计算在安全性方面以及标准规范方面具有迫切的需求。经过多家机构及专家的探讨,中国保险行业协会联合中国通信标准化协会发布了关于保险行业云计算的五项标准。这些标准的规范,对于促进保险科技的发展具有重要意义。

(四)助推证券业创新发展安全化

证券业利用云计算技术,可以降低资源浪费,随时扩充交易平台,满足证券交易增长的需要;可以防止病毒入侵,减少系统运行风险,提高交易和数据传输的安全性,提高业务效率;可以给客户提供账户管理服务,大大缩短开户时间,实现统一客户身份认证,获得更高的客户满意度;可以降低证券公司的运营成本,为网上证券业务的创新发展提供可能。

申银万国证券公司建立的企业云计算中心,将云计算作为公司 IT 发展策略,改变了公司的盈利模式。招商证券选择 Azure 作为唯一云服务供应商,构建企业云混合平台,促进业务创新,不断改进和推出新的功能模块及增值服务产品,创造更好的客户体验与价值。

三、云计算技术未来发展趋势

云计算在全球广泛发展中成为各领域大数据应用的重要支撑,在需求不断扩大中优化创新发展。

(一)云原生

未来云计算技术的发展倾向于采用基于云原生的技术,在动态环境中,充分展现云资源的优势,使客户能够快速、高效、低风险地开展业务。云原生不是仅仅开设云服务器账号,或者是把一些现有的应用或业务搬到云端,而是用一种全新的方式来构成和搭建的。

(二)云智能

云智能就是人工智能与云平台的结合。云计算的发展会产生大量的数据,人工智能核心的算法在云平台的应用会使两者互相作用、共同提升,产生"1+1＞2"的效果。

（三）混合云

因为考虑到安全性的问题，目前金融行业运用的云平台以私有云为主。特别是金融机构的一些重要的信息数据和相关业务，使用私有云更加安全、可靠。但是私有云的弹性较差，不利于业务的创新发展。

混合云则结合了私有云和公有云的优点，以弥补不足。混合云有同构混合云和异构混合云，相对而言，同构混合云可以更好地满足未来发展的要求，是未来云计算的发展方向。

第四节 区块链技术

区块链是比特币的核心技术。随着比特币的发展，人们逐步关注比特币的底层技术——区块链技术，并对其进行深入研究，发现区块链技术的安全稳定性和不可伪造性可以应用于更多的领域。

一、区块链技术概述

区块链是分布式数据存储、点对点传输、共识机制、加密算法等计算机技术在互联网时代的创新应用。

（一）区块链技术的特点

1. 去中心化

去中心化是区块链最突出、最本质的特征。点对点网络和分布式数据是区块链去中心化的基础，不需要第三方机构，所有节点通过特定的软件写入存储信息内容。

2. 公开透明

区块链技术本身具有开源性，区块链上面的数据大家都可以看到，都能够使用公开的接口获得相关的资源，因此使用区块链建立起来的系统具有公开透明的特点。

3. 不可伪造

区块链本身的加密技术和数据结构保证了其不可伪造的特点。每笔交易都是按照一定的时间顺序链接的，且采用非对称型密码学原理对数据进行加密。

4. 安全稳定

区块链的共识机制、加密算法等技术使区块链本身在安全方面有很好的保障，要改变相关的数据内容是一件很困难的事情。技术本身参与的节点越多,更改起来就越困难,安全性很高。

(二)区块链技术的构成

1. 核心技术

首先,我们可以看一下区块链技术的官网解释。狭义来讲,区块链是一种按照时间顺序将数据区块以顺序相连的方式组合成的一种链式数据结构,并以密码学方式保证的不可篡改和不可伪造的分布式账本。

广义来讲,区块链技术是利用块链式数据结构来验证与存储数据、利用分布式节点共识算法来生成和更新数据、利用密码学的方式保证数据传输和访问的安全、利用由自动化脚本代码组成的智能合约来编程和操作数据的一种全新的分布式基础架构与计算范式。

可能大家都知道的是,区块链技术是从比特币系统当中独立出来的底层构架,从架构模型上来说,它就是一套分布式的账本,所谓账本,自然就是用来记账的。

在区块链技术当中,要想生成记账记录,就要有资金的交易和流动,所以最开始的区块链技术上,都有其主网所对应的加密货币作为流通物品,加密货币在区块链主网的各个账户之间的流通交易记录都会被记录在主网上。

与其他的交易记录数据库不同的是,区块链技术主网上的交易记录会被记录在主网中所有的区块节点(即所有的数据区块)上,这也就是所谓的去中心化原理,也就是说在区块链技术上,是没有一个中心数据库来保存所有记录的,链上每一个区块都拥有全链的交易数据,也就是说,每一个数据块,都是中心。

而区块链技术的另一个特性,就是不可篡改,因为在区块链上的每一笔交易都会被记录在链上所有的区块中,所以任何一个单独数据块都无法更改记录,即便你更改了,其他所有的数据块中也会记录真实数据,并且每一组数据都可以追溯到最先出现的时候。

正因为区块链技术的这些特性,比特币问世后,区块链也受到了很多关注的目光,很多人也开始想要利用区块链的技术来做一个无中心、可溯源、不更改的数据,以此保证数据的可信度。

但是区块链技术也面临很多问题,比如应用场景单一、原生错误数据不可修改,黑客盗走货币不可追回等。

2. 分类

根据区块链的开放程度,可以分为公有区块链、联盟区块链、私有区块链。公有链是应用最广泛的区块链,无中心化服务器,所有参与节点不需要进行身份认证,任何人都可以参与其共识过程。联盟链的参与者是入盟协议特定人群或机构，在共同管理下一起进行系统的维护。私有链则是在某一具体的应用场景下，只有特定的节点被允许使用的区块链。

根据区块链的发展阶段，分为区块链1.0、区块链2.0、区块链3.0三种类型。

二、区块链技术与金融结合的应用

区块链已经被作为一种底层技术，在与金融业结合的过程中，改变金融行业的底层技术架构，提升金融业的核心服务能力。区块链技术与金融的结合充分体现出区块链技术本身的主要优点，可编程智能合约，安全性高，从而在大大减少费用的同时，快速完成交易支付。

区块链技术与金融业务实现场景搭建，在国际汇兑、保险、信用证和证券等方面都存在着巨大的应用价值。

（一）票据市场

票据是一种依赖"可信第三方"的有价凭证。当前电子票据的应用虽然提高了票据的安全性和效率，但是票据市场参与机构众多，情况仍然复杂，信用风险高。区块链技术本身的优势特点可以有效解决票据市场的许多问题，实现智能监管和风险控制。

（二）支付结算

目前支付清算主要依赖于银行体系，每笔交易都需经过银行代理，过程复杂，特别是跨境支付成本高、效率低、风险大。区块链有效解决了这些问题，提高了支付速度，而且降低了成本，安全性更高。

（三）保险业务

在保险业务中，区块链借助其分布式账本技术、去中心化和全网公开等特点，可以对投保个体进行分类营销，解决信息不对称问题、精简保险的销售理赔流程、降低核实管理成本、提高赔付效率。区块链保险不需要借助任何保险中介机构，保险资金的归集和分配也变得公开透明。

（四）信托业务

金融机构可以利用区块链技术从根本上解决供应链金融信托真实性的问题。针对信托产品风险防范的问题，可以采用区块链技术对信托计划在尽职调查和投后管理等环节的工作内容进行存证。针对信托业务中的担保问题，区块链技术可以实现动产担保资产的实时监控和确定保证，从而解除动产抵押信贷产品在实际中造假等问题。

（五）证券业务

区块链技术在证券发行、股权交易、交易所清算系统等方面产生了深远影响。区块链的分布式账本可以实现股票、债券与其他金融资产的登记、质押等业务的开展；上市机构及投资者可以在安全、高效的平台上自主完成交易。这些不仅大幅减少了交易成本，而且极大地提高了交易时效性，同时还能减少人工操作风险。

三、区域链技术未来发展趋势

由于各国抢占技术优势的力度在不断加大，全球区块链发展的政策、技术和应用环境不断优化。未来区块链技术的发展和落地应用将会不断加速，进而会促使全球新一轮的技术变革和产业变革。

（一）跨链技术和侧链技术的发展

随着区块链应用在各个领域的深化，区块链的互联互通是未来发展的一个必然趋势。跨链和侧链技术都可以增强区块链的可拓展性，两者之间是相辅相成的。跨链可以实现不同链上的资产以及数据、功能互通，侧链则对实现跨链起到服务的作用。

跨链技术未来的发展主要表现在交易验证问题、事务管理问题、锁定资产管理问题和多链协议适配等方面。侧链未来发展主要在于管理和监管方面。

（二）私有链和联盟链的发展

未来的区块链应用向实体经济发展，企业应用是区块链的主要场景，企业使用区块链技术来增加安全性，减少成本，服务实体经济更加有效。企业更多使用的是私有链，私有链在管控、监管合规、性能等方面更符合企业关注的内容和要求。但是私有链并没有真正地去中心化，有很多人质疑私有链到底能不能算是真正的区块链，未来能否发展下去。

联盟链更好地解决了企业应用的问题，未来发展的空间很大。如果要建立适合各个行业的联盟链，还需要解决共识的方式和参与共识的节点数量的问题、安全保障问题、联盟可持续性问题、高扩展性问题等。

（三）产业应用的发展

近年来，我国区块链产业发展十分迅速，不论从宏观层面，还是从微观层面，无论是区块链底层的基础架构，还是产业领域的场景应用，都受到广泛的关注。当前，区块链技术使用的范围已经向更多的产业领域拓展，与实体经济产业进一步融合，促进产业的发展。

（四）区块链标准化的发展

随着区块链技术的深入发展，区块链标准化工作对未来区块链技术的发展具有关键性的作用。区块链的标准化应在统一的认识下逐步完善，进一步加快标准化的进程，开发统一标准的研究成果。区块链的标准化有助于完善区块链产业生态、减少风险、扩大区块链技术的实际应用范围。

第五节 物联网技术

物联网技术属于互联技术的一部分，是信息产业发展的一个新的高点，也是金融科技的关键技术。互联技术的另一部分移动通信技术从1G、2G、3G、4G到5G，不断地升级和优化，移动终端的硬件和软件功能也在不断优化升级，智能手机功能不断强大，带动着整个互联技术的发展。

一、物联网技术概述

物联网是通信网和互联网的拓展应用和网络延伸，它利用感知技术与智能装置对物理世界进行感知识别，通过网络运输互联，进行计算、处理和知识挖掘，实现人与物、物与信息交互和无缝对接，达到对物理世界实时控制、精确管理和科学决策的目的。

（一）物联网技术的特点

1. 整体感知

利用红外感应器、二维码等感知设备来对整个物体进行感知，收集物体的全面特征。

2. 信息交互

通过感知设备使物体具有可识别、可感知、可交互的能力，通过互联网传递信息，从而达到物与物、物与人之间的信息交互。

3. 智能处理

通过使用智能技术，对感知设备接收到的各种信息进行整理、统计，输出结果，实现远程操作及监控。

（二）物联网技术的构成

物联网的技术并不是创新的技术，而是对已有技术的综合性应用，并在改进的同时实现全新的模式转变。

从关键技术看，物联网主要有以下四种技术：

第一，RFID 技术，也称为电子标签技术，是将无线射频技术和嵌入式技术结合起来形成的综合技术。RFID 通过射频信号自动识别目标对象，可以同时读取多个标签，可以在各种情况下使用。

第二，传感网络技术，主要是感知事物的传感器技术。另外，在传输网络的层面上包含有线传感网络技术、无线传感网络技术和移动通信技术。网络传输的速度和质量决定了设备连接的速度和稳定性。

第三，智能技术，是指思考事物的智能技术，让连接起来的物体具有学习能力，最终实现物体的智能化。

第四，纳米技术，是用于微缩事物的技术，使物联网中进行交互和连接的物体体积越来越小，从而更好地发挥嵌入式智能的作用。

从网络看，物联网技术主要有三种：

第一，蜂窝通信技术，就是指 3G、4G 或 5G 技术。

第二，LPWA 技术（低功耗广域通信技术），包括 NB-IoT、LTE-M、LoRa、Sigfox。

第三，局域物联网，通常定义为 100 米以内的互联技术，包括 Wi-Fi、Bluetooth、ZigBee。

二、物联网技术与金融结合的应用

物联网的基本架构可以分为感知层、传输层、管理平台层、应用层。感知层主要用于获取第一手资料，是物联网发展的基础。传输层通过网络进行信息的传递。管理平台层主要包括数据储存中心、信息查询技术、智能处理系统及中间件技术等各平台管理。应用层是物联网技术与各行业应用的结合，体现出智能化应用的实现。

物联网在工业、农业、家居、交通、物流、安保、医疗、教育等领域已有广泛的应用，特别是在智能家居上的应用，使人们的生活水平得到质的提高。在金融领域，物联网与金融的结合也已经有了一定的探索，主要表现在以下几个方面。

（一）存单和支付

将物联网技术引入银行存单，在存单中植入 RFID 芯片，较好地解决了银行存单的造假问题。借助物联网感知功能，将消费与支付服务信息联系在一起，实现主动的、动态的支付服务。

农业银行的 RF1D 存单，对办理一定数额的单笔储蓄存款客户，不增加客户成本，每张存单具有唯一的防伪标识,有效地解决了假存单的问题,维护了客户和银行的资金安全。

(二)银行金库管理系统

目前银行内部管理中,物联网比较典型的一个应用就是金库管理系统。金库管理对银行有着非常重要的意义,对现金管理来说不仅是安全问题(是否能够准确、及时入库和出库),还会影响银行服务的质量、效率及成本等方面。

运用物联网技术就是在金库管理系统中引入 RFID 技术,这是物联网技术的一个核心技术。对金库管理的各个环节都可以进行自动化的数据采集、处理,确保了金库数据的真实性、准确性,提高了管理效率。

(三)保险业务

保险公司利用物联网设备可以获得大量实时信息,使用其生成的数据,能够更深入了解客户的真实状况,降低风险。保险公司还可以通过数据,为客户提供有针对性的服务,创新保险产品提供方式和保险服务内容。

目前已有的较典型的应用之一是可穿戴设备:对保险客户发放穿戴式设备,通过设备获得被保险人健康状况的数据,为客户提供健康提醒,督促其做出改善,降低用户提出索赔的风险。另一典型应用是车联网的应用:通过物联网技术设备进行汽车与驾驶员的监测和分析,全面收集车辆行驶过程中的信息状况,依据综合数据资料为其提供相对应的保险产品和定价。

(四)银行贷款业务

银行贷款中,动产抵押物的监管一直是银行经营管理中的一个难题,银行需要对抵押物的真实情况进行了解和监控,信息不对称等问题加大了银行信贷的风险。利用物联网智能终端应用,可实现对动产的全环节监管,可以很好地防止重复抵押、不真实抵押等问题,减少风险。

在汽车金融中,采用物联网技术,可为汽车配备智能监管信息系统,通过单车定位设备,银行就可以监控汽车的销售或使用情况,从而掌握客户的还款能力。

(五)供应链金融

供应链金融是现在解决中小微企业融资问题的一种很好的方式。在这种融资方式中,存货质押品具有不稳定、不易变现、无法远距离监控等特性,还有一些产业供应链所形成的物流、信息流无法质押的问题。引入物联网技术后,可以使质押品不受资产特性影响,保证监管物品的品质,保证供应链融资的健康发展。

通过物联网技术的智能化、网络化改造，可以全面掌握实体经济的生产经营动态，形成客观信息数据，帮助银行建立起客观的风险评价体系，从而推动供应链金融的发展。

三、物联网技术未来发展趋势

物联网产业属于战略性新兴产业，随着5G的应用，物联网技术及产业也将会快速成熟起来。未来，要实现物联网的竞争优势，还需要注意一些问题，以使其朝更深入的方向发展。

（一）统一的技术标准

各个物联网平台与终端的接口标准不统一，而现有的互联网标准与物联网又不能完全适用，限制了物联网技术的使用。物联网技术本身的特点要求形成一个更加规范化、标准化的物联网基础架构，以此来形成整个社会物联网的分工，以充分发挥物联网的优势，提高物联网的可扩展性。将物联网技术标准统一化、建设规范的体系架构，是物联网进一步发展的基础。

（二）综合性的平台建设

平台的发展对物联网产业的构建有着较强的推动作用。目前独自发展的平台只是提供了物联网平台功能的一小部分。物联网平台要朝着合作、综合性的方向发展，它应该是终端连接、终端管理、数据采集分析、应用定制等多个方面能力的组合。

（三）边缘计算的驱动

物联网的快速发展产生了大量的个人及设备信息，对计算能力的要求越来越高。边缘计算在靠近实物的边缘上进行数据处理、存储、应用，可以提高连接的时效，解决设备与云端的数据传输问题。未来AI、边缘计算将渗透于物联网的各个应用中，为物联网设备提供边缘智能服务，使得用户可以获得更好的体验，支撑更广泛的场景应用与价值创造。

在物联网快速发展的过程中，联网设备的数量飞速增长，同时，物联网的安全问题也日益显现。鉴于物联网安全事件的报告，未来人们会更加关注安全，加强监管，提高防范意识，降低物联网设备的安全风险。

要提高物联网设备的安全性，需要增加安全支出、实施安全分析、进行安全部署。运用自动化可能会成为有效的解决方法。

第八章 发展金融科技的机制保障

第一节 发展金融科技的政府引导与支持机制

政府通过发挥自身职能效用构建机制，支持和引导金融科技发展，在健全金融支持体系、保障金融长期稳定以及促进创新方面，取得了一定的成效。但是在金融科技发展中，政府机制仍然存在不完善的部分。

一、现有政府引导与支持政策的特点

（一）阶段性特征表现

我们发现在推动发展金融科技的过程中，国务院、各部局委、地方政府、相关职能部门分别从金融科技战略规划、金融科技投入、金融科技担保、金融科技市场等不同层面出台了一系列相关政策，指引着我国金融科技深入发展。这些政策在不断推进科技创新、金融体制改革的同时，也在金融科技结合发展方面具有一定的保障作用，并呈现出了明显的阶段性特征。

首先，从支持政策的颁布以及参与机构的变化中我们可以发现，在近年的金融科技支持政策演变进程中，参与的机构从如国务院、原中国银保监会（现为国家金融监督管理总局）等，逐渐演变为多元化、多层次机构共同参与（如地方各级政府机构）。

其次，从支持政策的内容涉及度的变化中我们可以看出，我国的金融科技政策广度不断拓展，即从简单地提出阶段性金融科技规划，到实施针对性更强的不同地域的政策，再到出台以金融科技融合来推动中小企业、农业等的发展进程的综合性政策。

（二）中央与地方政策互补性特征表现

中央和地方政府在政策法规的总体方向上是一致的，但所发布政策的施行范围不同，

政策内容侧重不同的方向，形成各自的特点。国务院、中国人民银行颁布的政策和指导意见，是在全国范围内实施的，既要作为地方政策的风向标，同时也要照顾到全国金融科技发展的整体质量，对整体产业进行指导。比如对于制造业和中小企业的发展，由中国人民银行、证监会等多个部门共同发布的《关于金融支持制造强国建设的指导意见》中就指出要充分将科技与金融相融合，促进产业链金融的发展，完善制造业的融资服务，为制造业的建设注入动力。此外，中央政府的指导意见和政策会兼顾金融科技的普及范围和技术创新，推广基础设施建设和完善相应的保障措施，鼓励推动金融科技的成果转化和创新。

地方政府机构发布的相应政策则是因地制宜，根据地方的特点来合理推动金融科技的发展。比如以中央政策为基础，建设地方的金融科技基础设施，但在基础设施建设上，会根据地方特点来确定不同的发展方向。比如北京市鼓励金融科技类企业与传统金融企业相互合作，建立金融科技的产业中心。而杭州市则是以数字经济体系为发展方向，计划打造国际金融科技中心。地方政府都会为人才引进制定优惠政策，在复合型人才资源的加持下，发展金融科技，从而为实体经济服务。

中央和各地政府的政策各有侧重和特点。中央颁布的政策和指导意见结合全国发展情况，根据制造业、金融业等多种产业的发展情况来构建引导机制，侧重对中小微型企业进行金融科技相应措施的指导，也侧重于金融科技相应基础设施和保障措施的完善。而地方政府印发的地区性政策、指导意见和发展规划，都是以建设金融科技领先城市为出发点，鼓励和支持金融科技产业的发展，制定相应的优惠政策，加大引进人才的力度，为金融科技类企业划分聚集区，并加快聚集区相关基础设施的建设，以促进聚集区企业的发展；侧重于用金融科技相互合作的企业、机构和项目来打造金融科技的高度发展区域，用该区域带动整个城市金融科技的发展，从而为城市的实体经济发展服务。

二、现有政府引导与支持政策的实施效果

（一）政策的积极效果显著

在相关政策的鼓励和支持下，我国的金融科技发展在多个领域都已获得不菲的成绩，如腾讯、冰鉴科技、国泰君安证券、蚂蚁金服、中国平安、基金公司和各类银行等都有着自身丰富的金融科技创新经验，也都有着脍炙人口的金融科技结合的成功案例。尤其是银行业，在金融科技发展的进程中独树一帜。

当中国人民银行、科技部等机构出台有关"银行应全力进行金融科技服务模式创新"内容的《关于大力推进体制机制创新扎实做好金融科技服务的意见》等政策时，平安银行

便对这一政策内容进行了积极响应，率先推出了智能化支行。这一举措使到支行的大部分顾客可以在自助办理区进行业务处理，极大地提高了办事效率。平安银行也在政策号召下首次提出了"科技转型规划"并不断运用人工智能、大数据等科学技术手段来丰富自身的金融产品、完善自身服务体系、优化资源利用效率，以此来推动金融科技更好更快地结合。

从这一成功的金融科技实践中，一方面可以看出平安银行目光长远，善于抓住发展契机，积极响应新趋势、新政策；另一方面也可以体现出支持金融科技结合化的政策对企业发展有着巨大的积极推动力。

(二)政策支持力度仍有不足

我国金融科技结合的有关的支持政策体系等尚不健全，仍存在诸多问题，如过度依赖政府财政投入，相关制度规范不完善，缺乏综合健全的中介服务评价体系与担保平台等，这也是众多金融科技公司失败的原因。

三、现有政府引导与支持政策的缺憾

像众贷网、数银在线这样因支持政策不到位而致使实践失败的案例不在少数，这种状况也表明了我国有关金融科技结合的支持政策存在缺憾。

(一)引导金融科技结合的各部门之间的政策不同步

1. 政策之间协同性不足

我国现行的政策分别从金融科技贷款、金融科技投入、金融科技市场、金融科技监管等不同的角度来制定，且政策之间协同性不足，致使各政策因缺乏系统性、全面性而相对零散孤立。这使得各独立部门出台的政策一致性较低，进而出现了金融科技政策之间协同性不足的问题。这样一来，尽管所推行政策在各自的小领域有着显著的效用，但就金融科技结合化发展大局来讲却难以促进其最高效地推进。金融科技的发展需要总体目标加以引领，我国现行的政策缺乏对这些目标主旨等内容加以限定描述的总纲，例如金融科技体系要协助企业将科技成果转换为真实生产力、金融科技支持政策应鼓励金融资金投入者不断革新服务工具等，各个政策之间需要一个统领性质的核心文件。

2. 政策之间协调性不足

目前我国出台的有关金融科技结合的支持政策中，不同类型的政策由不同的机构、部门、单位颁布。例如，涉及金融科技监管的《关于进一步做好互联网金融风险专项整治清理整顿工作的通知》是由中国银行颁布的；涉及金融科技市场方面的《国务院关于鼓励和引导民间投资健康发展的若干意见》是由国务院允以实行的；涉及金融科技贷款的《关于进一步加大对科技型中小企业信贷支持的指导意见》是由科技部联合出台实行的；涉及金融科技担保的《中小企业信用担保资金管理暂行办法》则是由财政部、工业和信息化部联合制定提出的。这些政策之间互通性低，难以相互调整运行，进而使金融科技政策之间出现了协调性不足，在一定程度上降低了金融科技结合发展的效率。

（二）政府支持金融科技结合的政策内容涉及面窄

1. 政策缺乏支持金融科技创新的内容

开拓创新关系到企业能否快速、健康地发展，也是决定企业在竞争中能否取胜的最有效手段。一个不懂创新的企业就是没有希望的企业，金融科技企业也毫不例外。想想看，如果金融科技缺乏根本性的创新，金融机构就无法逐渐降低其金融体制中历史性原因或者自身制度原因所造成的体系内部的脆弱性和风险性；同时，科技企业也就无法获得能够供给自身发展的足够的财政支持；当缺乏金融支持这一重要的"生存养分"时，科技企业也就难以再茁壮成长。

健全的金融科技政策体系应充分涵盖金融科技创新的基础性内容。但是，从部分金融科技结合支持政策的举例中可以看出，我国现行的金融科技结合的支持政策中有关金融科技创新的内容微乎其微，涉猎不足。

正是由于我国缺乏相关创新政策的支持，自身资本市场中现存的大量金融工具、金融产品以及一些金融衍生品难以得到进一步的开拓革新，从而难以更为有效地为科技企业服务。这不仅加剧了科技企业融资难的困境，同时还严重拖累了金融科技结合发展整体的前进速度。因此，我国金融科技结合支持政策涉及金融科技创新的内容不足的棘手问题，也成为我国能否尽快度过金融科技结合发展瓶颈期的一大阻碍。

2. 政策缺乏改善金融科技发展环境的内容

良好的金融科技发展环境可以提高科技企业与金融机构之间的资源配置能力，进而提高科技产业创新能力与金融行业竞争能力，有力推动科技与金融结合进程的深入发展。我国的相关支持政策中很少涉及金融科技发展环境的内容，尤其对于金融科技市场化发展的内容涉猎不足。金融科技市场化程度过低，会使我国难以调整国家整体的经济布局，不利于激发经济增长的内生动力，同样也难以稳固经济的可持续平稳快速发展，使得市场机制难以发挥正常的调节作用，致使市场机制可操作性失灵。换个角度来讲，有时政府过分地干预或管制金融市场供求、价格调节等，同样也会降低金融科技市场化的程度。

以科技保险为例，在当今的国际保险市场中，科技保险费率市场化已经逐渐成为一个共同追求的趋势。在美国，除了一些法定的保险类别以外，商业保险基本实现了市场化；日本耗时四年来完成基本保险费率的市场化。众多发达国家早已认识到保险费率市场化有利于促进市场的公平竞争，并可以为其带来颇丰的收益。而对于我国而言，将近95%的市场份额都控制在少数保险公司手中，而大约90%的保险公司在市场上却难有一席之地。我国这种保险市场格局不仅加大了保险公司的经营风险，而且严重扰乱了市场秩序。因此，政策涉猎市场化内容不足致使我国金融科技市场化程度较低，这同样也是令我国金融科技结合发展步入艰难瓶颈期的一个棘手问题。

3. 政策涉及金融科技平台建设的内容不足

我国在金融科技投入、金融科技战略规划、金融科技监管等方面出台了不少政策，但有关信息共享、信用担保等相关服务平台建设的政策还有所欠缺。这一政策问题使得我国的金融科技结合发展因信息共享不及时、信用担保不真实、文化体系建设缺失等因素而增加了金融科技发展的环境风险，进而使我国的金融科技发展进入难以攻坚的困难时期。

金融科技结合发展的过程既是金融机构与科技企业双方有机组合的过程，又是两者为追求各自利益最大化而进行的一场激烈的博弈。如果在金融科技结合发展的进程中存在着信息不对称的阻碍，不仅会造成一定的道德风险问题以及逆向选择，还会使双方所制定的金融科技发展对策失真、欠缺高效性。正因为信息共享平台的建设在金融科技结合的整体化进程中如此重要，我国才更需要将相关支持政策向着如何建立一个公正透明、高效披露的信息交流平台不断拓展，以此来有效地解决信息共享平台建设政策缺失的问题。

同样地，我国现行的有关金融科技结合的政策在担保机制平台、信用评级平台、文化体系平台建设方面的涉及度也远远不足。这种政策的不足之处不仅使科技企业与金融机构之间因缺乏担保平台而造成资金往来不顺畅，使两者之间因缺乏专业的信用评级平台而难以对对方做出充分、科学的评价，阻碍金融科技结合化发展的进程，还会使科技企业与金融机构之间因缺乏相关文化平台的建设而使一方契约意识淡薄，令金融科技融合度下降。因此，我国的金融科技结合的支持政策体系急需得到完善、急需拓宽涉及面的广度。

（三）金融科技结合支持政策划分不细致

1. 政策难以针对发展程度不同的地区

我国现行的金融科技支持政策大部分是针对整个国家、针对某一区域，并没有将不同发展程度的地区和城市加以区分，更欠缺相关政策的细化与分类。某一笼统的大范围政策可能对个别地区或城市作用显著，对其余地区却难以发挥作用，这就造成不同地区金融科技结合发展程度差异过大，从而使我国金融科技结合发展的整体效率有所降低。

因此，我国现行金融科技结合政策划分细致性不足的问题应引起广泛关注。

2. 政策难以针对金融科技企业生命周期的各个阶段

发展程度不同的地区需要不同的金融科技结合政策来加以扶持，同样地，金融科技企业在生命周期的不同发展阶段也需要不同的政策予以扶持。众所周知，企业的整个生命周期一般有创业期、成长期、成熟期、衰退期四个不同的演进阶段，每个阶段都有着各自的特征和规律，每个阶段对其不同成长模块的需求程度、不同成长模块的组合顺序等都是有差异的。

因此，对于金融科技企业来讲，不可以笼统地用一个宏观政策来辅助其成长，需要更为细致化的政策分类，这一点也正是我国现行的支持金融科技结合的政策所欠缺的地方。

（四）政府推动作用不足

1. 顶层设计还不够完善

政府对于金融科技的顶层设计，是为了引领金融科技稳定、高质量地发展。相关部门制定了很多支持金融科技融合发展的政策，但是散落于各个政府部门，且不少政策也是处于不断变化的摸索阶段，缺乏顶层设计和规划，缺少针对性和系统性。区镇在促进金融科技产业融合发展方面还没有出台具体的落实政策。此外，各地方政府对金融科技的理解也不是完全一致的，存在一定的偏差，从而产生各种问题。如过多地强调金融体系中存在的不足，强调通过金融体制改革和创新来解决；或者过多强调金融科技企业内部的问题，要求企业加强诚信建设和规范财政体系。这都是顶层设计不够完善，各地方政府不能准确把握金融科技的特征所造成的。我们需要迎合新时代、数字化背景下的金融科技发展顶层设计，以促使各级政府、金融机构以及科技企业逐渐清晰对金融科技的认知。

2. 政策多元化程度不够

从整体上看，政策支持体系基本延续固有的框架，但是随着金融科技不断地朝纵深方向发展，在各种领域都不断创新，比如企业信贷服务贷前、贷后方向的突破，跨境支付的需求上升以及个人财富智能化管理的增长趋势等金融科技多元化发展领域的涌现，现有政策的多元化程度越来越不能满足金融科技的多元化发展需求，缺乏针对性，不能精准施策。

3. 政策设计不完备

金融科技是未来经济发展的创新驱动力，从中央到各地方政府都发布政策指导意见，大体构建了自上而下、自下而上相互呼应的引导和支持机制，但是制定的政策却并没有涵盖相关核心领域。比如，缺乏对于复合型人才培养计划的政策推动。金融科技的发展势头依旧保持迅猛，复合型人才的储备成为发展的关键条件之一。目前我国的复合型人才资源有待加强，领军人才和优秀团队不足，创新人才的支持和培养力度较弱，人才结构和整体素质各地区参差不齐。虽然国家大力提倡要加强复合型人才的培养，但是对于复合型人才培养方面的支持和引导政策并不完备，只是注重人才的引进，忽略了金融科技复合型人才培养，并不适应长远发展。

四、现有政府引导与支持政策缺憾产生的原因

通过上文的分析，不难发现我国现行的金融科技支持政策实行效果存在大打折扣的现象，我们需要在认清政策相关问题的同时，对存在缺陷的原因加以研究分析。

(一)政策制定主体繁杂且安排缺乏主旨

1. 金融科技政策安排缺失主旨规划

第一，在我国现行的金融科技支持政策中缺乏对于其整体发展方向加以描述的核心性战略规划，缺乏明确指出金融科技的核心目标、中心任务、政策形式限定等基础性条款，这是令现行政策之间协同性不足的主要原因之一；第二，部分涉及金融科技结合发展主旨内容的政策，没有相关的法律规章来确保其推行后作用效力，政策本身因缺少保障而后劲不足，难以为其余政策带来凝合力；第三，即使存在为数不多的支持政策，涉及总体目标的内容也仅仅是科技或者金融的某一方面，以两者的结合性发展为主题的政策少之又少。正是如此，才致使现行政策之间的协同性不足。

2. 金融科技引导与支持政策的出台机构过多

如今我国机构分散、权力分散，许多政策命令由不同的部门独立发出。例如，国务院、财政部、科技部、中国人民银行等都可以作为政策的独立颁布机构。同时，各权力机构之间为了实现各自发展目标出台相关政策，相互之间沟通性低、政策内容牵连度不高、政策效用重叠度低。

因此，各个机构各自为政、政出多门也是我国现行的金融科技结合支持政策合作性低、协调性低的重要原因，这在一定程度上削弱了政策的高效性，降低了政策实施的综合效果，严重阻碍了金融科技的深度融合发展。

(二)政策实行环境复杂且风险来源多

1. 金融科技发展环境风险来源多

金融科技深度融合发展是现在全球共同追求的潮流趋势，而金融科技融合发展的外部环境却存在着很多难以用政策有效估量的风险。例如，金融科技融合发展会因相关信

息披露不及时而产生信息共享不对称的风险、金融科技的融合也会因为发展环境中一些公共服务力度不足而产生停滞的风险、金融科技融合的进程也会因一些大环境文化体系建设的落后而产生违约等精神风险。

正是因为金融科技融合发展的外部环境牵扯的因素过于繁杂，环境风险难以及时被侦测，进而给有关金融科技融合整体环境衡量的政策颁布带来不小的难度，也为与环境风险来源相关的平台的建设带来了阻碍，加大了全面立策防范的困难程度。

2. 金融科技创新的非有效模式加大了环境复杂度

我国金融科技融合跨越式的发展速度，一定程度上来讲应该归功于金融科技企业不断创新。可目前我国金融科技创新存在着多种非有效模式，这在一定程度上增加了我国金融科技发展和政策推行环境的复杂性。

例如，金融科技创新中存在着"虚假创新"。"虚假创新"是指一类无创新实质的创新，难以创造出新的价值，是一种脱离了金融科技结合发展路径的创新。在金融科技领域，最为明显的"虚假创新"就是科技企业所谓的降低信用门槛的创新。直接明了来说，降低信用门槛在一定程度上就等同于扩大了自身的风险。例如，当今的一些贷款公司创新思路改变主攻的借贷目标群体，倾向于没有经济实力的学生群体。这种主体转换的创新忽略了一个事实：当信用的基石不牢固时，后期再好的风险防控技术也难以降低相关的风险，带来无谓的损失。这种创新经常忽视其本身带来的内源性风险等。

正是因为金融科技结合创新的进程中充斥着许多没有真实效用的创新形式，使得整体的创新环境复杂度不断提升，相关非有效模式也蒙蔽了很多权力机构的眼睛，造成了现行金融科技结合支持政策在创新方面涉猎不足的棘手问题，放缓了金融科技深度融合的整体发展进度。

（三）政策执行性和针对性差

1. 政策参与度与执行度的不足致使政策执行性差

在金融科技支持政策推行的过程中，一方面，某些高新技术企业受限于自身的制度体系、成本预算、效益评估等多方面约束，使自身对于中央及地方政府出台的政策参与度不高、主动性不足；另一方面，某些地方政府在落实中央政策的过程中相关的执行方式、配套措施存在不合理性。而金融科技是一个由政府、科技企业、金融机构和中介服务平台等共同参与的多元化体系，当作为政策接受者的科技企业参与度不足、地方政府执行度不足时，相关支持政策的目标就难以完全实现，从而降低了金融科技政策的可行性。

2. 不同地区和企业阶段存在差异致使政策针对性差

首先，我国不同地区发展水平不同，东部地区和西部地区等地域之间发展差异较大，单一的政策无法统一衡量不同的地区。我国各个地区经济发展水平不同，一些发达地区和落后地区之间有着多方面的差异，如经济发达的地区经常会依靠自身的区位优势等因素，吸引科技企业和金融机构的关注与注资，推动本地区的金融科技发展并在全球金融科技中心指数（GFHI）等排名中取得靠前名次。而落后地区，如部分西部地区对金融科技创新的认识不足，再加上缺乏先天优势，其金融科技发展体系相对落后。因此，某一笼统性的政策难以对各个地区进行衡量，更难以在各个地区发挥效用。应将政策进行区域性细化，以此来保障我国金融科技的高速发展。其次，金融科技企业的成长周期将经历创业期、成长期、成熟期和衰退期，企业在不同的发展阶段蕴含着不同的特征和规律，需要不同类型的政策加以支持。

众所周知，当某一政策针对性不足时，其执行效率会降低，难以取得良好的实行效果。正因如此，有关金融科技结合的支持政策才需要不断进行阶段性细化，这样才能使政策与金融科技企业每个阶段相适应，并以此来保持金融科技企业良好的发展态势。

五、政府引导与支持机制构建的框架设计

（一）政府引导与支持政策改进的总方向

金融科技支持政策在未来的改进中应首先树立金融科技的主旨目标，重点着手于逐步构建清晰的政策脉络。

政府相关部门应与金融监管机构等共同出台一个有关金融科技结合宗旨的基础性政策文件，如"金融科技战略规划"，并在总规划中为相关的金融科技政策设立一个清晰合适的目标，如"金融科技要致力于打造高新技术创新与经济发展之间的通道"的政策性大目标，以此来解决协同性低的政策性问题。

同时，今后的金融科技政策改进还应以总规划为基础逐渐建立一个协调完善的政策体系。完善的金融科技政策体系应该以金融科技核心目标等综合性文件为起点，不断地进行拓展和演变，其具体内容应该包括金融科技担保政策、金融科技监管政策、金融科技资金投入政策、信息披露政策等。清晰的金融科技政策脉络可以不断引导我国的金融科技向着透明、高效的方向发展，同样，可以让相关的支持政策更好地服务于金融科技结合的整体进程。

（二）政府引导与支持机制的构建

要综合协调各体制机制，消除科技和金融之间融合的障碍。要从国家层面强调发展

金融科技的重要性，以此调动政府相应部门的创造性和积极性，促进政府各部门通力合作，能够更高效地施行政府对金融科技发展的引导和支持机制。首先，要强化机制的前瞻性、主动性、针对性，逐步完善金融科技政策的服务体系，健全财政支持体系，完善财政专项投资的资金管理体系，创新财政资金使用体系和财政投资评审体系，充分发挥财政资金杠杆和引导作用，推动金融科技企业的发展；其次，要健全金融支持体系，加强引导金融科技企业的集聚，参考国际上对综合金融改革的成功经验，根据各地区的产业基础选取适合的科技与金融互动模式，以此促进科技的创新和金融产业的集聚。具体来说，需构建以下子机制。

1. 完善金融科技创新机制

无论是金融科技企业还是传统金融机构的金融科技模式，都离不开创新这个"生存养分"，其给企业的金融科技发展带来了源源不断的活力。与金融科技制度创新相关的政策应从两方面入手：首先，应不断推进金融机构的制度创新。例如，在科技担保方面，金融机构应不断对两者之间的合作模式进行创新，以信用担保、资金担保等担保形式建立高效的金融科技担保体系，同时还应不断创新金融工具、开发多类型金融衍生品，以确保自身和科技企业之间相关担保业务能够更好地开展。其次，应不断坚持科技企业的成果创新，例如，推进科研成果转化、科技产品的产业化。在增强科技企业自身实力的同时吸引金融投资者注资，加强其与金融机构间的联系，推动金融科技结合发展。

2. 完善金融科技发展的环境优化机制

金融科技发展的生态环境影响着其运行效率和发展水平，是金融科技正常、高速发展的基本保障。金融科技的发展离不开政府的支持和引导，中国在这方面也不断出台政策和指导意见，有大方向的战略部署，也有根据金融科技发展需求制定的指导政策，比如财政科技投入类，科技信贷、风险投资类，以及科技资本市场类等，用于优化金融科技发展的政策环境。但总体而言，我国对于优化金融科技发展环境的相关政策法规还有待进一步加强，政策效果也需要进一步提升，机制的系统性、高效性、完备性还有待完善。

3. 完善金融科技中心和金融科技园区平台建设机制

我国出台的有关金融科技结合的政策缺乏对于金融科技平台建设内容的涵盖，使得我国的金融科技中介服务平台缺失，中介平台多元化建设与中介服务体系还不完善，令我国的科技企业和金融机构之间难以有效迅速地实现对接。

举两个例子来加以说明。第一，当信息共享平台缺失时，会使我国的科技企业和金融机构的合作由于信息的不对称而无法深入精准沟通，进而使两者的合作发展进程进入窘境；第二，信用评估平台的建设也具有深刻的意义，良好的信用体系可以有效地降低在金融科技结合过程中双方参与者的风险承受度,依靠信用平台专业的信用评级和贷款担保"门槛"的设置来建立一个公平、公正、诚信的金融科技发展环境,更好地为金融科技结合发展保驾护航。因此,我国未来的金融科技支持政策的新方向应是不断地推进平台建设,促进多层次的金融科技服务体系的完善。

4. 完善法律制度管理机制

金融科技的健康、稳定发展,需要行业、社会和政府共同努力去维护。而政府制定相关法律法规的管理制度,可以有效地约束金融科技在可控范围内进行技术创新和突破。所以要完善法律制定管理机制,强化相应的法律法规,规范金融科技建设,构建高效、完整的保障体系。另外,完善法律体系要随着金融科技的多元化产业发展逐步落实,制定金融科技各种产业的行业标准,要细化、精确到产业的各个领域。从主体的基本原则到各方向上的产业要求和制度都要一一落实,层层落地。

5. 建立投资引导机制

对于企业的投融资,依靠金融科技的信息技术虽然拓宽了融资渠道,提高了融资效率,但还是无法满足众多中小微型企业的融资需求。因此要通过政府的引导和支持,以财政预算为基础对各种商业金融资本提供相应的优惠政策,比如对风险投资机构、商业银行、保险公司等金融机构进行业务亏损的政策补偿、风险补偿、财政补贴等。通过一系列举措向资本市场和金融机构发出信号,提升它们对中小微型企业投资的信心,降低风险,吸引更多的资本参与。

通过与金融科技的前沿技术相结合,最大限度满足企业的融资需求。

6. 建立组织管理和协调机制

金融科技的多元化发展的基本特征和优势是跨区域、跨行业,与各个行业相融合,使行业的发展更加智能化和数字化,但这也是金融科技产业难以管理的原因。因此需要政府主导构建金融科技的统一管理和协调机制,节约社会资源,提升管理效率。这就要明确各级政府对于金融科技相关产业的管理职能,各部门分工明确,全面覆盖,同时也要加大对金融科技企业集中整合的力度,集中资源来提升管理效率,发挥政府和市场的共同作用,鼓励金融科技发展的不断创新。

7. 完善复合型人才培养长效机制

在金融科技产业融合发展的机制设计中,关键是要培养金融科技复合型人才。金融领域的不断对外开放,各种跨国业务的开展,越来越需要国际型高科技专业人才。其中,兼备金融专业知识、掌握金融科技和风险管理等知识和技能的复合型人才更是急需。金融科技复合型人才的培养是一个系统工程。首先,需要在新文科大背景下,通过高等院校和科研院所掌握基本理论知识、提升基本理论素养；其次，需要地方金融机构或监管当局结合金融科技发展实际建立人才培训及选拔机制，以期培养理论与实践结合的人才。金融科技重构下的金融基础设施建设需要以专业的高科技人才为依托，人才已经成为影响中国金融科技和金融基础设施发展的重要因素。在各项金融业务中，应建立人才分析数据库，利用大数据、人工智能等分析人才队伍并对其进行客观的评价和任务分配。完善评价机制以对人才进行管理，利用互联网的优势挖掘并培育专业化人才，增强科技人员的创新和专业化水平。在开放的环境中，更应以各种方式激励人才，提升其获得感，充分体现其个人价值，增进归属感。个人也应该适应时代大方向，充实自身的知识，并提高技能，以应对多元化人才市场的竞争。无论如何，加强人才队伍建设都是中国金融基础设施发展的重要支撑。

第二节　金融科技的监管机制

一、金融科技风险的新特征

金融科技是金融和科技的深度融合，它能够显著提升金融效率，更好地实现普惠金融和促进经济增长。同时，作为一种破坏式创新，除了操作风险、市场风险等传统金融业面临的常规风险以外，金融科技还面临着一些新型风险，有着更鲜明的风险特征。

（一）扩散性与连锁性更强

传统金融体系下，信用在以商业银行为主体的中介机构中传递，风险也在可控的范围内形成，扩散性和连锁性不强。但在以大数据、人工智能等科技手段为底层基础的金融业，各参与主体之间的界限逐渐模糊。如金融创新模式"区块链＋供应链金融"，当链上的某个环节产生了风险，就有可能引发整个系统的连锁风险。大数据将经济社会的各个领域相连，金融领域的风险会扩散到其他领域。数据将是金融科技发展的制高点，而数据的传输在新兴科技手段的助推下会摆脱时间、空间的限制，快速在包括金融领域的整个经济社会传播，易形成系统性风险。金融科技的深度融合带来金融业态、金融模式的颠覆性变革的同时，也会使风险在不同市场上迅速扩散，金融风险会在范围、幅度、深度上加剧传播，影响整个金融系统的稳定。金融市场参与者有相同的行为，强化了市场共振和"羊群效应"，放大了市场波动性，增加了系统风险。

操作风险大大增加，小的技术问题可能导致极其严重的损失。

（二）隐蔽得更深

金融科技具有创新度高、技术性强、传播速度快等特点，但在追求技术突破的同时，缺乏对金融科技产品的审查和实验，过于追求技术，而忽略了金融的本质，这类金融产品在应用时蕴含了巨大的风险，而且还不能简单快速地被我们所辨识。这种风险的潜伏期长且不固定，还有可能因为各种因素越来越严重，但是并不能被我们所发现，在完全爆发时想要快速化解是不现实的。比如农药对农作物有利，但对自然环境会造成威胁，但威胁多大，具体怎么样，我们不能够确定到具体的数值。从这就能够看出科技风险的隐蔽性有多强，是人类技术还不能够完全解释的。金融科技领域亦是如此，并且隐蔽性更强。

（三）监管难度更大

传统金融的监管主要是以实体金融机构为落脚点，其监管过程比较单一。而金融科技领域则主要依托大数据、人工智能等新兴技术，传播速度快、传播广泛、隐秘性强等特点显而易见。传统金融监管体系对金融科技领域的监管效果受到影响，由此形成金融科技监管的真空地带，其监管难度远远大于传统金融的监管难度。监管难度主要从两方面来考虑：一是对金融科技监管的能力有所考验。由于近几年金融科技发展迅速，对于金融科技专业人才的需求增加，而需求则远大于供给，监管人员势必会有一段时间的紧缺，这就需要发掘和培养金融科技监管人才。二是在传统金融的监管体系下，监管流程和内容已经趋于完善和成熟，但原有的监管技术和监管体系无法满足金融科技的监管需求，就要顺应金融科技的特点进行改变。

二、金融科技风险产生的原因

金融科技的发展目前还处于起步阶段，但是其传播的快速性、广泛性以及隐蔽性等特点产生了许多金融科技新型风险，如利用金融科技恶意骗取贷款、洗钱、信用卡套取现金等，会影响金融的稳定与安全。技术进步导致了金融产品和金融市场的复杂性，也增加了金融风险。金融创新加剧了风险的扩散，也加快了传导速度。风险产生的原因在于不对称性以及金融科技自身的脆弱性。

（一）不对称性

1. 金融数据规模与质量的不对称

在大数据时代，不同主体对金融数据掌握的程度不同。类似阿里和腾讯这类超大型公司的数据规模远比国家部委以及大型金融公司的数据规模要大，所以阿里巴巴和腾讯旗下的大数据可以支撑旗下的金融科技板块业务，而传统金融企业掌握的数据则远远少于这两家企业。阿里和腾讯无疑能提供更加精准和多元化的金融科技产品给更多层次的用户。

金融数据规模与质量的不对称则会在各个环节产生风险。例如，数据搜集能力较差的传统金融企业以及小规模金融科技企业对客户数据搜集的不对称，会导致其产品受众群体较小、产品种类缺乏等一系列风险问题。

2. 金融科技行业与参与者的信息不对称

市场参与者在进行交易时需要获得多方位更详细的信息，然而在金融科技时代，传统的信息披露要求很难消除信息不对称。一是因为市场主体常常会选择披露对自己有利的信息，隐藏对自己不利的信息，而将风险转移给交易对手，从而产生道德风险；二是那些高收益背后隐藏的高风险往往会被资质比较低的市场参与者忽视，进行超过其风险承担范围的金融交易，容易产生逆向选择风险，一旦经济形势下滑时，则会发生"跑路""关门"等现象；三是金融科技的网络化及数字化特征可能会强化金融风险的负外部性，一旦风险状况出现时，市场参与的各方不能准确评估交易对手的风险状况，就容易在最坏的假设情况下进行风险处理，从而导致一系列不利的连锁反应。

（二）脆弱性

金融科技在发展起初具有一定的脆弱性，即过度关注科技本身的发展，而忽略了非科技因素。

1. 金融科技发展与法律法规不匹配

目前我国的法律法规难以跟上金融科技快速发展的节奏，当有新的金融科技型创新产品出现时，原有的传统金融模式下的法律法规就难以约束金融科技的一些不良行为。以P2P的监管过程以及相关法律文件的颁布为例，近年来由于中美贸易摩擦以及股市的低迷状态，大家的投资渠道有所减少，而P2P因为投资收益高、门槛低、投资期限灵活等优点而快速发展，但是其监管措施却不尽如人意：因此就产生了"P2P五条监管导向""P2P四条红线""P2P六大发展原则"等监管原则，这些规定的法律效力远低于《中华人民共和国商业银行法》等基本法律，其还款能力的审核以及抵押状态的监控都形同虚设，从而发生许多P2P平台"跑路""关门"等现象。

2. 金融科技平台自身管理的问题

虽然通过金融科技平台能够在虚拟网络中进行交易、支付和投资等金融活动，提高了资源配置效率，但是由于平台自我约束机制不完善，平台监管机制不健全，金融科技平台内部可能就会出现信用信息的恶意泄露等问题，放大了金融风险。如果对金融科技平台的内部管理进行完善，就能够有效杜绝类似信息泄露的情况。

3. 金融科技风险专业人才紧缺

传统金融模式下的传统金融人才已经趋于饱和，金融科技复合型人才紧缺，尤其缺少金融科技的日常维护、内部控制以及合规分析方面的人才，此外，软件研发工程师、云平台构架师、Java架构师、高级产品经理等岗位人才仍是传统金融机构在进行金融科技布局时所急需的，这些人才的缺乏会降低金融科技持续发展的韧劲。

三、监管机制的构建设计

金融科技监管机制的构建需要有一定的时间和过程，要遵循分步走、部门之间相互协调、多种技术相互融合的原则。从部门来看，需要使国家层面、金融机构层面和行业层面互相协调。从技术层面来看，需要将大数据、人工智能、移动互联网、云计算、区块链等相互融合，而非相互独立。

（一）构建的原则与重点

1. 国家层面

从国家层面来看，需要做到宏观层面的监管机制构建。例如，制定与金融科技安全相关的政策，创造一个安全的金融科技环境，加强对金融科技基础设施的建设，从而减少或是杜绝金融科技风险的发生。党的十九大提出，要重点抓好决胜全面建成小康社会的防范化解重大风险、精准脱贫、污染防治三大攻坚战，这其中就将防范化解重大风险放在首位。从国家金融体系数据安全和金融主权安全着眼，我们必须掌握主动，从技术上提出规范标准和架构设计，更好地维护国家金融安全。事实上，近年来已有一批金融科技领域的基础设施落户，例如专门从事法定数字货币技术应用研究的央行数字货币研究所。在国际开放的环境背景下，监管当局需要进一步大力推动诸如支付清算、业务运行指导窗口、金融科技运行平台项目融资平台、征信与信用基础设施等基地平台的建设，以适应金融科技多样化的需求，助力金融基础设施的国际化布局。

2. 金融机构及行业层面

从金融机构层面要着重于建立合规的内部控制政策来防范金融科技风险，并且与政府金融监管者互相协调，共同建立金融科技监管的有效机制。金融科技行业发展与金融制度不相适应也是产生金融风险的重要缘由之一，因此必须解决阻碍金融科技健康发展的体制机制问题，为实现金融的高质量发展扫清制度障碍。从监管体制方面来说，在现有以宏观审慎管理为主导的基础上，进一步明确和细化各金融科技监管部门的职责和定位，积极推进组织方式、管理模式、治理结构的调整优化，突破监管部门间的壁垒和利益固化的藩篱,重新梳理权责义务,提高跨部门、跨区域的协同监管能力。行业内部也需要建立监管委员会,对最基层的金融机构进行自主风险化解和防范。

(二)机制构建的框架设计

1. 完善金融科技信用体系及举报机制

为防范金融科技信用风险,首要的任务是完善中国金融科技信用体系,加强金融科技类企业信用保障,确保信用信息公开透明,提高投资者融资信心,这是基本的制度保障。由于金融科技风险具有传播速度快、隐蔽性强等特点,应加速区块链和物联网的融合,利用区块链的可信特征与物联网的可追溯性建立信用机制,提升可信水平,防范金融科技信用风险的发生。还要从国家、行业以及客户三方面及时发现和解决企业应用金融科技的风险。例如,加快建设数字技术监管举报平台,提升监管举报的专业性、及时性和统一性。运用金融科技的特点,从技术层面建立金融科技信用体系和举报体系,从而加快信用风险的发现速度和处理速度。

2. 建立防范安全风险的技术创新及基础设施建设机制

为了防止网络金融数据安全风险,可以运用技术手段降低数据丢失或被盗取、篡改的概率,降低金融科技机构发布虚假信息的概率。

大数据的作用主要是搜集数据,它是防范金融科技风险的基石,可以提升金融风险管理的覆盖度。大数据与金融领域联系紧密,在众多的金融机构中得到了广泛的应用,形成"5V"特征,数据量级巨大。大数据能以常见的形式把个人、企业的各种金融活动储存起来并进行分类,大范围地监控交易行为的发生。传统的金融风险管理所能够依据的数据有限,不能有限地防控风险。而大数据可以提供全方位、多领域的信息和相关交易数据,运用支持向量机(SVM)、回归分析等方法进行分析,覆盖面广、时效性强。

人工智能则主要对搜集的数据进行分类、计算和处理,它可以提升金融风险管理的准确性。人工智能与机器学习和深度结合,可以准确有效地防范风险。人工智能以智能化的方式监控金融交易的同时,亦能预测风险的发生及其后果,给客户提供不同的可以选择的策略。由此,在金融产品交易的过程中,价格能够合理地反映价值,有效降低风险和减少过度投机现象的发生,促进金融稳定。人工智能替代人类不断重复的简单劳动,能为交易主体提供个性化的金融服务。

将区块链、大数据、人工智能、云计算广泛并深入地应用于金融基础设施,可推动支付清算业态的升级,优化证券交易所的业务结构和贸易金融基础设施,完善对金融基础设施的监管和服务体系,改革金融基础设施的供给结构,共同推动金融领域的进步与发展。

3. 建立金融知识普及机制

加强对普通投资者的金融基础知识教育，尤其要加强低收入投资者等普惠金融服务对象的金融基础知识教育。金融交易的门槛在下降，这对于客户是利好的，但非专业金融人士在总投资者中的比例很高，并非所有人都能承担投资交易所带来的风险，此时对于金融知识的普及就显得尤为重要。为了防范金融科技操作风险，政府及有关金融科技机构应当建立普及金融知识的有效机制，政府和各类机构可以向公众推广融资知识或通过金融科技网络平台对群众进行教育，以提高投资者的保护意识和水平。

4. 建立金融科技人才培养长效机制

当前，虽然传统金融下的人才队伍建设已经取得长足进步，但是随着金融科技的发展，传统金融人才已经趋向于饱和，在新兴金融科技企业以及传统金融企业拓展金融科技市场的大环境下，对于人才的培养就显得尤为重要。所以，要建设培养金融科技人才的有效机制。可以以高校和科研院所为依托，在开办传统金融课程的同时，对金融以及信息技术专业的课程进行交叉，提高金融科技的研究水平，着重培养金融科技复合型人才。金融企业也要做好对传统金融人才的金融科技培训，把传统金融人才培养提升为行业所需要的金融科技类人才。

参考文献

[1] 邱志刚．金融风险与金融科技传统与发展 [M]．北京：中国金融出版社，2021.03.

[2] 张红伟．中国金融科技风险及监管研究 [M]．北京：中国金融出版社，2021.11.

[3] 王启．金融科技风险控制 [M]．立信会计出版社有限公司，2021.08.

[4] 金虎斌．基于软信息的金融科技平台风险定价研究 [M]．北京：经济管理出版社，2021.08.

[5] 韩汉君．金融创新与金融中心建设 [M]．上海交通大学出版社有限公司，2021.07.

[6] 蔡皎洁．网络金融第2版 [M]．北京：机械工业出版社，2021.01.

[7] 尹优平．国民金融能力发展研究 [M]．北京：中国金融出版社，2021.01.

[8] 孙飞显．智能新时代的金融信息学 [M]．北京：中国铁道出版社，2021.01.

[9] 陆磊,尚昕昕．跨境资本流动大数据宏观审慎管理面向新时代的金融科技监管新框架 [M]．北京：中国金融出版社，2021.03.

[10] 黄毅．金融创新与秩序（平装）[M]．北京：法律出版社，2020.

[11] 周晓明．金融服务营销（第2版）[M]．北京：机械工业出版社，2020.02.

[12] 王焕然．智能时代的新金融：科技赋能金融供给侧改革 [M]．北京：机械工业出版社，2020.09.

[13] 乔依德．全球金融大变局 [M]．上海：东方出版中心，2020.08.

[14] 李娜．金融犯罪风险高发场域的社会治理路径研究 [M]．上海：上海交通大学出版社，2020.

[15] 马骏,安国俊等．构建支持绿色技术创新的金融服务体系 [M]．北京：中国金融出版社，2020.07.

[16] 刘志友．微型金融经营管理与创新 [M]．北京：中国金融出版社，2020.11.

[17] 全颖,郑策．数字经济时代下金融科技信用风险防控研究 [M]．长春：吉林人民出版社，2019.11.

[18] 顾晓敏,梁力军,孙璐．金融科技概论 [M]．上海：立信会计出版社，2019.07.

[19] 孙国峰．金融科技时代的地方金融监管体系研究 [M]．北京：中国金融出版社，2019.03.

[20] 王忠民．金融科技前沿 [M]．北京：中国金融出版社，2019.07.

[21] 孙天琦,武岳,刘宏玉．金融秩序与行为监管 [M]．北京：中国金融出版社，2019.03.

[22] 谢平,刘海二．金融科技与监管科技 [M]．北京：中国金融出版社，2019.09.

[23] 陈建可,礼翔．金融科技重塑金融生态新格局 [M]．天津：天津人民出版社，2019.01.

[24] 俞勇．后危机时代的金融风险管理 [M]．北京：中国金融出版社，2019.10.

[25] 赵志宏．敏捷银行金融供给侧蝶变 [M]．北京：中国金融出版社，2019.05.

[26] 田国立．经济金融焦点问题 [M]．中国发展出版社，2019.04.

[27] 卢祖送．金融危机和金融监管 [M]．北京：经济日报出版社，2018.01.

[28] 何岩．金融数据统计分析 [M]．北京：中国金融出版社，2018.01.

[29] 程雪军．互联网消费金融科技、金融与监管 [M]．北京：经济日报出版社，2018.08.

[30] 冯博，李辉，齐璇．互联网金融 [M]．北京：经济日报出版社，2018.04.

[31] 陈晓静．区块链金融应用及风险监管 [M]．上海：上海财经大学出版社，2018.09.

[32] 徐忠．新世纪中国金融改革与发展丛书区域金融改革探索与实践 [M]．北京：中国金融出版社，2018.01.

[33] 陈云贤．中国金融八论 [M]．北京：中国金融出版社，2018.10.

[34] 温信祥．新金融趋势 [M]．北京：中国金融出版社，2018.01.

[35] 陈道志．新金融3.0打造互联网金融生态圈 [M]．北京：中国商务出版社，2018.10.

[36] 程郁琨，吴华斌．移动金融互联网＋下的金融创新研究 [M]．上海：上海交通大学出版社，2018.06.